KB120176

기 독 교 상 담 적 관 점 에 서 본

정신역동 상담

개정증보판

| 심 수 명 |

PSYCHODYNAMIC
COUNSELING

DSU
Daseum Publishing
도서출판다세움

서론(개정증보판)

PSYCHODYNAMIC COUNSELING

'심리학은 과학이지만 심리치료는 예술이다.'라는 말이 있다. 내가 상담과 심리치료를 공부하기 시작한지 30여 년이 흘렀다. 상담이론을 공부하면서 유난히 정신분석에 내 마음이 끌렸는데, 그것은 아마도 이 이론이 사람을 깊이 볼 수 있게 도와주는 틀로 느껴졌기 때문일 것이다. 그래서 언젠가 나도 이 분야의 책을 내고 싶었다. 그러나 이론 중심으로 쓰인 책보다는 실제적으로 정신분석 상담을 하면서 치료와 변화가 일어나는 방법에 대하여 알려줄 수 있는 임상적 교재를 쓰고 싶었다. 그 꿈을 꾼 지 10여 년 만에 "정신역동상담" 교재 초판을 출판하였고, 이제 다시 개정증보판을 내게 되어 무척 기쁘다. 이 교재를 정신분석상담이라 하지 않고 정신역동상담이라고 부른 것은 이론적 측면보다는 실제적인 면에서 접근하고자 했기 때문이다.

정신분석은 역사상 최초의 체계적인 심리치료일 뿐 아니라 대다수의 심리치료 이론이 이 이론에서 파생되었거나 그에 대한 반작용으로 출현했기 때문에 정신분석 심리치료는 모든 심리치료의 모태라고 부른다. 수많은 상담이론이나 치료방법이 있지만 가장 이해하기 어렵고 숙달하기 힘든 치료방법이 정신분석이다. 더구나 정신분석은 프로이트 이래로 이론과 기법에 있어서 많은 변화를 겪어 왔으며 현대에는 자아심리학, 자기심리학, 대상관계이론 그리고 포스트모던 이론들을 위시한 다양한 이론들이 제시되고 있어 그 진면목을 한눈에 알기가 쉽지 않다. 또한 대다수의 정신분석적 문헌들은 난해한 용어, 복잡한 이론, 모호한 표현으로 더욱 이해하기가 어렵다.

정신분석의 창시자인 프로이트 이후 전성기를 구가하던 정신치료는 1970년 이후 약물치료와 뇌신경 과학의 눈부신 발전으로 쇠퇴일로를 걸으며 정신치료의 장에서 사라지는 듯 보였다. 그러나 약물치료와 뇌신경 과학의 발달은 1990년에 들어오면서 오히려 정신치료의 위치와 중요성을 부각시키는 결과를 가져왔다. 모든 정신적 질환을 치료해 줄 것이라고 기대했던 약물치료는 효과가 있는 것이 사실이지만 제한적인 효과와 병의 재발로 기대했던 것만큼은 아니라는 것이 증명되었다.

그래서 정신분석치료는 새롭게 주목받기 시작했다. 정신치료와 약물치료는 중복되는 영역도 있으나, 각기 다른 기전을 통해 위에서 아래로, 혹은 아래에서 위로, 뇌의 다른 영역에 변화를 가져옴으로써 각기 다른 치료 효과를 나타낸다는 것이 입증되었다.

정신치료는 언어를 매개체로 내담자의 삶을 조명하고 새로운 해석과 의미를 만들며, 비언어적으로는 상담자와의 관계를 통해 내담자의 뇌세포에 반복적으로 언어적 자극을 가함으로써 뇌세포에 저장되어 있는 느낌, 생각 그리고 신경회로(시냅스와 미엘린막)의 변화를 일으킨다. 이것이 내담자의 행동을 변화시켜 치료 효과가 있다는 것이 증명되었다. 이러한 결과는 약물치료와 뇌신경 치료가 정신치료에 비해 더 과학적이라는 편견을 뒤집을 수 있는 것이다.

인간의 모든 학문적 노력은 어느 정도 한계가 있다. 마찬가지로 프로이트의 정신역동치료 역시 분명한 한계점이 있다. 그래서 프로이트의 이론을 기독교 가치관에 따라 비판적으로 수용하면서, 임상적 시각에 따라 통합적으로 접근할 때 인간을 치유하며 회복시키는 일에 크게 기여할 수 있을 것이다. 기존에 정신분석 관련 서적이 많이 보급되어 있지만 새롭게 교재를 쓰고 다시 심혈을 기울여 개정판을 내는 이유는 임상적 시각에서 기독교적 영성의 관점을 통합한 교재가 부족하기 때문이다. 그래서 정신역동에 대하여 깊이 있고 정교하게 공부한 내용을 토대로 내가 가르치는 학생 및 상담훈련생(인턴/레지던트)들을 효과적으로 돕기 위해 이 교재를 집필하려는 것이다. 나는 상담훈련생들이 나보다 더 나은 상담자가 되어, 고통 받는 많은 사람들에게 적합한 도움을 줄 수 있기를 바란다.

그러기 위해서는 내담자와 그가 지닌 문제의 특성을 충분히 이해할 수 있어야 하며, 상담 과정에서 적절한 개입을 통해 문제를 해결할 수 있는 능력도 필요하다. 나아가 상담자 자신이 건강한 자존감을 가지고 현실적으로 사고하고 대처할 수 있어야 하며, 자신의 정체성에 대하여 확고한 가치감이 있어야 한다. 또한 내담자들을 어떻게 보호하며 상담자 자신도 어떻게 보호해야 하는지, 뿐만 아니라 기독교적 가치관에 근거하여 전인을 통합한 상담방법은 어떠해야 하는지 등에 대해서도 깊이 이해하고 있어야 한다.

기독교적 가치관에 근거한 상담은 인간의 근원적인 문제가 죄 때문이며 그 것을 해결하기 위해 예수님의 대속과 성령의 은혜가 전제된다. 그래서 하나 님의 뜻대로 살아가기 위해 말씀 중심의 순종적 태도를 강조한다.

　　이에 비하여 정신역동적 치료는 예수님과의 만남이 없을 뿐 아니라 신앙 에 대해 적대적이다. 그러나 심리적 고통을 완화하고, 심각한 상처를 입은 사 람들에게 위안을 제공하며, 자신의 내면을 분석하고 통찰하게 함으로써 인 생을 좀 더 자유롭게 하며, 있는 그대로 수용하고, 의미 있게 살아가도록 돕 는 면이 있다.

　　목회 현장이나 상담현장에서 사람들을 대할 때 이 둘의 정교한 통합은 인 간을 회복시키며 성숙하게 할 뿐 아니라 하나님이 기뻐하시는 사람을 만드 는 일에도 크게 도움이 됨을 30여년의 목회사역과 상담사역을 통해 분명히 알 수 있었다.

　　이 책에서는 다양한 문제로 고통 받는 사람들을 임상장면에서 어떻게 효 과적으로 도울 것인가 하는 주제들을 제시하고 있다. 그러므로 이 교재가 사 람을 진정으로 회복시키고 전인적인 성장과 인격의 통합에 기여가 있기를 소망한다.

사랑의 상담자로 살고 싶은 사람

남수명

목차 I·N·D·E·X

▥ 서론 ··· 2

▥ 1장 정신역동이론 개관
　1. 정신역동이론 개요 ··· 10
　2. 프로이트의 생애 ··· 15
　3. 프로이트가 본 종교 ··· 20
　4. 주요 개념 ··· 23
　5. 주요 기법 ··· 36
　6. 평가 ··· 39

▥ 2장 정신역동상담의 목표
　1. 상담 목표 ··· 44
　2. 지지상담과 통찰상담 ··· 54

▥ 3장 내담자 평가
　1. 평가의 내용 ··· 66
　2. 정신역동상담에 적합한 내담자 선택 ··· 72
　3. 평가의 방법 ··· 73
　4. 내담자 평가 상담 사례 ··· 91

▥ 4장 프로이트의 성격 발달 단계
　1. 프로이트의 성격 발달 개요 ··· 100
　2. 발달 단계에 따른 이해 ··· 101

▥ 5장 에릭슨의 성격 발달 단계
　1. 에릭슨의 성격 발달 개요 ··· 122
　2. 발달 단계에 따른 이해 ··· 125

▥ 6장 공감
　1. 정신분석에서의 공감 이해 ··· 166
　2. 치료동맹 ··· 170
　3. 공감의 방법 ··· 173
　4. 비효과적인 공감 ··· 178

▥ 7장 저항
　1. 저항의 의미 ··· 182
　2. 저항과 무의식 ··· 184
　3. 저항의 원인 ··· 185
　4. 저항의 종류 ··· 188
　5. 저항을 다루는 방법 ··· 192

▥ 8장 방어기제
　1. 자아와 방어기제 ··· 198
　2. 불안과 방어기제 ··· 199
　3. 방어기제의 종류 ··· 202
　4. 방어기제를 다루는 방법 210

■ 9장 전이

1. 전이의 의미 ··· 214

2. 전이의 종류 ··· 217

3. 전이의 발달과 해결 ··· 221

4. 지금-여기의 전이의 중요성 ··· 227

5. 전이에 대한 상담자의 자세 ··· 229

■ 10장 역전이

1. 역전이의 의미 ··· 234

2. 역전이의 종류 ··· 236

3. 역전이 사례 ··· 241

4. 역전이에 대한 상담자의 자세 ··· 243

■ 11장 해석

1. 해석의 의미 ··· 248

2. 해석의 종류 ··· 251

3. 해석의 과정 ··· 253

4. 해석의 방법 ··· 254

5. 꿈 해석 ··· 262

6. 꿈 해석 사례 ··· 267

■ 12장 통찰과 훈습

1. 통찰의 의미 ··· 278

2. 통찰의 방법 ··· 282

3. 신앙과 통찰 ··· 288

4. 상담사례를 통한 통찰 이해 ··· 289

5. 훈습의 정의 ··· 292

6. 훈습의 과정과 방법 ··· 293

■ 13장 정신역동 상담자의 역할과 자세

1. 통합적 인간 이해 ··· 300

2. 정신역동 상담자의 역할 ··· 303

3. 정신역동상담자에게 필요한 자세 ··· 305

4. 주의해야 할 문제들 ··· 316

■ 14장 상담의 종결

1. 종결의 의미 ··· 326

2. 종결에서의 내담자 심리 ··· 328

3. 종결의 과제 ··· 330

4. 종결의 방법 ··· 332

5. 추후 상담 ··· 335

■ 부록 ··· 339

■ 참고문헌 ··· 382

1장

정신역동이론 개관

PSYCHODYNAMIC
COUNSELING

1. 정신역동이론 개요

2. 프로이트의 생애

3. 프로이트가 본 종교

4. 주요 개념

5. 주요 기법

6. 평가

1

정신역동이론 개관

| 학습목표 |
정신분석의 기본 이론을 이해하고 주요 개념에 대하여 전반적으로 살펴본다.

1. 정신역동이론 개요

프로이트의 정신분석이 많은 비판을 받고 있는 것은 사실이지만, 이 이론은 여전히 인간의 내면을 이해하는데 지대한 영향을 주고 있다.[1] 오늘날에도 심리치료라고 하면 프로이트의 정신분석을 연상할 정도로 정신치료의 주된 수단으로 사용되고 있다.

크리스찬 상담자들도 이 이론 체계에 결함과 오류를 제기하면서도 상담과 심리치료의 자원으로 정신분석적 개념과 방법들을 사용하고 있다. 그만큼 이 이론은 한계점만큼이나 공헌점도 크다.

프로이트의 정신분석학은 인간의 무의식을 탐구하는 학문이다. 프로이트는 인간 행동의 근원적 동기를 유아적 성과 공격성, 즉 원초적 본능으로 보았다. 이러한 견해는 인간이 의식에 의해 움직이는 것이 아니라 무의식에 의해 지배된다는 것이다. 그리고 무의식의 영역 싸움으로 원초아(id), 자아(ego), 그

---

1) 프로이트는 정신분석을 신경증을 치료하는 이론이자 기법이라고 정의하였다. 그리고 신경증은 오이디푸스 갈등에 뿌리를 둔다고 생각하였다.

리고 초자아(super ego)의 갈등을 제기하였다. 그래서 정신분석은 인간을 갈등적 존재로 본 심리학이라고 정의할 수 있다.

　정신분석은 마음의 병이 무의식의 갈등에서 시작된다고 말한다. 불안신경증, 우울증이나 정신분열증까지도 무의식에 원인이 숨어 있으며, 인간을 구속하고, 인생을 불행하게 만드는 성격도 그 원인이 무의식에 숨어 있다고 설명한다. 따라서 정신분석치료는 인간 마음의 구조와 기능에 무의식의 힘이 강하게 영향을 주고 있다고 보고, 인간의 언행이 어떻게 무의식에 지배되고 있으며, 그 메커니즘이 무엇인가를 밝혀 이 무의식을 의식화하는 치료적 접근이다.[2]

　예를 들어, 어떤 사람은 성격이 지나치게 소심하여 대인관계가 어렵다. 사람을 만날 생각만 해도 가슴이 떨린다. 반대로 어떤 사람은 사람 만나기를 좋아한다. 또 다른 사람은 성격이 너무 자기애적이어서 상대방을 지배하고 이용하려 한다. 이런 성격의 사람은 특별대우를 받지 않으면 불쾌하고 살맛을 잃는다.

　정신분석은 이런 성격이 되는 이유를 무의식에서 찾는다. 따라서 치료도 당연히 무의식에 숨겨진 갈등을 찾아 치료한다(이무석, 2003, 12-13). 그러므로 정신분석상담자는 내담자의 무의식에 숨겨져있는 갈등의 요소가 무엇인지, 그것의 기능은 무엇인지, 그리고 그것이 정신생활에 있어서 초래하는 결과가 무엇인지 알아야 한다.

　브레너는 갈등의 구성요소들이 소원성취욕구, 예기위험, 방어, 이들 사이의 타협으로 구성되어 있다고 하였다. 갈등은 자아와 원초아, 자아와 초자아 사이의 갈등이며, 양자에 있어서 불안이 주요 역할을 한다. 불안은 개체로 하

---

2) 무의식은 프로이트가 발견한 것은 아니었지만 그는 무의식이 정신의학의 핵심적인 위치를 차지하도록 한 이론과 기술을 개발하였고, 무의식은 지금도 정신분석과 역동정신치료의 핵심을 차지하고 있다(Gabbard, 2007, 21).

여금 위험스러운 원초아가 자기도 모르는 사이에 역동을 일으킬 때 생긴다. 따라서 소원, 불안, 죄의식 그리고 방어가 모두 갈등의 요소들인데 이중 갈등을 일으키는 주된 감정은 불안과 죄의식이다(Brenner, 1993, 16-18).

결국 갈등의 원인을 이해하기 위해서는 내담자가 바라는 소원이 무엇인지 알아야 한다. 이때 내담자가 말하고 있는 것은 현실과 타협해서 나온 방어일 가능성이 많으므로 상담자는 내담자의 말 이면에 흐르고 있는 무의식적 소원이 무엇인지 밝혀내려고 애써야 한다. 그리고 그 소원으로 인해 일어나는 무의식의 감정이 불안인지 죄책감인지 살펴볼 필요가 있다. 뿐만 아니라 어떤 방어로 현실과 타협하고 있는지 알아내야 한다. 물론 이것은 쉬운 과정이 아니며, 잘못 추론할 수도 있지만 주의 깊은 탐색을 통하여 내담자의 소원, 불안이나 죄의식, 그리고 방어가 밝혀질 때 내담자의 무의식적 역동을 이해할 수 있게 된다.

갈등은 인간에게 필연적으로 따라오는 삶의 내용이다. 갈등은 인간의 이중적 속성에 내재하는 모순을 반영한다. 생후 짧은 몇 년 동안 유아는 그가 처해 있는 상황에서 사회화되고 문화를 습득한다. 유아는 자신이 속한 사회의 이상과 가치, 억제와 금기를 원하던 원하지 않던, 받아들이고 인정해야 하는 과제를 안고 있다.

이 과정을 수행하는데 있어 가장 일차적인 관계가 가족이다. 6세 이후에는 가족 이외의 사회기관들, 즉 유치원이나 교회, 학교, 그리고 친구와 교사들이 영향을 미치게 된다. 이러한 발달과정에서 유아는 자신의 본성과 사회의 요구 사이에 괴리를 느끼며 불가피하게 좌절, 분노, 실망을 겪으며 살아가게 된다.

인간이 사회 속에서 살아가면서 발생하는 갈등의 원리 중 가장 기본이 되는 것이 쾌락의 원리다. 인간이 쾌락을 추구하고 고통을 피하는 성향이 있는

데, 이것이 인간 심리를 결정한다는 것이다. 이 원리는 전 생애를 통하여 작용하나, 특히 생후 초기 몇 년 동안 가장 두드러지게 작용한다. 쾌락과 고통 (혹은 만족과 좌절)에 관한 최초의 경험들은 각 개인의 심리구조를 조성하는데 결정적인 역할을 한다.[3]

또한 대상관계적 입장에서 보면 인간은 근본적으로 대상을 추구하는 존재 이기 때문에 대상에 대한 의존이 필연적일 수밖에 없다. 인간의 생애에서 초기 경험의 영향은 굉장히 중요한데, 생애 초기 인간의 연약함과 의존성 때문에 인간은 타인에 대하여 애착을 추구하게 된다.

이러한 인간 이해를 바탕으로 정신분석치료는 상담자와 내담자 사이의 전 이감정을 체계적으로 분석하여 '해결'하는 과정을 중요한 요소로 본다. 여기서 해결이라는 것은 개인의 핵심적 갈등에 의한 다양한 결과를 종합적으로 이해하는 것으로써, 정신병리로 나타나는 무의식적 갈등을 인식하고 능동적으로 조절하게 되는 것을 의미한다(McWilliams, 2007, 37).

정신분석은 그 치료 과정을 통해 볼 때, '너 자신을 알라'는 정신을 계승하고 있는 셈인데, 정신분석에서의 '자기 자신을 아는 것'은 그리스 철학에서 말하는 것과는 매우 다른 방식으로 전개된다. 그것은 형식적이고 논리적으로 분석함으로써 이루어지는 것이 아니라, 한 개인의 신경증적 질환이나 고통의 출처를 원래부터 '알 수 없는 것'을 전제로 하는 것이다. 그것들은 의식 세계의 바깥에 있으며, 그들이 지닌 고통스럽고 받아들일 수 없는 성질 때문에 자각되지 못하는 것이다. 따라서 정신분석의 과정을 통해 내담자는 자신의 무

---

3) 정신분석 치료는 근본적으로 내담자와 분석가 사이의 정서적, 지적 상호관계에서 발생하며, 양자 사이의 관계는 증상 유형에 따라 달라진다. 가령, 자기애가 결핍된 사람은 '자기'의 회복과 발달을 위해 힘 있는 대상의 '공감과 지지' 체험을 필요로 한다. 이에 비해 신경증 환자는 방어 체계와 환상을 '성찰'하여 해체하는 깊은 '해석' 체험을 갈구한다(이창재, 2005, 22).

의식적 갈등의 파생물이 어떻게 신경증적 증상과 행동으로 나타나는가를 조금씩 이해하게 되고, 무의식적이며 자동적 반응에서 합리적 선택으로 전환하기 위해 노력하게 되는 것이다.

성공적으로 분석 받은 사람은 자신을 객관화하는 통찰을 통해 신경증적 억제나 고통으로부터 해방되어 흔히 자유롭고 자기 충족적인 변형을 경험하게 된다. 또한 이 변형에 의해 자신의 잠재능력을 실현할 수 있을 뿐 아니라 타인의 발전이나 행복에도 공헌할 수 있게 된다(Corsini, 2004, 19-21).

프로이트의 이론은 현대 심리치료의 3대 주류인 정신분석요법, 행동요법, 그리고 내담자 중심요법과 함께 정신의학 및 심리학의 발달에 결정적인 공헌을 하였다.

이 이론의 핵심내용을 요약하면 다음과 같다.

첫째, 인간의 정신세계는 이해될 수 있고, 정신분석을 통해 고통을 치유할 수 있다.

둘째, 인간의 행동은 무의식 세계에 억압되어 있는 요소에 의해서 지배된다.

셋째, 아동기의 개인적인 경험은 성인의 인격기능에 중요한 영향을 미친다.

넷째, 개인은 불안으로부터 자기를 보호하려고 자아방어 수단을 계발하며, 이것을 주의 깊게 관찰하면 인간의 행동 이해에 도움을 얻을 수 있다.

다섯째, 정신분석상담은 꿈과 저항과 전이관계 등을 분석함으로써 무의식을 의식화할 수 있다고 본다.

2. 프로이트의 생애

정신분석학의 창시자 프로이트는 1856년 5월 6일 지금의 체코슬로바키아 지역에 속하는 오스트리아의 소도시 모라비아의 프라이베르크에서 태어났다. 프로이트의 아버지(Jacob Freud)는 모직물 상인이었다. 그는 40세에 당시 20세였던 아말리아 나단손(Amalia Nathansohn)과 결혼하였다(프로이트의 아버지는 세 번 결혼하였다). 이 부부는 장남인 프로이트 외에 7명의 자녀를 더 낳았다. 어머니는 정이 많은 사람으로 프로이트에게 많은 기대를 가지고 있었다.[4]

프로이트는 책에 많은 관심을 가지고 자랐으며, 어릴 때부터 다양한 언어를 습득하였고, 심지어 8세 때 셰익스피어의 책을 읽기도 하였다. 프로이트는 어릴 적부터 우수한 학생이었으나 경제적인 궁핍과 유대인이라는 제약 때문에 많은 고통을 받았다(김환, 이장호, 2008, 69).

프로이트는 1873년 비엔나대학교에 입학하여 1881년에 의학박사(M.D.) 학위를 받았다. 의과대학 재학 중에는 생리학 실험실의 책임자로 있었고, 당시 가장 위대한 세계적 생물학자 브뤼케(Ernst Brucke) 교수의 지도 아래 생리학을 공부하였다. 특히 1874년에 출판한 브뤼케 교수의 저서에서 '살아있는 유기체는 화학과 물리학의 법칙이 적용되는 하나의 역동적 체제'라는 견해를 읽고 이에 심취하였으며, 19세기 에너지 이론으로 유명한 세계적 물리학자 헤름홀츠(Hermann von Helmholtz)의 에너지 보존의 법칙에도 매료되었다. '에너지는 변형될 수는 있어도 파괴될 수는 없다. 따라서 에너지가 체제의 한 부

---

4) 어머니는 프로이트를 "my golden Sigi"(나의 황금빛 Sigi, Sigi는 프로이트의 이름인 Sigmund를 의미)라고 부를 정도로 총애하였고 프로이트 또한 어머니에게 빛나는 아들로 성장하면서 김나지움(독일중등교육학교) 8년 중 7년 동안 일등을 함으로 보답하였다. 프로이트의 어머니는 95세에 사망하였는데 이때가 프로이트 나이 74세였다. 어머니가 돌아가실 때까지, 프로이트는 매 주일마다 꽃을 들고 어머니를 방문하였다. 프로이트 스스로도 "만약 어떤 사람이 확실한 어머니의 사랑을 받는다면, 일생을 통하여 승리감을 느끼지 않겠는가? 이것이야말로 모든 인간관계에서 양가감정으로부터 벗어나 완전하고 동시에 자유로워지는 것이다."라고 말하였다. 어머니의 총애를 받게 되면 특별한 자기 신뢰와 흔들리지 않는 낙관주의를 가지게 되는 반면, 부정적인 측면으로는 어머니의 사랑을 독점하기 위해 지속적으로 좋은 모습을 보여줘야 한다는 강박적 불안과 타협을 모르는 고집스러움과 자기애적인 성향을 가질 수 있다는 점이다(최영민, 2010, 19).

분에서 사라지면 반드시 그것이 체제의 다른 부분에 나타난다.'는 이론에 지 대한 영향을 받았다.

프로이트는 이와 같은 역학의 법칙들을 인간의 성격이론에 적용시켰는 데, 이것이 바로 역동심리학으로서, 정신분석학의 기초가 되고 있는 것이다.

프로이트는 처음에 의학보다는 신경학의 연구에 열심이었고, 1876년부터 10여 년간 그 분야의 연구에 전념하기도 하였다. 그러나 당시 비엔나에까지 확산된 유대인 배척운동으로 인해, 유대인으로서 대학에서 자리잡기 어려울 것이라는 브뤼케 교수의 충고를 받아들여 자신의 소망과는 달리 종합병원의 인턴으로 일하게 되었다. 그는 병원에서 근무하면서도 신경학연구는 중단하 지 않았다. 그리고 이것이 프로이트를 위대한 인물로 만드는 계기가 되었다. 그는 병원에서의 임상경험을 통해 인간의 신경질환은 심리학적 관점에서 치 료해야 한다는 자극을 받았다.

마침 그때 프로이트에게 행운의 기회가 찾아왔는데, 당시 소르본느 대학의 유명한 신경학자인 샤르코(Jean Charcot) 교수와 함께 1885년부터 1년 간 연구 를 하게 되었다. 1885년 파리로 간 프로이트는 이후 약 10년 동안 최면치료에 매진하였다. 최면치료 경험은 프로이트에게 무의식의 실마리를 찾을 수 있는 기회를 제공해 주었다(최영민, 2010, 34).

샤르코는 최면으로 히스테리 내담자를 치료할 수 있다고 주장하였다. 후 에 프로이트는 그의 임상경험을 통해 최면술에 의한 히스테리의 치료에 회 의적 견해를 갖게 되지만, 당시에는 샤르코 교수의 강의와 임상실험에 깊은 흥미를 갖고 있었다. 그리고 이러한 회의가 나중에 그가 신경학자에서 정신 병리학자로 전환하게 되는 중요한 계기가 된 것으로 보인다.

1886년 비엔나로 돌아온 프로이트는 마르타(Berthay Martha)와 결혼하여 세 딸과 두 아들을 두었는데, 세 딸 중 안나 프로이트(Anna Freud)는 후에 유명한 아동정신분석가가 되었다.

비엔나에서 프로이트는 의사인 브로이어(Joseph Breuer)와 교분을 가지면서 그로 부터 정화법(catharsis), 즉 "내담자가 자신의 증세에 관해 이야기함으로써 히스테리가 치료된다."는 새로운 방법을 알게 되었다. 이 방법이 효과적임을 안 프로이트는 브로이어와 함께 이 분야에 관하여 연구하였고, '히스테리에 관한 연구(studies on hysteria, 1895)'라는 책자로 정화법에 의하여 치료한 내담자들의 치료사례를 발표하기도 하였다.

그러나 두 사람은 히스테리에 있어서의 성적 요인에 의견을 달리하였고, 프로이트는 최면요법 대신에 정화법과도 다른 '자유연상법(free association)'을 개발하여 치료에 적용하기 시작했다. 그는 성적 갈등이 히스테리의 원인이라는 자신의 주장을 굽히지 않다가 마침내 1886년에 비엔나 의사회에서 탈퇴하였다.

1890년대에 프로이트는 자기 자신의 무의식을 집중적으로 연구하기 시작하였다. 자신의 꿈을 분석하고 자신의 마음속에 떠오르는 생각들을 분석해 봄으로써 자신의 내면에서 일어나는 역동적인 심리작용을 이해하게 되었다.[5]

그는 내담자와 자기 자신의 분석으로부터 얻은 지식을 근거로 하여 정신분석의 기초를 이루는 개념들을 발전시켰다(Hall & Lindzey, 1970, 178). 그 결과 1900년에는 '꿈의 해석(interpretation of dream)'이라는 역작을 발표하기에 이른다. 이 위대한 걸작은 정신병리 학회로부터는 무시되었으나, 심리학계와

5) 프로이트가 집중적으로 자기분석을 시작한 시기는 1895년으로 39세 때였다. 그는 겉으로 볼 때 행복한 사람이었으며, 성공한 신경학자였고, 다섯 아이를 두었으며 그해 12월에 여섯째 아이를 출산할 예정이었다. 행복한 가장으로 충실한 개업의로서 일하고 있었으며 전공인 의학뿐 아니라 다방면에서 상당한 문화적 소양을 갖춘 사람이었다. 하지만 그의 내면은 자주 우울한 감정에 빠졌고, 격렬한 분노에 휩싸였으며, 기차 여행이나 길을 건너는 것조차 두려워하였고 위장 장애나 심장 장애로 진단받기도 하였다. 프로이트의 위대함은 이런 어려움을 처리해 나가는 그의 태도에 있었다(최영민, 2010, 36).

의료계를 비롯한 뜻있는 많은 사람들에게 엄청난 충격을 주었고, 그의 명성은 단숨에 뛰어오르기 시작하였다. 이를 계기로 1902년에는 그의 이론을 바탕으로 정신분석에 대하여 연구하고자 모여든 사람들을 주축으로 비엔나 정신분석학회를 발족시키게 된다.

1904년에 발간된 '일상생활의 정신병리학(psychopathology of everyday life)'이라는 저서로 그는 더욱 유명해졌으나, 유아 성욕에 관한 그의 주장에 관해서는 반대하는 사람이 많았다. 그럼에도 그의 저서는 세계 심리학계와 의료계의 관심거리가 되었고, 1906년에는 오스트리아를 필두로 스위스 등지에 정신분석의 방법을 적용하는 정신크리닉이 생겨나게 되었다. 당시 유럽을 중심으로 활동하던 그의 추종자들 가운데는 취리히의 융(Carl Jung), 비엔나의 아들러(Alfred Adler), 부다페스트의 페렌치(Sandor Ferenczi), 영국의 존스(Ernest Jones) 등이 있었다.

1909년에는 미국의 클라크(Clark) 대학교의 창립 20주년 기념강연회에 융과 함께 초청되었는데, 이것이 정신분석의 세계화에 이바지하는 결정적 계기가 되었다. 대학교의 총장이며 뛰어난 심리학자인 스탠리 홀(Stanley Hall)의 초청으로 이루어진 강연 내용은 '정신분석의 기원과 발달(The origin and development of psychoanalysis)'이라는 제목으로 출판되어 특정지역에 편중하여 발전하던 정신분석이 세계적인 것으로 인정받는 계기가 되었다.

그리하여 1910년에는 국제정신분석학회가 설립되었고, 프로이트는 정신분석 운동에 박차를 가하게 된다. 그러나 그의 추종자들 가운데 아들러(Alfred Adler), 스태겔(Wihelm Stekel), 랭크(Otto Rank), 융(Carl Jung) 등은 인간행동의 동기로서 성적 충동을 주장하는 프로이트의 견해에 반대하여 이후 독자적인 정신분석 학파를 형성하였다.

프로이트의 말년은 어려운 나날들이었다. 1923년부터 그는 후두부와 턱에

암이 발생하여 고통을 받았는데, 암의 전이를 막기 위해 33회나 수술을 받고도 일을 멈추지 않았다. 1938년에는 나치가 오스트리아에 침범하여 그의 저서들을 불태웠고, 그의 아들이 경영하던 출판사도 파괴되었으며, 여권도 빼앗겼다. 그러나 다행히 영향력 있는 몇 사람의 외교적인 노력으로 1938년 그와 그의 아내, 사촌, 그리고 딸 안나는 나치의 치하로부터 벗어나 그의 아들들이 살고 있는 런던으로 가게 되었다. 프로이트는 그곳에서 마지막 해를 보내고 1939년 9월 23일, 83세를 일기로 세상을 떠났다.

3. 프로이트가 본 종교

프로이트는 종교를 가진 사람들을 배척하고 증오하였는데 그 이유는 두 가지로 볼 수 있다. 첫째는 기독교에 대한 거부 때문이었다. 프로이트는 반유대주의가 만연해 있는 그 당시의 기독교적 분위기에 대항하여 일생 동안 자랑스러운 애국자였고 복수심에 불타는 유대인이었다. 프로이트의 삶을 움직인 가장 강력한 동기 중 하나는 전통적으로 반유대주의 태도를 보이는 기독교에 복수하는 것이었으며 이런 이유로 프로이트는 정신분석으로 기독교를 공격하였다(최영민, 2010, 31-32, 48).

두 번째 이유는 아버지의 갈등으로 유대교를 버렸기 때문이다. 프로이트는 자신의 이론 중에 오이디푸스 콤플렉스(Oedipus Complex)라는 주장을 했는데 이러한 학설의 배경은 그의 아버지와의 갈등에서 기인한 것으로 보인다. 그는 아버지와의 갈등을 해결하지 못해 죄의식을 가졌고, 아버지를 미워하였다.[6]

그리고 아버지의 세대를 모두 부정적으로 보았다. 프로이트가 유대교 전통을 버린 이유는 유대교 전통이 가부장적이기 때문일 것이다. 그는 유대교를 떠났으면서도 심리적으로 떠나지 못하고 반발하며 부정했다.

프로이트는 신을, 어린아이가 어릴 때에 가졌던 아버지의 개념이 투사된

---

6) 프로이트의 아버지에 대한 반감은 아주 어린 시절부터 있었던 것으로 보인다. 어머니의 빈번한 출산과 그로 인한 불안은 아기를 자주 낳게 하는 아버지에 대한 적대감을 유발하였을 것이다. 아버지에 대한 반감은 7-8세 때 한밤중에 우연히 부모의 방에 들어갔다가 부모의 성관계 모습을 보고 충격을 받아 소변을 지리게 되면서부터다. 아버지는 그런 프로이트의 모습을 보고 "저 놈은 나중에 아무짝에도 쓸모가 없겠어."라고 질책하였다. 유대교적 경향이 강했던 아버지가 유대교 전통을 지키지 않는 자신을 질책하는 것을 보고 프로이트는 아버지에 대해 미운 감정을 가지게 되었다. 프로이트는 아버지로부터 질책 받는 느낌을 마치 모세로부터 질책 받는 유대 민족처럼 느낄 정도였다. 35세 때, 유대교 전통을 떠나는 아들을 걱정하던 아버지가 프로이트에게 유대교 성경을 주었지만 그는 읽지 않았다. 그 후 10년이 지난 뒤, 성 베드로 성당을 방문한 프로이트는 미켈란젤로의 모세 상을 보고 자신이 금송아지를 만들어 숭배하는 이스라엘 무리 속에 섞여 있는 느낌을 받았으며, 모세의 뜻을 따르지 않고 우상을 숭배하는 무리를 질책하는 모세의 시선을 느꼈다고 하였다. 프로이트의 아버지 Jacob은 1896년 81세의 나이로 사망하였고 프로이트는 아버지 장례식에 지각을 하였다. 나중에 프로이트는 이 사건에 대한 자기 분석에서 아버지에 대한 저항의 의미로 해석하였다. 아버지 죽음 이후 프로이트는 더욱 자기 분석에 몰입하였고 결국 오이디푸스 콤플렉스를 발견하는 계기가 되었다(최영민, 2010, 27).

것으로 보았다. 프로이트에게 있어서 아버지는 제거되어야 할 대상이기 때문에 하나님을 없애야 한다고 주장하였다. 따라서 프로이트는 종교를 "외부 세계에 투사된 심리학에 불과하다"고 단정하였으며, 하나님이 존재한다는 사실 자체를 인정하지 않았다. 하나님은 인간 마음의 투사물이므로 자기 자신의 심리에서 나온 것이라고 하였다.

기독교적 가치관에서 볼 때 삼위일체 하나님은 살아 계신 분이다. 그러나 각 개인은 자신이 경험한 부모, 특히 아버지와의 관계 맥락에 따라 '하나님은 이러한 분이실 것'이라고 투사한다. 사람마다 가지고 있는 하나님관(觀)과 하나님에 대한 이미지는 과거 어린 시절의 아버지에 대한 이미지가 투사된 것이다. 이러한 통찰, 즉 성경이 말씀하는 하나님의 이미지보다는 자신이 투사한 이미지를 가지고 자신이 생각하는 대로 하나님을 이해한다는 생각은 기독교인들의 신앙관과 신앙생활을 이해하는데 통찰을 주었다.

하나님과 올바른 관계를 맺으려면 하나님에 대해 자신의 주관적 생각보다는 성경에서 말한 대로 이해하고 관계를 맺어야 한다. 하나님을 자신의 내면 심리체계대로 이해하고 관계를 맺는다면 그것은 성경 중심의 인격적인 신앙이라고 볼 수 없다. 그러므로 성경이 말씀하시는 하나님이 아니라 자신이 살아온 삶의 방식에 따라 하나님을 이해하고 관계 맺는다면 거듭난 새로운 피조물로 그리스도의 장성한 분량까지 성장하기는 어려울 수밖에 없다.

한 부모 밑에서 여러 자녀가 성장하였더라도 자녀가 부모와 어떤 관계를 맺었는가에 따라서 자녀마다 부모에 대한 생각과 느낌이 다르다. 이렇게 부모에 대한 이해와 느낌이 서로 다르듯, 하나님에 대한 생각과 느낌도 사람에 따라 다를 수밖에 없다. 하나님은 인간이 어떠한가에 따라 변하는 분이 아니지만, 인간은 자신이 가지고 있는 생각에 따라 변하는 존재다. 인간이 성숙해지면 하나님과의 관계도 성숙하지만 인간이 미숙하면 하나님과의 관계도 미숙한 수준에 머무르게 된다.

　그러므로 하나님에 대한 이미지가 자신의 부모와 어떤 연관성이 있는지, 자기 심리의 내용물 중에 어떤 것을 투사하고 있는지 염두에 두면서 성경에서 말한 하나님을 알고 만나기 위해 부단한 노력을 해야 한다. 중요한 것은 내 마음이 변하면 내 마음에 투사된 하나님이 다르게 보인다는 것이다. 하나님에 대한 지식이 나에 의해 영향을 받는다. 내가 병적이면 하나님도 병적인 분이 되고, 내가 건강하면 하나님도 건강한 분이 되는 것이다.

　이런 점에서 정신역동치료를 통하여 왜곡된 생각이 바뀌어 건강한 생각으로 변화된다면 신앙도 건강하게 변화될 수 있는 것이다. 기독교 상담자는 바로 이런 점을 고려하면서 정신분석이론을 바라보아야 할 것이다.

4. 주요개념

프로이트의 정신분석적 접근을 이해하려면 그의 인간관, 의식수준, 성격 구조, 성격의 역동성 그리고 성격발달에 대한 이해가 필요한데 성격발달은 4장에서 자세하게 살펴보고자 한다.

1) 인간관

프로이트는 인간을 비합리적이고, 결정론적 존재로 가정하고 있다. 인간이 의지적인 존재로서 책임 있는 행동을 하기보다는 오히려 출생부터 6년 이내의 어린 시절에 경험한 무의식 속에 잠재되어 있는 심리성적인 사건들에 의해 행동한다고 보았다. 프로이트는 인간을 결정론적이고 비관적이며 비합리적인 존재로 보았다. 프로이트의 인간관은 비관적인 것이다. 프로이트는 인간의 행동은 생물학적 충동과 본능을 만족시키려고 하는 욕망에 의하여 동기화된다고 하였다. 이것이 욕동으로,[7] 사람은 성적 충동인[8] 쾌락 지향으로 움직인다는 것이다(Thompson, 1996, 18).

프로이트가 이해한 인간관을 요약, 정리하면 다음과 같다(박윤수, 1994, 106).

---

7) 욕동은 신체기관에서 발생하여 정신에 도달하는, 육체와 정신의 경계에 위치한 무엇이다. 욕동은 결코 그 자체를 의식에 드러내지 않는 미지의 무엇이며, 인간은 그것의 표상을 통해 그것의 성질을 간접적으로 추론할 수 있을 뿐이다. 욕동은 정신현상의 근원이며, 정신이 작용하도록 '밀어붙이는' 내적 압력, 내적 요구다. 욕동은 몸속에서 끊임없이 흐르는 자극의 근원이며, 기관 내부에서 발생하여 정신에 가해지는 피할 수 없는 자극, 피할 수 없는 요구며, 정신에 지속적으로 충격을 가하는 내적 힘이다. 욕동은 인간만의 고유한 본능으로서 미결정적이고 유동적인 특성을 지닌다. 욕동의 일부는 개체 발생 과정에서 생명체에 변화를 일으킨 '외부 자극의 영향'이 축적되어 생긴 부산물이다. 즉 욕동에는 생물학적 요구와 문화적 요구가 함께 내포되어 있다(Freud, 1920, 104-107: Freud, 1905, 279).

8) 인간의 성 욕동은 동물과 달리 심리적 차원과 생리적 차원, 정신적 애정 욕구와 육체적 쾌락 욕구라는 두 차원을 함께 지닌다. 이 두 차원은 상호 영향을 미치며, 서로 결합해 하나로 통합되어야 비로소 '성숙한 성'이 출현된다. 이 두 차원이 분리될 경우, 사랑하는 사람과는 성관계를 맺지 못하는 심인성 성 불능상태에 처하거나 애정 없는 육체적 쾌락 추구에 함몰된다(이창재, 2005, 43).

첫째, 인간을 합리적인 존재로 인식하던 당시의 지성적 분위기에 저항해서 인간을 비합리적이고 통제할 수 없는 무의식적인 본능의 지배를 받는 수동적 존재로 보았다.

둘째, 인간의 성격은 변하지 않는다는 결정론적 시각을 가지고 있었다. 이러한 인간의 기본적인 성격구조는 6세 이전의 초기 아동기의 경험에 의해 결정되며 이러한 성격구조는 성인이 되어도 변하지 않고 지속된다고 보기 때문에 과거의 경험을 중시하였다.

셋째, 인간은 자신의 쾌락을 극대화하기 위하여 사회에 지속적으로 대항해야하는 투쟁적 존재라고 생각하였다.

2) 지형학적 이론

프로이트는 인간의 마음을 의식, 전의식, 무의식으로 설명하면서 사람의 마음을 지도처럼 나눠 묘사한다 하여 지형학적 이론(topographical theory)이라고 하였다.

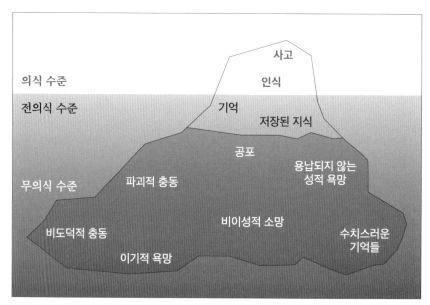

[그림 1] 빙산으로 표현한 지형학적 이론 (최영민, 2010, 81)

① 의식(consciousness)

의식은 스스로 알고 있는 생각이나 감정, 행동이다. 일상생활의 대부분은 의식의 영역에 속한다. 그러나 의식은 순간적으로 주의가 다른 곳으로 돌려지면 전의식이나 무의식으로 바뀐다. 그래서 의식은 우리의 정신세계 범위에서 아주 작은 부분을 차지한다. 즉 의식은 외부 세계로부터 오는 감각들과 내부 과정으로부터 오는 억압되지 않은 감정과 사고를 말한다. 의식은 보통 각성할 때의 생각들을 담당한다.[9]

프로이트는 의식은 회피하려는 성질이 있어서 "의식은 그 자체로 끊어지지 않는 연속적인 연결성을 형성하지 못한다."고 하였다. 그렇기 때문에 "무의식의 과정을 의식의 과정으로 변화시켜서 결과적으로 의식의 틈을 메워주는 것"이 정신분석이라고 하였다(최영민, 2010, 82).

② 전의식(preconsciousness)

전의식은 저장된 기억으로 의식 속으로 떠올릴 수 있는 생각이나 감정이다. 전의식의 내용은 무의식에 있던 본능 욕구나 기억들이 1차 검열을 통과하고 나온 것들이다(이무석, 2003, 72). 전의식은 무의식과 의식의 영역을 연결해주며, 정신분석 기술을 통해 무의식의 내용이 전의식으로 나오고 그 다음에 의식화될 수 있다.

예를 들어, 음악가가 뭔가 영감이 떠오르고 악상이 떠올랐는데, 그것이 잡힐 듯 말듯해서 답답해하고 고민하다가 어느 순간에 갑자기 이미 알고 있던 것처럼 쉽게 곡을 써내려 가는 경우, 이것은 전의식의 어느 영역에 있다가 주의를 기울이자 의식 영역 밖으로 터져나온 것이라고 볼 수 있다. 이 외에도 가끔 어떤 문제를 만나서 해결이 잘 안 될 때, 잠시 머리를 쉬거나 주의를 환

---

9) 프로이트는 의식을 인식과 분리하기 어렵다고 생각했기 때문에 실제 인식-의식 체계라는 단일 구조를 형성한다고 정리하였다. 반면 의식과 전의식은 매우 밀접하여 둘 다 현실원리와 이차과정 논리를 주로 사용한다.

기시키면 불현듯 해결의 실마리가 떠오르는 경우가 있다. 이것도 쉬고 환기를 시키는 동안에 무의식에서 작업이 진행되고, 전의식으로 올라왔기 때문에 쉽게 의식의 영역으로 떠오른 것이다.

③ 무의식(unconsciousness)

무의식은 인간 자신의 힘으로는 알 수 없는 보이지 않는 영역이다. 무의식은 의식으로 떠올릴 수 없는 생각이나 감정, 욕구 등을 포함하고 있다.[10]

그래서 인간은 자신도 모르게 말하고 행동하는 것이다. 인간의 무의식은 그 깊이가 천길, 만길이다. 그래서 탐구하기가 쉽지 않다(이무석, 2006, 19). 이 무의식은 어린 시절 용납될 수 없는 생각이나 감정 혹은 충동들이 억압된 부분이다.[11]

프로이트는 이 무의식 세계가 인간 이해 및 심리치료의 관건이 되는 중요한 정신세계임을 강조하였다. 어린 시절에 억압받았거나 불쾌했던 경험이 무의식 속에 내재해 있다가 청소년기에 부적응 상태(정신질환 등)를 일으키는 원인으로 작용한다고 보았다. 무의식의 둑이 무너질 때 일어나는 정신병 등을 통해 볼 때 무의식의 영향이 얼마나 중요한지 알 수 있다. 사람은 의식적으로 성숙하게 살아보려 해도 무의식에 그것을 방해하는 장애물이 있다. 그것이 유년기의 상처나 심리적 갈등, 마음속의 아이라고 말하는 것이다(이무석, 2006, 35)

프로이트는 무의식을 가리킬 때 '지하' '아래' '깊이' 등의 공간적 은유를 사용했는데 무의식은 심리적인 존재 방식, 동기 과정, 그리고 이전 활동의 잠

---

10) 프로이트의 모든 글에서 무의식은 가장 중요한 역할을 한다. 그는 흔히 정신분석을 '심층심리학' 혹은 '무의식의 심리학'이라고 하였다. 무의식의 개념은 실제 임상 경험과 억압 이론, 그리고 성 이론 등으로부터 비롯되었다(최영민, 2010, 86).

11) 무의식은 '억압'이라는 방어 작용에 의해 정신이 '의식/무의식'으로 분열됨으로써 발생한다. 억압은 자아가 감당하기 힘든 내부·외부의 자극을 받을 경우, 생존을 위해 그 자극을 신속히 의식에서 추방하는 방어 작용이다. 억압은 안정된 사회생활을 위해 반드시 의식에서 차단해야 하는 금지된 욕구들에 대한 1차 억압(원억압)과 1차 억압된 내용들을 연상 시킬 위험성을 지닌 표상들에 대한 2차 억압으로 구분된다(Freud, 1939, 140-141). 억압기제가 작동되었다는 것은 정신이 감당하기 힘든 자극이 있다는 것을 의미한다(이창재, 2005, 25). 이 무의식에 유년기의 상처, 심리적인 갈등, 쓴 뿌리들을 넣어두게 된다.

재적 측면으로 이해하는 것이 바람직하다. 프로이트는 무의식의 내용에서 '충동 표상'을 중요시했으나 근래의 정신분석학에서는 '관계 표상'도 중요하게 다루고 있다. 프로이트는 무의식 체계의 독특한 응집성을 점유 에너지라는 경제적인 개념으로 설명하고자 했다. 무의식적인 에너지가 무의식적 상상에 투여되었다가 다른 상상 혹은 표상으로 이행하려고 한다.

무의식은 또한 역동적인 특성이 있어 갈등이나 결핍 상황과 에너지 점유에 따라 반복되는 경향이 있으며 현실생활에 지대한 영향을 끼친다. 우리의 무의식적 소망이나 쾌락을 추구하는 소망이 무의식을 역동적으로 만든다. 충동적 소망은 맹목적으로 충족되려는 움직임을 갖는다. 이 움직임이 현실과 만나면서 때로는 좌절되기도 하고, 혹은 다른 해결점을 발견하고 성장해 가면서 무의식은 더욱 더 복합적인 것이 된다. 그러나 인간은 무의식을 의식화하는데 불안을 느끼기 때문에 무의식적으로 이에 저항한다는 것이다(김형태, 2003, 55-56). 그래서 의식하지 않으려 하고, 자기노출을 피하려 하는 것이다.

프로이트는 인간의 행동, 느낌, 생각, 상상, 창의적인 작업 등의 원천은 대개 무의식에 잠재되어 있다고 보고 인간이 의식하는 것은 빙산의 일각이라고 생각하였다. 결국 특정 심리적 내용들은 저항을 극복해야만 알아차릴 수 있고, 삶의 분위기나 생활 습관 등을 통해 간접적으로만 유추할 수 있다. 정신작용 대부분은 무의식적이며, 심지어 의식의 작용조차 무의식적이다. 인간은 단지 의식되지 않는 다양한 정신활동의 결과만을 의식할 뿐이다. 따라서 의식이 내리는 판단과 평가와 특성을 온전히 자각하기 위해서는 이를 무의식과 상호관계 속에서 파악해야 한다(이창재, 2005, 26).

3) 성격구조
프로이트는 지형학적 모델인 욕동이 어떻게 작용하고 무엇이 지형학적 체계들 내에서 이동을 지시하는지 설명할 수 없는 한계점을 인식하였다. 그래서 후에 구조모델을 제시하여 이 문제를 극복해보려 하였으나 구조모델에도 지형학적 개념이 어느 정도 포함되어 있다. 프로이트가 정의한 구조는 원초아(id), 자아(ego), 초자아(super ego)다(Bienenfeld, 2009, 33).

① 원초아(id)

원초아는 성격구조의 근본이다.[12] 인간은 탄생 시 원초아만으로 구성되어 있다. 원초아는 본능적인 욕구 충동(instinctual drive)이다. 그 대표적인 것이 성욕이고 공격욕이다. 공격욕은 상대방을 공격하고 파괴하고 싶은 욕망이다(이무석, 2016, 39).

원초아는 정신적 에너지의 근원으로, 본능적인 힘이 여기서 솟아 나온다. 프로이트는 이것을 '무의식'이라고 불렀다. 원초아는 '쾌락의 원리'에 의해 지배된다.[13] 즉 원초아의 작용은 고통스럽고 불편한 것은 피하려 하고 쾌락과 욕구(식욕, 성욕, 공격욕, 수면욕 등)를 취하고자 한다. 즉 달면 삼키고 쓰면 뱉는 식이다(이무석, 2016, 39).

원초아의 지배를 받는 사람은 대부분의 행동을 쾌락 원칙에 따라 결정한다. 기분 나쁘면 마음대로 화를 내고, 먹고 싶으면 참지 못하고, 하기 싫으면 하지 않는 등의 태도는 바로 원초아가 강해서 그런 것이다. 좀 더 심한 경우, 성적 욕구도 조절하지 못해서 바람을 피운다거나 욕설을 퍼붓고 폭력을 행사하는 사람이 원초아가 강한 사람이라고 할 수 있다.

---

12) 이드(id)는 라틴어로서 영어로는 it(그것)를 의미한다. 이렇게 부른 이유는 내 안에 있는 동물적인 측면을 인정하고 싶지 않아서 it라고 한 것이다. 이드(id)는 본능이고, 에고(ego)는 현실과의 관계 속에서 이드의 요구를 어떻게 이룰 것인가를 찾아간다. 다른 동물도 여기까지는 동일하다. 프로이트가 사용한 'it' 'I' 'I above'를 라틴어 용어인 'id' 'ego' 'superego'로 바꾼 것은 커다란 손실이다. 인칭대명사가 심리적 감흥이 거의 없는 추상적인 행위자로 변형된 것이다(Mcwillams, 2007, 38).

13) 원초아가 나타나고 사용되는 방법은 두 가지의 작용으로 나타나는데, 반사작용과 일차 과정이 그것이다. 일차 과정은 가장 초기의 타고난 정신활동으로 욕동에 대한 즉각적인 만족을 추구하고자 하는 것이다(Bienenfeld, 2009, 35). 그러나 반사작용이나 일차 과정만으로는 긴장해소가 미흡하기 때문에 보다 현실적인 이차 심리과정이 발달하게 되는데, 그 결과로 나타나는 것이 자아다.

　　원초아가 쾌락원리를 따른다고 해서 무조건 나쁘다고 보면 안 된다. 원초아는 추진력의 원천이 되기도 하고 즐거움의 원천이 되기 때문이다. 원초아를 너무 무시하는 사람은 인생의 재미를 모르고 무기력하게 살 수 있다. 그리고 자신의 것보다 다른 사람을 너무 생각하느라 양보하다가 자신이 원하는 것(사람)을 얻지 못하기도 한다. 심한 경우, 자신의 가족을 희생시키기도 해서 가족에서는 무기력한 가장이 될 수도 있다(이무석, 2016, 40-41).

　　행동으로 옮기지 않더라도 상상 속으로 쾌락의 원칙을 따르는 경우도 있다. 예를 들어, 배가 고플 때 먹고 싶은 음식을 머릿속에 상상한다든지, 성욕을 느낄 때 이성의 육체를 떠올리는 것과 같은 것이다. 일종의 환각적 경험을 통한 소원실현이라고 볼 수 있고, 꿈도 여기에 속한다.

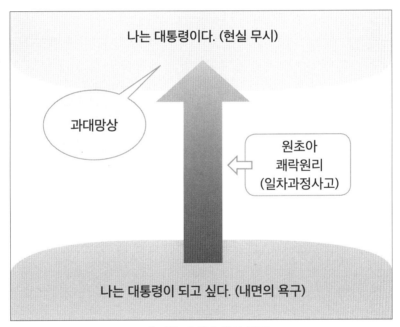

[그림 2] 원초아의 원리

원초아의 욕구는 쾌락원리에 따라 무조건 충족되기를 바란다. 일차과정 논리에 따라 현실적인 여러 상황들을 무시하고 자신이 대통령이라고 믿는다. "나는 대통령이 되고 싶다."는 내면의 욕구와 현실상황을 구분하지 못하여 "나는 대통령이다."라고 생각한다(최영민, 2010, 138).

② 자아(ego)

자아의 최대목표는 개체가 현실생활에서 잘 적응하도록 하기 위해 원초아를 조절하고 초자아의 칭찬을 듣는 데 있다. 쾌락원리에 의해 움직이는 원초아를 현실에 맞게 적절하게 조절하여 사회생활을 하도록 하고, 원초아의 본능적 욕동을 현실에 맞게 조절하고 통제하는 것이 자아다(최영민, 2010, 135).

예를 들어, 공공장소에서는 소리 내어 하품을 하거나 예의에 어긋나는 행동을 하면 안 되겠다는 현실 인식이 있는 사람은 자아가 건강한 사람이다. 건강한 자아가 형성되면 쾌락원리에서 점점 현실원리로 타협해 나가게 된다. 이때 이차 과정 사고가 가능해지는데, 이차 과정은 성숙된 자아의 특성으로 욕동처리를 지연시킬 수 있는 능력이며, 현실적인 사고를 할 수 있는 기능이다(Bienenfeld, 2009, 35).

현실 감각이 심각하게 와해되면 정신분열에 빠지게 되는데, 이런 사람은 사람이 많은 곳에서도 발가벗고 다닌다거나(분열 행동), 자신이 전능자라고 생각하면서(분열 사고) 현실과 완전히 동떨어진 세계 속에서 살게 된다. 정신 분열이 오는 여러 이유가 있겠지만 초자아가 너무 강해서 자신의 모든 행동이 맘에 안 들게 되면 죄책감이 생기게 된다. 그런데 그 죄책감을 부정해버리면 현실 감각이 사라지면서 과대망상사고와 과대망상행동을 하게 된다. 이런 경우, 이 사람에게 현실 감각이 생길 수 있도록 도와주면, 즉 자아가 건강해지면 현실적으로 적응할 수 있게 된다.

프로이트는 자아가 성장하는데 있어 가장 중요한 것은 갈등을 해결하는 것이라고 생각하였다. 갈등은 처음에는 원초아와 외부 세계 사이에서 발생하지만 나중에는 원초아와 자아 사이에서 발생한다(최영민, 2010, 136). 자아는 자신의 마음속의 것과 외부의 것을 구별할 수 있다. 따라서 욕구충족의 합리적인 대상이 발견될 때까지 긴장해소를 유보할 수 있으며, 현실적 사고를 할 수 있다.[14] 자아는 현실적 사고를 어떠한 방법으로 욕구를 충족할 것인가를 결정하고 통제한다. 그래서 자아는 마음의 집행부다.

자아의 기능은 크게 세 가지로 다음과 같이 살펴 볼 수 있다(최영민, 2010, 136-137).

첫째, 본능적 욕동의 조절 및 규제 기능으로 자아는 원초아와 외부 현실 사이에서 중재자 역할을 한다. 자아가 원초아와 초자아 사이에서 이러지도 저러지도 못하고 있는 갈등상태에 있을 때를 노이로제라고 하는데 이 상태가 되면 불안을 느끼게 된다. 마음이 불안하고 일이 손에 잘 안 잡히는 등 여러 가지 증상이 나타나게 된다.

예를 들어, 연인 관계에서 남자가 성적인 욕구를 느끼는데, 원초아는 바로 호텔로 가자고 유혹하고, 초자아는 안 된다고 압력을 행사한다. 이때 자아가 현실에 따라 판단을 한다. 여러 상황을 고려해 봤을 때 결혼도 안하고 성적 욕구를 발산하는 것도 문제고, 반대로 매번 초자아가 시키는 대로 하자니 삶의 즐거움은 사라질 것 같다는 판단을 하게 된다. 이때 건강한 자아는 현실에 발을 딛고 현실적으로 가장 알맞은 방법을 찾아낸다. 그래서 "혼전 섹스는 안 되는데, 성관계는 하고 싶은데 어떻게 하지?" 고민하다가 "아하, 헤어질 사람도 아니고 결혼해도 될 사람이니까 결혼을 좀 빨리하면 되겠네."라는 판단을 하면서 갈등이 풀리고 마음이 편안해지게 된다(이무석, 2016, 45-46).

이처럼 자아는 원초아와 초자아 사이에서 갈등을 해결하는 해결사 역할을 하는 것이다. 건강한 자아는 외부 현실에 맞추어 원초아를 처리해 가는 힘이 커진다. 아울러 언어가 발달하고 생각을 논리적이고 추상적으로 할 수

---

14) 1차 과정으로서 성 욕동은 낯선 외부 환경에 적응하기 위해 '자아'라는 새로운 정신 조직을 분화한다(Freud, 1920, 111). 그리고 이 자아에 의해 쾌락원칙을 추구하던 1차 과정의 일부분은 현실원칙을 수행하는 2차 과정으로 전환된다. 또한 자기애적인 유아성욕은 외부 대상을 향한 사회적 관계 활동으로 전환된다(이창재, 2005, 44).

있는 능력이 생기면서 욕동을 행동으로 발산하지 않고 언어로 표현할 수 있게 된다.

둘째, 판단 기능으로 이차 과정 사고가 발달하면서 자신의 행동이 타인에게 어떻게 영향을 주는지를 평가할 수 있게 된다. 즉 자기중심적인 만족만 추구하지 않고 자신의 행동이 타인에게 어떤 영향을 주고 자신은 어떻게 영향을 받는지를 알게 된다. 이 과정을 통하여 행동의 결과를 예측할 수 있게 됨에 따라 판단 능력이 생기게 된다. 그리고 판단 능력이 발달함에 따라 충동적으로 본능을 방출하는 것을 예방할 수 있게 된다.

셋째, 현실과의 관계를 맺어 가는 기능으로 내부 세계와 외부 현실 사이를 연결하게 된다.

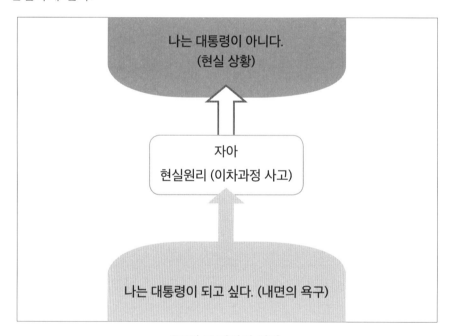

[그림 3] 자아의 원리

자아는 "대통령이 되고 싶다"는 것은 어디까지나 내면의 욕구고, 실제 현실은 그렇지 않다는 것을 인식할 수 있게 해 준다(최영민, 2010, 138).

③ 초자아(super ego)

초자아는 마치 부모가 아이를 대하듯 자아에 대해 관찰하고 명령하며, 칭찬하고 벌하는 강력한 상위의 자리를 차지한다. 마치 사회적 질서와 법률처럼 도덕적 양심의 기능을 하며 강력한 기준을 제시한다. 그래서 초자아는 사람의 행동, 생각, 감정들을 평가하고 조사한다. 그리고 기대했던 기준과 비교하여 결과를 측정한다. 비판과 비난은 다양한 고통스러운 감정을 유발하고, 칭찬과 인정은 자존감을 높여준다. 이러한 초자아의 기능은 대부분 무의식적으로 이루어진다(최영민, 2010, 141).

프로이트는 초자아를 두 개의 하위체계로 나누었는데, 양심과 자아 이상[15]이 그것이다. 양심은 자기 감독 기능으로서 선과 악을 알려주는 기능을 하며, 자아 이상은 이상적 모델을 보면서 나도 저 사람처럼 살고 싶다는 기능을 가지고 있다. 인간의 성장과정에서 부정적 보상은 양심을, 긍정적 보상은 자아 이상을 발달시키게 된다.

프로이트는 초자아를 오이디푸스 갈등의 유산이라고 생각하였다. 남자 아이의 경우는 어머니를 사랑하게 됨으로써 아버지에 대한 살해 욕구(murderous wish)가 발생한다. 특히 남자와 여자가 서로 성기 모양이 다른 것을 알게 되면서, 남아는 아버지로부터 거세당하는 처벌을 두려워하게 된다. 그래서 남아는 자신의 근친상간적인 소망을 포기하고 아버지를 동일시하게 된다. 이런 과정을 통해서 오이디푸스 갈등은 해소되고, 남아는 아버지의 도덕적 가치관으로 초자아를 형성하게 된다.

여아의 경우는 아버지의 사랑을 획득하여 어머니를 멀리하게 되면, 이것이 곧 어머니를 상실하는 것이라는 것을 알게 되면서 오이디푸스적 갈망을

---

15) 자아 이상은 크게 세 가지 심리 표상의 혼합물이다. 첫째는 존경스럽고 전지전능한 부모의 표상이고, 둘째는 부모나 그 밖의 다른 사람들로부터 크게 인정받거나 칭찬받은 일들이 토대가 되어 형성된 이상적인 자기상이다. 셋째는 중요했던 인물과 이상적인 관계를 맺었던 관계 자체다(최영민, 2010, 141).

포기한다. 프로이트는 여아의 경우 거세공포를 느끼지 않기 때문에 도덕적 신념이 남아보다 약하다고 생각하였다. 그러나 이러한 의견은 최근에는 인정받지 못하고 있다. 최근 연구는 남아와 여아의 도덕적 발달 관점이 다르다는 입장이 제기되고 있다. 즉 남아는 성취와 공정한 행동에 높은 도덕적 가치를 두는 반면, 여아는 우호관계와 타인과의 관계에 근거하여 도덕적 기준을 발달시킨다(최영민, 2010, 143).

　초자아는 자기 평가 기능이 있는데 그것은 자기 처벌, 자기 관찰, 자기 인정 기능이다(이무석, 2016, 58). 초자아가 너무 강한 사람은 자기 자신에게 너무 가혹한 수준을 요구하며, 행동의 결과에 대해서도 지나치게 비난하고 자책한다. 자책이 큰 만큼 더 잘하기 위해 더 철저하게 계획을 세운다. 그러나 그 계획이 높고 완벽한 만큼 완수하기가 더 어려워진다. 이에 또다시 실패의 위험이 커지고 완수하지 못한 결과에 대해 더 심한 자기 질책을 한다(최영민, 2010, 143). 결국 자기 학대가 일어나면서 삶이 무너지는 것이다. 이런 자신의 기준은 중요한 타인의 기준이 무의식 속에 내재화되어 다른 사람에게 적용될 수밖에 없다. 그래서 타인학대가 뒤따르게 된다.

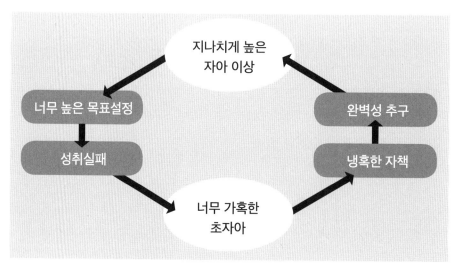

[그림 4] 가혹한 초자아(최영민, 2010, 143)

원초아는 객관적 현실의 세계와는 상관없이 개인의 주관적 경험의 내적 세계인 본능의 욕구나 충동만을 나타내려고 하는 측면이 있다. 초자아는 사회의 전통적인 가치와 이상을 양심으로 형성하며, 자아는 원초아와 초자아간의 갈등을 통합, 중재하는 마음의 영역으로 요약할 수 있다. 이상의 세 가지 성격구조들은 각기 독립된 실체들이라기보다 자아의 지도 아래 하나의 협동체로서 기능한다(박윤수, 1994, 107-108).

5. 주요 기법

　상담 기법은 상담 목표를 달성하기 위한 방법으로 사용된다. 정신역동상담에서는 상담 목표를 달성하기 위한 과정으로 상담관계의 수립, 전이의 발달 및 처리의 과정을 거친다. 그리고 그 과정에서 활용되는 주요기술들은 자유연상, 저항과 전이의 분석, 해석, 꿈의 분석 등이 있다.

　자유연상은 정신분석상담의 핵심적인 기술이다. 자유연상은 내담자로 하여금 마음속에 떠오르는 것이면 무엇이든지 이야기하도록 하는 방법이다(김형태, 2003, 63). 자유연상은 무의식에 억압된 갈등이나 감정을 의식에 떠오르게 하는 가장 효과적인 방법으로 사용된다. 이를 위하여 상담자는 내담자를 긴 의자에 편안히 눕거나 기대게 한 다음, 의식에 떠오르는 것이면 무엇이든지 이야기하도록 한다.[16] 그것이 아무리 고통스럽고, 어리석어 보이고, 보잘 것 없고, 비논리적이고, 부끄러운 것이라 하더라도 제외하거나 왜곡함이 없이 느끼는 대로 말하게 하는 것이다.

　자유연상은 과거의 경험들을 상기시키며 무의식 속에 억압된 기억이나 감정이 점차로 연상 작용을 통해 의식의 세계에 떠오르게 한다. 이때 상담자(분석자)는 내담자(피분석자)의 연상된 내용, 맥락, 어조, 흐름의 단절 등을 통하여 무의식의 성격과 소재를 분석하게 된다.[17] 상담자는 평가나 판단하지 않고 관심 있는 태도로 내담자의 보고를 청취하면서 자유로운 연상의 흐름을 방해하지 않는다. 어떤 경우, 상담자는 내담자의 진술이 끊어지거나, 진술한 내용들

---

16) 자유연상에서 긴 의자에 눕게 하는 것은 긴장하지 않고 평안한 마음으로 상담에 임하도록 고안된 것이므로, 상담 관계가 원활하게 이루어진다면 이러한 외형적 방법은 그다지 중요하지 않을 수 있다.

17) 이것을 클뤼버박사는 '잔잔히 떠 있는 주의력'이라고 하면서 분석가는 그가 이미 주목하고 있는 것에 일방적으로 주의를 쏟아서는 안되고 내담자가 전달하는 모든 것에 동등한 주의를 보여야 한다고 하였다. 이러한 태도를 견지함으로써 분석가는 전달된 연상 사이에 새로운 결합을 창출할 수 있게 된다(서울정신분석상담연구소, 2005, 4).

을 연결시킬 필요가 있다고 판단되면 자유 연상의 흐름 속에 개입하기도 한다. 상담자가 이들의 관련성과 의미를 해석해 주면 내담자는 자신의 무의식적인 동기를 이해하고 통찰할 수 있게 되는 것이다(박윤수, 1994, 124).

저항이란 내담자가 상담에 협조하지 않는 모든 행위를 말한다. 내담자의 자아가 무의식의 의식화에 불안을 느껴 억압이나 방어기제를 사용하여 자신의 생각을 방해하는 현상이 나타나는데 이것이 바로 저항이다. 정신분석에서는 이러한 저항이 큰 의미를 지닌다고 본다. 저항의 양상은 다양하게 나타나는데 일반적으로 침묵이나 의도적인 농담, 거짓말 등으로 저항 현상이 나타난다. 내담자가 저항하는 데에는 그럴 만한 이유가 있다고 보기 때문에 상담자는 내담자가 보이는 저항의 의미를 이해하고, 이를 내담자에게 적절히 해석해 줌으로써 상담에 대한 내담자의 협조를 이끌어 낼 수 있어야 한다(이장호, 정남운, 조성호, 2006, 83-84). 상담자(분석가)는 자유연상을 방해하는 정서적 차단의 인자를 규명하고 해석하여야 한다(저항과 방어기제에 대해서는 7장과 8장에서 설명할 것이다).

전이는 '그때 거기'에서 그 사람에게서 경험되었던 감정이 '지금 여기' 이 사람에게 재연되는 것을 뜻한다. 상담자에 대한 내담자의 반응을 전이라고 하면, 내담자에 대한 상담자의 반응은 역전이라고 부른다. 전이의 해석은 전이현상에 담겨져 있는 이러한 두 가지 왜곡 혹은 착각을 내담자에게 알려주고 이해시키는 것을 말한다. 정신분석적 치료에서는 지금-여기의 치료적 관계에서 발생하는 생생한 정서적 경험을 중요시 한다.

내담자는 무의식적으로 어떤 대인관계 방식을 행동화하려는 시도를 하며, 이것은 거의 무의식적이거나 완전히 의식 밖에 있는 소망을 반영하는 것이다. **내담자는 미묘한 방식으로 자신의 반응 양식과 경험 방식을 상담자에게 강요하는데 이때 역전이가 일어난다.** 이런 방식으로 상담자와의 전이-역전이의 상호 작용 속에서 내담자의 성격 특성이 내적 대상관계를 드러내는 데 중요한 역할을 한다(전이와 역전이에 대해서는 9장과 10장에 자세히 소개할 것이다).

해석은 상담자가 꿈, 자유연상, 저항, 전이 등의 의미를 내담자에게 지적하고 설명하고 가르치는 것이다. 이러한 상담자의 해석을 통해 내담자는 이전에는 몰랐던 무의식적 내용들을 차츰 의식적으로 이해하고 받아들이게 된다(해석에 대해서는 11장에 자세히 설명할 것이다).

6. 평가

상담과 심리학에 끼친 프로이트의 공헌은 20세기에 가장 위대한 공헌이라고 여겨질 정도지만, 한계점도 있다. 그 내용을 간략히 정리해 보면 다음과 같다.

1) 프로이트의 공헌

첫째, 프로이트는 인간의 정신세계에 대해 깊이 있게 통찰함으로써 현대인들에게 인간과 세계를 바라볼 수 있는 새로운 관점을 제공했다.

둘째, 그는 성욕과 죽음에 대한 충동 등 인간을 움직이는 근원적 힘을 밝혀내려고 노력했다.

셋째, 프로이트는 심리학이 과학이라는 것을 증명하려면 알려지지 않은 행동의 원인을 발견해야 한다고 믿고 인간에게 알려지지 않은 무의식적인 인과관계 혹은 무의식적인 동기 규명에 많은 열정을 쏟았다.

2) 프로이트 이론의 한계점

첫째, 자신의 신경증 내담자를 대상으로 하여 연구를 진행했기 때문에 너무 병리적이고 추론적이며, 과학적이고 객관적인 실험실 연구의 측면이 결여되어 있다.

둘째, 그는 인간을 지나치게 성충동적으로 이해하였다. 유아기에서부터 성적인 동기[18]와 파괴적인 소원에 의하여 행동이 동기화된다고 봄으로서 존엄

---

18) 성본능과 관련된 부분은 프로이트의 이론 중 가장 논란이 되고, 가장 많은 오해를 받는 부분이기도 하다. 프로이트가 1905년 유아 성욕에 관한 논문을 처음 발표했을 때 당시 학계에서는 프로이트를 악마, 사악한 인간, 음탕한 사람 등의 원색적 용어를 사용하여 비난하고 조롱하였으며, 많은 대학과 기관들이 그의 강연을 일방적으로 취소해 버리기도 하였다. 그러나 '사람은 성적 욕구의 충족을 추구한다'는 견해에서 프로이트가 말하는 성이란 단순히 섹스만을 의미하지 않는다. 성의 진정한 의미는 '사랑'을 지향한다는데 있다. 사랑으로 대변되는 사람들 사이의 진정한 이해, 관심, 배려, 수용 등의 사람을 심리적으로 살아 있게 하는 정신적 생명 줄과도 같다. 따라서 성은 궁극적으로 죽음으로부터 삶을 지키는 '존재의 파수꾼'인 셈이다.

한 인간을 리비도 중심의 성적 심리적 존재로 본 견해는 지나치게 비관적이 며 단편적인 견해이다.

셋째, 여성을 무시하였다. 프로이트는 남근선망이 생리적인 열등감에서 기 인한다고 생각하였는데 이것은 그 자신과 그 당시의 사고방식을 반영한 것에 지나지 않으며 여아는 근본적인 열등감을 갖고 태어나지 않는다.

넷째, 모든 인간에게 근친상간과 쾌락적인 충동이 있다고 한 것과 현재 행 동의 근거로서 유아기의 경험들과 억압된 무의식의 내용을 중요시함으로써 인간을 결정론적이고 비합리적인 존재로 보고 인간의 자율성과 책임성, 그리 고 합리성을 무시하였다.

다섯째, 기독교에 대한 그의 광적 저항은 결국 자신의 투사적 관찰임에도 객관적 사실로 묘사한 것은 학문을 객관적으로 보려는 그의 노력에 상반된 것이다.

여섯째, 그는 인간 심리의 심층 세계에 몰입하였기에 심리가 형성되는 외 적 관계에는 거의 관심을 기울일 수 없었다. 그래서 프로이트는 어머니의 존 재를 중요하게 보지 않고 이차적인 요소로 생각하였다.

[요약]

1. 프로이트는 인간의 정신세계를 의식, 전의식, 그리고 무의식의 세 가지 의식 수준으로 구분하였으며, 그 중에서도 무의식이 인간이해 및 심리치료의 관건이 되는 중요한 정신세계임을 강조하였다.

2. 프로이트는 성격의 구조를 세 가지 성격구조, 즉 원초아, 자아, 그리고 초자아를 가정하고 있다.

3. 프로이트는 기독교에 대해 부정적 생각을 가지고 있었으며, 신은 어린 아이가 아버지의 개념을 투사한 것으로 보았다. 프로이트는 종교를 "외부 세계에 투사된 심리학에 불과하다"고 단정하였으며, 하나님이 존재한다는 사실 자체를 인정하지 않았다.

4. 성격구조의 역동성은 욕구충족 과정에서 자아가 여러 가지 압력들을 어떻게 대처해 나가느냐에 따라 결정된다고 하였으며, 성격은 생후 6년 사이에 기본골격이 형성되고, 그 후에는 마무리 단계에 지나지 않는다고 보았다.

5. 프로이트이론의 주요기법으로는 자유연상, 저항과 전이의 분석, 해석, 꿈의 분석 등이 있다.

2장

정신역동상담의 목표

PSYCHODYNAMIC COUNSELING

1. 상담 목표

2. 지지상담과 통찰상담

2

정신역동상담의 목표

| 학습목표 |

정신역동상담의 전반적 목표를 파악하고 통찰상담과 지지상담에 대하여 이해한다.

1. 상담 목표

고전적 정신분석상담은 어렸을 때 생긴 무의식적 동기와 갈등의 근거를 자유연상, 해석 등의 기법을 통해 통찰이 일어나도록 돕고, 무의식을 의식화시키며, 현실적응능력을 키우기 위해서 자아의 힘을 강하게 하는 것을 목표로 한다.[19]

고전적 정신분석이론 외에도 현대의 정신역동이론은 크게 3가지-자아심리학, 대상관계, 자기 심리학-로 분류할 수 있다. 그 중 자아심리학은 세 정신 구조(id, ego, superego)가 갈등을 겪을 때 불안이 일어나며, 이 불안은 방어기제를 발동시키는데 이때의 자아 기능이 어떻게 현실과 적절하게 타협하는지를 강조한다.[20]

대상관계이론은 인간의 신경증의 근원을 생의 첫 해에 두고, 생의 최초 1-3

---

19) 정신분석이론은 초기에는 인생의 초기 시점에서의 '심리 내적인 본능적인 욕동을 분석'하는 것에서 차츰 변화하여 '상호작용, 특히 정서적인 관계'에 역점을 두는 것으로 흐름이 확대되었다. 이것은 뚜렷이 의식할 수 없었던 인생 초기의 중요인물과의 감정적인 관계의 질을 살펴봄으로써 현실의 갈등을 해소하고자 하는 노력을 뜻한다.

20) 자아심리학은 프로이트의 고전이론에 충실하여 그의 딸 안나 프로이트(Anna Freud)와 하트먼(Hartmann)이 발달시켰다.

년 동안 유아가 애정대상에게 무한한 애정을 받기를 원하면서도 그 대상을 잃을까 두려워하는 양 측면의 감정을 강조한다.[21]

자기심리학은 자기애가 어떻게 건강하게 발전하는가에 대해 설명하면서 외적인 관계가 자기 내부의 자존심과 결속을 유지하기 위하여 어떻게 역동적으로 작용하는가를 강조한다.[22]

여기에서는 대상관계이론을 포함한 정신역동상담에서 말하는 상담의 목표를 정리하고자 한다.

1) 성격의 재구조화

정신역동상담에서는 모든 경우에 적용이 되는 동일하며 일반적인 원칙이 있다. 그것은 내담자의 정신적 갈등을 가져온 나쁜 효과들을 제거하고 감소시키는 방향으로 변화시킨다는 목표이다. 그와 같은 변화의 결과는 성장에 대한 잠재능력의 증가, 좀 더 나은 대상관계, 그리고 즐거움의 증가와 슬픔의 감소 등과 같은 증상적 그리고 성격적 변화로 나타난다.

정신분석상담의 목표는 내담자를 도와 자신의 내부에 존재하는 행동의 동기를 깨닫고, 통찰하여 의식수준에서 행동할 수 있게 하는 것이다. 즉 내담자의 무의식을 의식화함으로써 인격구조를 재구조화하는 것이 정신분석상담의 가장 중요한 상담 목표다.

무의식을 의식화하는 것이 성격의 재구조화에 도움이 되는 이유는, 인식 밖에 있는 생각과 느낌은 주로 습관적이고 부적응적인 방식의 사고와 행동으로 이어지도록 사람들에게 영향을 미치고 동기 부여를 한다. 이러한 생각과 느낌을 인식하게 되는 것이 치료적일 수 있다(Cabaniss, 2015, 36).

---

21) 클라인을 중심으로 한 영국학파에서 나온 대상관계이론은 최초의 부모-자녀 관계, 즉 영아와 그 대상과의 관계가 중요하다고 하였다.

22) 코헛(Heinz Kohut)에 의해 태동된 자기 심리학은 '자기'라는 개념에 대해서 시간 안에서의 계속성, 지속성, 그리고 마음의 구조 내에서의 본능적인 에너지를 지니고 있다는 점에서 통합된 존재로서의 자기(self)라는 개념을 가지고 있었으며, 이것은 정신적 기능들 중의 하나가 아니라는 점에서 '자아'라는 개념과 구분하였다(Gabbard, 1994).

정신분석과 정신역동적 심리치료는 사람의 성격과 성격구조의 변화를 가져오도록 설계된다. 이 과정에서 내담자들은 내부에서 무의식적 갈등을 해결하려고 노력하며, 그들의 문제들을 다루는 좀 더 만족스런 방법을 발달시키려고 노력한다.

아동기 경험의 재구성, 해석, 분석을 통해서 자기이해가 이루어지며 통찰이 감정과 행동의 변화를 가져온다. 꿈해석이나 다른 방법들을 통해서 무의식적 재료를 밝혀냄으로써, 개인들은 그들이 자신과 타인과의 비생산적이고 반복적인 접근에서 직면하는 문제들을 더 잘 다룰 수 있다(Sharf, 2004, 44-45).

프로이트는 성공적으로 적응하는 사람이란 '자기와 타인을 사랑할 수 있고, 가치 있는 일을 할 수 있는 사람'이라고 정의하였다. 성숙한 적응을 방해하는 것은 무의식 속에서 동기로 작용하고 있는 억압된 충동과 갈등들이다. 그것은 과거의 경험들 중 자아가 적절하게 중재할 수 없었던 원초아의 충동들이다.

따라서 정신역동에서는 과거의 내담자 자신이 효과적으로 대처할 수 없었던 장면들에 직면할 수 있게 하고, 위협을 느끼지 않는 안정된 분위기에서 자신의 무의식 속에 억압된 감정이나 충동들을 자유롭게 표현할 수 있게 함으로써, 문제가 되고 있는 무의식의 내용을 의식수준으로 끌어올려 각성시키도록 한다.

이러한 작업을 통하여 과거의 경험이 잘못되었음을 통찰하고, 억압의 틀에서 벗어나 진정 사랑할 수 있고 가치 있는 일을 할 수 있는 새로운 성격으로 성장하게 하려는 것이다.

내담자는 자신의 무의식에 어떤 것들이 저장되어 있으며, 그것이 자신의 현재 삶에 어떤 영향을 주고 있는지 알지 못한다. 그러므로 상담자는 '지금-여기'에서 나타나는 내담자의 역동과 반응 양식들을 보며 내담자의 어린 시절 성장과정에 대하여 이해하려는 노력이 절대적으로 요구된다.

과거에 대한 탐색을 하는 이유는 과거에 초점을 두는 것이 아니라 현재의 문제를 해결하기 위해서 과거에 이미 형성된 역동이나 표상이 무엇인지 발견하여 그것을 현실에 적합한 반응으로 바꾸도록 하기 위해서다. 이것은 모든 상담에서 과거의 성장 과정에 대한 이야기를 필수적으로 해야 한다는 의미는 아니다. 상담에서 초점을 맞추는 것은 내담자의 '지금-여기'의 삶, 즉 현재의 생각과 느낌이다. 과거의 성장 경험에 대한 이야기는 현재의 삶에 미치는 영향을 발견하는 데 도움을 줄 때 가치가 있다(김환, 이장호, 2008, 19).

2) 자아 기능의 강화

정신역동치료의 목표는 무의식의 갈등이 무엇인지 이해하고 그것이 만드는 증상을 해결하는 것이다. 무의식적인 갈등을 의식화시키면 긴장 때문에 묶여 있던 에너지가 자아 기능에 활용됨으로써 개인의 적응적이고 문제해결적인 기능이 원활해질 수 있다. 이때 원초아의 압력을 약화시키고 자아의 힘을 강화시킴으로써, 원초아의 지배적 성격 구조에서 자아 지배적 성격구조로 변화하도록 도울 수 있다(오윤선, 2009, 390). 이를 위해 자아 기능이 무엇보다 중요하다.

자아 기능의 강화를 위해 필요한 것은 자신의 무의식 심리에 대한 통찰이다. 예를 들어, 한 젊은 소설가는 자신의 성공이 아버지와의 관계를 위험한 경쟁관계로 만들 것을 두려워하여 글을 쓰지 못하게 되었다. 이 소설가는 자신의 무의식적 갈등을 탐색하여 이해하게 되면서, 문제의 원인이 드러나고 불안이 감소되어 다시 글을 쓸 수 있게 되었다. 여기에서의 해결은 갈등의 해소 보다는 자아가 보다 효과적으로 기능하도록 타협한 것이라고 볼 수 있다.

정신역동상담에서 말하는 자아 기능에 대하여 벨락(Bellak)과 골드스미스(Goldsmith)는 다음과 같이 정리하였다(Bellak & Goldsmith. 1984).

● **현실검증과 현실감각(reality testing and sense of reality)**

망상이나 환각 또는 심하게 왜곡된 지각과 같은 비현실과 현실을 구분하는 능력. 현실감각이 있는 사람은 비현실감, 비인격화, 꿈을 꾸는 듯한 상태나 유체이탈경험, 타인과 하나되는 느낌, 심하게 왜곡된 사고를 가지지 않는다.

● **판단(judgment)**

어떤 행동에 대한 결과를 예측하여 행동할 수 있는 능력으로, 판단 능력이 온전한 사람은 예상되는 위험, 사회적 또는 법적 결과를 예상하고 행동할 수 있다.

● **대상관계(object relation)**

다른 사람에 대한 지각과 기대를 포함한 개념이며, 일평생동안 타인과 일관성있게 관계를 맺을 수 있는 능력을 말한다. 대상관계가 건강한 사람은 안정적이고 친밀한 관계를 맺을 수 있으며 사랑과 공감적 관계를 유지하고, 다른 사람을 전체나 부분으로 구분해서 볼 수 있는 능력을 가지고 있다.

● **감각자극 관리(sensory stimulus regulation)**

외부의 과도한 감각적 자극을 적극적으로 피하는 능력을 말한다. 외부자극(소음 같은), 내부자극, 그리고 신체자극(통증같은)이 온전한 사람은 불필요한 자극은 소멸시키고 중요한 자극에 집중할 수 있다. 이 기능이 안되면 열, 소음, 냄새 같은 자극이 힘들어서 사람을 피하려 하고, 조용한 공간에 혼자 있으려 한다.

● **감정과 불안 내성(affect/anxiety tolerance)**

불안이나 다른 강렬한 감정(분노, 시기, 절망, 갈망, 사랑 등)을 참을 수 있는 능력을 말한다. 불안을 견디는 힘이 약한 사람들은 자신의 느낌 때문에 쉽게 와해되고 정신이 약해지며, 기분이 양극단을 급격하게 오간다.

● **충동조절(impulse control)**

충동조절을 잘하면 자신의 행동이나 느낌, 욕구, 소망을 통제된 방식으로 조절할 수 있다. 충동조절이 잘 안되는 사람은 감정과 욕구 조절이 약하여 과잉행동을 하거나 분노발작, 폭식, 약물 남용, 충동적 성관계, 자해 등의 부적응적인 방식으로 표현을 한다.

● **놀이 능력(capacity for play)**

무의식적인 느낌과 욕구에 대해 불안해하지 않을 수 있는 능력으로 퇴행을 할 수 있는 기능이다. 퇴행이 적응적이라면 괜찮지만 퇴행(공상이나 백일몽 등)이 적응적인 것이 아니라면 정신의 와해가 일어날 수도 있다.

● **자각(self-awareness/psychological mindedness)**

자신의 내적 상태를 알고 싶어 하고 자신의 느낌을 정확하게 인식하고 파악할 뿐 아니라 다른 사람들과 그들의 무의식 동기까지 이해하는 능력을 말한다.

● **자기 조절 및 자기 평가(self-esteem regulation/accurate self-appraisal)**

자아에 충격이 가해졌을 때 자기 자신을 관리할 수 있는 능력을 자기 조절 능력이라고 하며, 자기 평가는 주관적인 것과 객관적인 능력과의 상관관계를 파악하는 능력이다.

● **인지 기능(cognitive functions)**

인지 기능이 잘 되는 사람은 다양한 경험을 연결하고, 패턴을 인식하고, 일관성이 없는 것들을 조화롭게 할 수 있으며, 문제를 해결하고, 추상적으로 생각할 수 있다.

● **방어(defense)**

내적, 외적 스트레스와 정서적 갈등에 대처하는 기능을 말한다. 방어 기능이 있는 사람은 불안, 우울, 질투와 같은 고통스러운 감정을 제한하며 내적인 정서적 갈등을 해소한다.

이 외에도 연구자는 외면적 인격의 확립과 내면적 인격의 성찰과 수용을 자아 기능에 포함시키고자 한다.[23]

● **외면적 인격의 확립**

외면적 인격(가면적 인격)이 잘 세워진 사람은 다른 사람에게 피해를 줄 만한 행동을 삼가고 다른 사람에게 불편을 주지 않으며, 자신에게 주어진 일은 기본

---

23) 여기에 나오는 인격에 대한 견해는 신학과 심리학, 그리고 상담을 통한 임상 경험을 토대로 통합하고 연구한 것으로서 이전의 저서 상담목회에서 그 내용을 발췌하여 정리한 것이다 (심수명, 2008a, 204-215).

적으로 해낼 수 있는 능력을 가지고 있다.

● **내면적 인격의 성찰과 수용**

내면적 인격이 잘 갖추어진 사람은 성품이나 됨됨이가 믿을만하고 성숙한 사람
이다. 그러나 기독교적 인간관은 인간의 본성이 죄로 인하여 부패되고 타락되
었다고 보기 때문에 자신의 내면에 있는 죄와 악의 모습을 인정하고 수용할 수
있어야 한다. 그리고 내면적 인격을 성숙시키려면 죄를 지을 수밖에 없는 존재
임을 인정하고, 하나님의 도우심과 성령님의 은혜를 사모하고 성령의 은혜를
덧입기 위해 끊임없이 노력해야 한다.

3) 통찰 능력 향상 및 건강한 자기대상 확립

대상관계나 대인관계를 중시하는 정신역동 상담자는 상담의 일차적인 목
표를 내담자가 자신과 타인의 내적인 표상이 어떻게 외부 사람과의 관계에
영향을 미치는가를 이해하는 것으로 본다. 이러한 목표 달성을 위해 내담자
가 타인에게 반복적으로 투사하는 것이 무엇인지 알아내어 자신의 일부분을
재통합하도록 도와준다.

상담자의 도움을 통해서 내담자는 사람에 대한 자신의 내적 표상과 실제
외부 세상의 사람을 구분하는 능력을 갖게 된다. 더 나아가 타인의 내적 표상
을 알 수 있고 자신의 것과 다르다는 점을 알게 될 것이다. 통찰 기능이 향상
되면서 내담자는 자신의 행동이 자신 내부의 기분, 믿음, 갈등, 동기에 어떻
게 영향을 받는지 알게 되며, 이 행동이 그냥 우연하게 생긴 것이 아니라는
것도 이해하게 된다(Gabbard, 2007, 130-133).

예를 들어, 어린 시절 자신에게 별로 관심을 보이지 않았던 어머니의 내
적 표상으로 인해 다른 사람이 사랑을 받으면 질투가 일어나 견딜 수 없는
내담자가 있었다. 어느 날 이 내담자는 상담 장면에서 상담자의 성공에 대

해 질투를 하고 있음을 알게 되었다. 그리고 그 내담자는 자신의 질투는 자신의 내부에 있는 어머니의 표상을 투사한 것이라는 사실을 인식하게 된다. 이러한 과정 인식을 통해 재통합 혹은 재인식에 이르며, 내담자는 무엇이 자신의 것이고 무엇이 타인의 것인지 구분하게 된다. 그 결과 대인관계가 향상되는 것이다.

코헛은 사람이 타인들로부터 반영, 긍정, 확인, 이상화 같은 기능을 요구하는 것은 나이가 들어도 결코 사라지지 않는다고 하였다. 이것을 자기대상 기능이라고 하는데 적절한 자기 대상은 대기의 산소와 같아서 생존에 필수적이다. 정신역동치료의 목표는 내담자들이 자기 대상을 미숙하고 부적응적인 방법으로 구하기보다 성숙하고 적절하게 얻을 수 있도록 도와주는 것이다.

4) 통합적 영성의 형성

정신역동상담은 내담자가 건강한 자아를 형성하여 성숙한 사람으로 살아갈 수 있도록 돕는 것을 주된 목표로 한다. 그러나 기독교 상담은 영적인 목표를 모든 목표 위에 둔다. 기독교적 가치관에서 인간은 타락한 본성을 가지고 있으며, 이러한 본성과 함께 상처를 받을 때 더 부정적으로 작동한다고 생각한다. 그리고 이 죄성과 상처는 인간의 힘으로 해결할 수 없으며, 성령님의 거듭나게 하시는 은혜와 회개의 영성이 있을 때 가능하다고 믿는다. 따라서 인간이 가지고 있는 문제는 하나님과의 관계가 온전히 회복될 때 건강하고 성숙해진다고 믿고, 하나님의 은혜와 위로를 사모하는 사람이 바로 통합적 영성을 가진 사람이다.

따라서 기독교적 관점에 근거를 둔 정신역동상담에서는 앞에서 설명한 상담의 목표에 동의하면서도 "건강한 자아를 형성한다"라고 할 때 인간의 도움만이 아니라 성령의 도우심을 입어 건강한 자아를 형성하는 것을 목표로 한다. 이때 정신역동상담에서 사용하는 기법들을 사용하여 건강한 자아를 형성하도록 돕지만 기독교 상담자는 자기가 도운 만큼의 결과가 나타나는 것이 아니라 그 이상의 결과가 나타나리라고 기대한다. 그 이유는 상담 관계에 제3자로 임재하신 성령님께서 우리의 기대보다 더 풍성하게 치유하실 것을 믿기 때문이다.

또한 기독교 상담은 내담자의 건강한 인격을 위해 상담하지만 종결 후에도 훈습을 통해 그가 하나님 중심의 삶을 회복하도록 돕는다. 이를 위해 자신의 자아를 그리스도 앞에 굴복시키며 하나님의 뜻대로 살아가도록 하기 위해 성령님과 말씀, 그리고 기도로 살아가도록 한다(심수명, 2006, 37-40). 이것이 바로 기독교적 상담에서 바라보는 정신역동상담의 영적인 목표다.

5) 상담목표 수립 시 주의점

정신역동상담의 목표에 관해 주의해야 할 점은 목표를 너무 의식하는 상담을 하게 될 때 내담자가 저항을 할 수 있다는 점이다. 목표 달성에 지나치게 몰두하는 상담자는 내담자로 하여금 상담자의 노력을 무위로 돌리고 패배를 통한 승리를 좇게 하여 상담 상황을 전이-역전이의 난국으로 몰고 갈 수 있다.[24] 더 심각한 것은 어떤 내담자는 상담자를 기쁘게 하려는 목적을 달성하기 위해서 '거짓 자기(false self)'를 발달시켜서 변화된 것처럼 가장할 수 있다는 사실이다.

따라서 최적의 상담 환경을 위해 목표의 설정과 목표 없음이 일정한 균형을 이루어야 한다(Gabbard, 2007, 136). 중요한 것은 어떠한 상담 행위를 하든지 상담 과정 중에서 의식과 무의식의 연결망이 점점 변화되어져야 한다는 사실이다(Gabbard, 2007, 144). 이것은 통찰이 일어나야 가능하다.

---

24) 어떤 내담자는 일정 기간 동안 단순히 자기탐색만을 함으로써 상담자로부터 자신이 자유로움을 보여주려 한다. 또한 상담자가 내담자인 자신이 변화한 것을 보고 만족하지 못하도록 상담이 끝난 이후에야 변화하기도 한다.

[표 1] 무의식과 의식 차원에서의 상담 목표

무의식	의식
• 부정적인 방어 전략을 촉발하는 연결망의 변화 • 부적응적인 대인관계를 만드는 연결망의 변화 • 부적응적인 감정반응을 유발하는 연결망의 변화	• 의식적인 자기성찰의 여러 방법을 인식 • 자신에 대한 의식적인 태도를 다룸 • 의식적인 감정 상태의 빈도와 강도를 변화시킴 • 감정을 찾도록 도와주고, 감정 상태를 알도록 도와줌

2. 지지상담과 통찰상담

1) 상담 목표의 차이

내담자가 상담에 오게 될 때는 이제까지 겨우 유지하던 심리역동의 균형이 깨지고 방어기제에 균열이 간 상태라고 볼 수 있다. 이때 지지상담은 문제의 핵심인 무의식의 역동을 다루지 않고 격려하면서 위로, 지지하는 것이다. 지지상담은 관계가 두터워지는 유익이 있으나 건강한 자아는 자라지 않는다는 한계가 있다. 하지만 지지상담은 고통과 갈등해소에 목적이 있기 때문에 내담자의 자아가 너무 약하여 이미 금이 간 방어기제를 다소 보완하고 적절히 다독거려서 종전 상태로만 원상 복구하는 전략을 구상할 수 있다. 이것이 곧 지지상담이다(이만홍, 황지연, 2007, 72).

내담자는 상담에 오면 자신의 자아 기능을 상담자에게 위임한다. 그러면 상담자는 위임받은 내담자의 자아 기능에 힘을 주면서 '그래, 당신 문제는 이러이러하니까 이 문제를 이러이러하게 지혜롭게 풀어가시오.'와 같이 방향을 제시하며 힘을 주는 것이다.

상담자는 내담자 자아의 건강한 부분과 병적인 부분을 둘 다 수용한다. 그러면서 건강한 자아를 격려하고 키워주면 병든 자아는 약화된다. 상담자 역시 병적인 자아가 있는데 그것이 내담자의 병적 자아와 맞물릴 때 내담자의 상황이 더 악화될 수도 있으므로, 상담자는 자기의 약점을 알고 극복하면서 내담자의 문제를 볼 수 있어야 한다.

상담자의 건강한 자아 중 경험된 자아(주관적)는 내담자의 말을 듣고 공감하는 자아고, 관찰 자아(객관적)는 자신이 느끼는 것을 객관적으로 볼 수 있는 자아다. 내담자의 자아에는 경험 자아만 있지 관찰 자아는 없기에 자신의 고통 속에 빠져 있는 것이다. 하지만 상담을 받으면서 자기를 돌아보는 훈련을 해 나가면 관찰 자아가 만들어지고 성장이 일어나게 된다.

내담자는 상담자의 관찰 자아를 보고 배운다. 과거를 돌이켜보자고 하면 내담자의 병적 자아는 거부하는 것이 보통이다. 이때 상담자가 지나치게 개입하면 관계가 깨어진다. 통찰은 어렵고 힘든 일이기 때문에, 상담관계가 이루어진 범위 내에서 일깨워 주어야 한다. 치료동맹, 치료관계는 인간과 인간의 믿음의 관계이므로 서로가 신뢰하는 범위 안에서만 일깨워 줄 수 있다.

그래서 통찰을 위해서는 치료관계를 점검해야 한다. 왜냐하면 깨닫는 과정에서 내담자가 고통을 크게 느끼면 치료관계가 깎일 수 있기 때문이다. 그러나 상담자와의 신뢰관계가 계속 유지된다면 치료관계가 다 깎이지 않았기 때문에 건강한 자아가 만들어질 수 있다.

삶 속에서 반복하여 걸리는 문제가 내담자의 약점이며, 이를 깨닫게 하는 것이 통찰상담이다. 즉 통찰상담은 자신의 인격에 대한 문제점을 깨달아가게 하는 것이며, 내담자의 자아가 성숙해야 가능하다.

상담자는 지지상담과 통찰상담의 두 가지 중 하나의 선택이 가능하다. 그 중 통찰상담은 공감하는 관계 속에서 상담자가 금이 간 내담자의 방어기제의 틈을 비집고 내담자의 심층 심리 속으로 깊숙이 들어간다. 그래서 이제까지 힘겹게 에너지를 소진시키던 핵심 감정을 찾게 하고 그것을 다루어 주고 그에 맞게 방어기제 또한 적절히 수정해 줌으로써 문제를 근본적으로 해결하는 전략이다. 문제해결을 위해 물고기를 잡아 주는 것이 아니라 물고기를 잡는 방법을 가르쳐주는 것이 통찰상담이다(이만홍, 황지연, 2007, 73-74).

지지상담은 전이의 분석이나 해석은 가급적 삼가고, 주로 지지와 격려를 하는 상담방법이다. 내담자가 자신의 문제를 통찰할 능력이 없거나 저항이 많을 때는 지지상담을 하는 것이 바람직하다. 치료적 관계가 충분히 형성되

어 자신의 내면 심리를 이해하고 받아들일 수 있는 능력이 생기고, 자아 기능
이 이전 보다 더 건강해지는 것이 보일 때에 지지상담에서 통찰상담으로 전
환하되, 통찰상담을 하다가도 내담자가 통찰을 받아들이지 못하면 다시 지지
상담을 하는 것이 효과적이다.

[표 2] 정신분석과 정신역동 심리치료 비교

특성	정통 정신분석	정신역동 심리치료	
		통찰상담	지지상담
빈도	일주일에 4-5회/50분	일주일에 1회 규칙적으로/50분	필요에 따라/30분~40분 긴급할 때는 전화상담
기간	장기간, 대개 3~5년 이상(2000~3000회)	단기(20~30회) 또는 장기(30~200회)	증상이 없으면 안 만남
장면	내담자는 주로 긴의자, 분석가는 관찰	내담자와 상담자는 face to face로 : 때로 긴 의자 사용	내담자와 상담자는 face to face
개입 방법	전이와 저항을 분석함 전이신경증을 조장함 (내담자의 비합리적인 것이 드러나도록 자극, 치료함). 퇴행, 격려, 통찰치료 (합리적인지 질문)	외부의 다른 사람과의 전이에 초점 둠 : 부정적 전이분석, 제한 된 퇴행은 격려	전이의 분석을 금기시, 현실만 다룸 (과거는 안 다룸)
상담자 역할	절대적으로 중립지킴	상담과 지지 (상황에 따른 친밀감)	지지 중심 (친밀감 중심)
변화의 동인	통찰지향	공감 내에서의 통찰	지지(통찰 없음)
내담자 구성	신경증, 경미한 정신 병리	자기도취적이고 경계선적 장애	심각한 위기 : 신체적 질병
기본 목표	성격의 구조적 재구성	인격과 방어의 부분적 재구성 : 갈등에서 생긴 무의식과 의식의 해결	증상완화 : 주된 목표로는 환경의 재구성(방어기제 살림)
주요 기법	자유연상기법우세 : 완전 역동적 해석 (직면, 명료화, 훈습 포함)	제한된 자유연상 : 직면, 명료화, 부분적 해석	암시, 충고, 조언, 지금-여기에서의 해석 사용
인접 치료	약물 안 씀	부분적 약물허용	대부분 약을 쓰고, 가족상담, 적응훈련, 입원고려

2) 욕구의 충족과 박탈

지지상담은 불안을 조속히 감소시키고 방어기제를 강화하기 위해 내담자를 지지해 줌으로써 내담자의 퇴행과 미숙함을 인정하고 의존욕구를 충족시켜준다. 그러나 통찰상담은 내담자를 지지하지 않음으로써 의존욕구를 박탈하는 기법을 쓴다. 인간은 지지를 받아 편안해지면 자신의 문제에 안주하고 자신의 내면을 바라보지 않으려는 성향이 있어서 변화와 성숙을 지향할 수 없다. 그래서 통찰상담은 상담자가 꼭 필요한 최소한의 지지 외에는 지지를 하지 않고 중립을 지킴으로써 내담자의 내면에 있는 미성숙한 욕구의 정체를 보다 분명하게 바라볼 수 있도록 접근한다.

자신의 부족한 면과 미숙한 면을 인정하는 것은 너무나 고통스러운 일이다. 내담자는 자신의 내부를 들여다보고, 고통스러운 작업을 방해하는 또 다른 나, 즉 내부의 적과 싸워야 한다. 이 내부의 적이 병든 자아(퇴행된 자아)다. 자신을 돌아보고 문제점을 찾아 인정하며 성숙해 가려는 건강한 자아는 그렇게 하는 것에 저항하는 병적 자아와 투쟁을 벌여야만 하는 것이다. 이를 위해서는 불안과 저항을 극복할 수 있는 힘이 필요하다. 이 힘은 상담자와 내담자가 맺는 믿음의 관계에서 나오며 이것을 신뢰 관계 또는 라포(rapport)라고 부른다. 이를 바탕으로 내담자의 성숙을 지향하는 건강한 자아가 상담자와 협력하기로 하는 것을 치료동맹이라고 한다(이만홍, 황지연, 2007, 74-75).

치료동맹(신뢰 관계)을 통하여 내담자가 낙담하지 않도록 불안을 감소시켜주면서 내담자의 어린 시절의 고통스러운 기억을 끄집어내어 볼 수 있게 한다. 그리고 자신이 어떻게 지금의 모습을 갖게 되었는지 돌이켜 보게 하는 작업이 바로 통찰상담이다.

3) 상담의 외적 조건

① 좌석배치

상담 조건의 하나로 좌석 배치도 중요한 요소다. 우선 상담을 하는 좌석은 일반적으로 편안한 안락의자가 좋다. 좌석 배치 역시 지지상담과 통찰상담이 요구하는 것이 다르다. 지지상담은 서로 마주 앉아서 하는 것이 좋다. 이때 상담자는 내담자의 심리적 어려움을 깊이 헤아리는 만남이 중요하다.

장기적으로 하는 통찰상담인 경우에는 내담자가 시선처리를 자유롭게 할 수 있도록 배려하는 것이 필요하다. 내담자가 편하게 앉아서 상담할 수 있는 상황을 만들어 주기 위해 옆으로 비스듬히 바라보고 이야기할 수 있도록 하여 심리적으로 압박감을 느끼지 않도록 한다.

대화가 마무리될 때는 오늘 왜 그런 이야기가 하고 싶었는지 그 마음을 물어보는 것이 도움이 된다. 어떻든 통찰상담은 내담자가 자연스럽게 자유연상을 잘 할 수 있도록 상담자는 적절한 유도를 하는 것이 필요하다.

② 상담시간

상담 시간에 있어서 지지상담은 통찰상담에 비해 상담 시간을 엄격하게 적용하기보다는 좀 허용적이다. 반면 통찰상담은 시간을 철저히 지키면서 일주일에 한두 번 정도 만나며 정해진 상담 시간 외에는 만나지 않는다.

어느 상담이나 상담 시간에 대한 일반적인 원칙은 다음과 같다.

첫째, 상담은 보통 50분에서 1시간 정도를 하는데 때로 1시간을 넘더라도 그 시간을 잘 지키는 것이 좋다.

둘째, 상담을 시작하는 시간과 끝내는 시간을 잘 지켜야 한다. 왜냐하면 그 시간을 잘 지켜야 내담자에게 변화가 일어나는 것을 감지할 수 있고, 또 의미에 대해 해석을 잘할 수 있기 때문이다.

상담에 임하는 방식에 있어서 거리감을 두고 싶어 하는 사람은 시간을 잘 지키는 경향성이 있고 의존적 성격을 가진 사람은 시간을 어기는 경향성이 있다.

예를 들어 상담 장면에서 문제를 질질 끌면서 핵심을 찾지 못하는 내담자인 경우, 상담자에게 의존하고 싶은 역동으로 관계할 가능성이 있다. 이러한 관계 역동을 통찰시켜서 의존적인 패턴을 바꾸어 적극적으로 자신의 문제를 스스로 풀어나갈 수 있도록 도와야 한다. 그렇지 않고 내담자의 관계 패턴대로 끌려가게 되면 내담자가 기존에 가지고 있던 패턴이 변화하지 않는다. 상담은 내용도 중요하지만 '과정'이 더 중요하므로 상담 과정 중에 내담자가 상담자와 관계 맺는 방식을 발견하여 통찰하도록 하는 것이 효과적이다.

③ 상담비용

일반적인 만남과 분명히 구분되는 상담을 하려면 유료상담을 해야 한다. 프로이트는 "아무리 친한 친구가 와서 (상담비를) 깎아 달라고 해도 절대 깎아 주지 마라."는 말을 했다. 상담을 시작하면서 상담비 내는 것을 아까워하고 때로는 깎아달라고 하는 경우가 있다. 이때 상담비를 적게 받거나 안 받는 경우에는 상담 진행 중에 문제가 생기곤 한다. 상담비는 처음 시작하는 상담자들에게 가장 어려운 문제 중 하나다.

대부분의 초심자들은 자신이 상담비를 받을 자격이 없다고 생각한다. 왜냐하면 그들은 경험이 많지 않고 아직 배우는 입장이라는 생각 때문이다. 하지만 상담은 힘든 작업이고, 초보 상담자라 할지라도 상담비를 받을 자격이 있다. 상담자가 가지고 있는 두려움 중 하나는 상담비를 내지 않는 것에 대해 말을 하면 내담자가 거절감을 느껴 상담을 그만두거나, 상담자를 돈만 밝히는 사람으로 오해하지는 않을까 하는 것이다.

많은 내담자는 상담자가 그들이 어려서 가지지 못하였던 완벽한 부모가 되기를 소망한다. 만약 상담자가 상담비를 부과하지 않는다면 내담자는 이러한 이상화된 환상 속의 사람을 결국 발견하게 되었다고 여기게 될 것이다. 그러다가 상담비 문제에 직면하게 되면 내담자들은 화가 나게 된다. 그러나 상담자에 대한 기대와 상담비에 관련된 감정에 대한 논의는 내담자가 잘 의식하지 못하였던, (상담비 지불에 대한) 책임감 없이 무조건 돌봄을 받고 싶다는 환상을 내담자가 의식화하도록 돕는 것이 치료에 효과적이다.

초심 상담자들은 '지불한 만큼 얻는다.'는 격언을 기억해야 한다. 무료로 하는 상담은 내담자에게 '거저 얻은 것은 쓸모없는 것'이라는 메시지를 전달할 수도 있다. 정신치료는 어느 정도 내담자의 희생을 수반해야 한다. 만약 희생이 필요하지 않다면, 내담자는 이 과정이 평생 지속되기를 원하게 되고 목표 달성을 위해서 노력하지 않을 것이다(Gabbard, 2007, 92-93).

프로이트는 마치 학교에서 수업시간에 불참하는 것과 상관없이 수업료를 모두 지불해야 하듯이 내담자가 상담회기에 나타나든 나타나지 않든지 간에 상담비를 지불해야 한다는 점을 강조하면서 내담자가 상담자의 특정한 시간을 '임대'하여 사용하고 있음을 내담자에게 설명해 주어야 한다고 기술한 바 있다. 이 점은 '분석'이 몇 주 이상 일 년 이내에 걸쳐 이루어지는 경우에 특히 해당된다. 하지만 대다수 상담자들은 프로이트의 방침이 너무 엄격하다고 여기고 있으며, 내담자가 회기에 참석할 수 없는 상황이 되면 최소한 24시간 전에 연락을 취해야 한다는 방침을 택하고 있다. 최소한 하루 전에 통고를 해 주면 상담자는 그 자유 시간을 생산적으로 사용할 계획을 세울 수 있다(McWilliams, 2007, 176).

교회에서 목사가 상담하는 목회상담일 경우에는 상담료를 받기가 어렵다. 이때에는 내담자에게 자신의 상담에 대한 책임을 갖게 하기 위해서 교회에 적정액의 헌금을 하게 할 수 있다. 혹은 상담 받으러 오기 한 시간 전에 기도

하고 상담 받은 다음에 한 시간 기도하도록 요구해서 상담의 중요성을 인식시킬 뿐 아니라 신앙의 성장도 도모할 수 있다. 이러한 과정에서 상담을 위해 대가를 지불하게 하고 신앙과 인격의 성숙이라는 변화를 위해 함께 노력하는 것이 중요함을 내담자에게 인식시키고 교육할 필요가 있다.

4) 치료적 거리

'치료적 거리'란 상담의 치료적 효과를 높이기 위해서 상담자와 내담자 사이의 거리가 적절하도록 유지하는 것을 말한다. 너무 가깝거나 너무 멀면 두 사람 사이에 적절한 치료적 작업이 일어나지 않는다는 뜻이다.

예를 들면, 가족이나 친구 사이에 서로 돕고 돌보는 것은 가능하지만 통찰을 이끌어 내는 깊이 있는 작업은 어렵다.

치료적 거리는 상담에서 매우 중요하다. 치료적인 거리가 너무 가까우면 내담자가 자꾸 퇴행하여 상담이 진행되지 않으며, 반대로 너무 멀면 내담자가 자신의 갈등이나 좌절을 억압하고 표현하지 않는 억압의 저항이 증가하여 상담관계가 깨질 우려가 있다. 물론 전문 상담자라 하더라도 상담하다 보면 순간적인 실수가 있게 마련이다. 하지만 전문가라면 자신의 실수가 내담자-상담자 사이의 관계에 어떤 영향을 줬는지 그 결과를 생각하고 빠른 수습과 대처 방법을 알아야 한다(이만홍, 황지연, 2007, 81-83).

상담자가 대인역동, 즉 두 힘 간의 미묘한 균형을 맞추고 있어야 상담관계가 성공적으로 지속된다. 만약 내담자와 신뢰 관계가 충분히 형성되지 않은 상태에서 지나치게 빠른 속도로 통찰작업을 서두른다면 상담자-내담자 관계는 끊어져 상담이 조기에 중단되거나, 내담자의 방어기제가 붕괴되어 상태가 오히려 악화될 수 있다. 따라서 상담을 오랜 기간에 걸쳐 깊이 있게 하려고 할 때는 상담자와 내담자 간의 신뢰적인 관계가 허용하는 범위 내에서만 심층심리 안으로 접근해 들어가도록 주의해야 한다.

대개 인간의 욕구는 대상에 대해 생긴다. 애정 욕구, 인정 욕구, 지배 욕구, 통제 욕구 등 많은 욕구는 또 다른 사람을 대상으로 하여 생긴 것이다. 상담자는 일시적으로 내담자의 욕구를 수용해 주는 대상이 된다. 이때 '일시적으로'라는 말이 중요하다(김환, 이장호, 2008, 45-46). 상담자는 내담자의 과거 대상이 아니기 때문에, 내담자가 과거 대상에게 느꼈던 감정을 상담자에게 전이시키는 것을 알고 점차 놓아가도록 이끌어야 한다.

내담자를 직면시키는 박탈과정이 없이, 계속적인 지지로 지나치게 충족시켜 줄 경우에는 내담자가 퇴행을 계속하여 상담이 더 이상 진행되지 않는다. 내담자가 그렇게 힘이 드는데도 상담을 계속 받으러 오는 이유는 자신의 문제에 대해 전문가, 즉 믿을 만한 사람을 찾아서 그의 전문성에 의지하여 자신을 치료해야겠다는 결정에 의한 것이다. 이런 합리적인 현실 인식 위에서 이루어지는 것이 건강한 협력관계다.

그러나 상담자와 내담자의 관계 속에서 그런 현실적이고 건강한 관계만 있는 것은 아니다. 내담자가 무의식적으로 상담자를 유아기적인 의존욕구를 가지고 바라보는 전이적 관계도 있다. 내담자는 상담자에게 문제를 고백하고 맡기기만 하면 마음속에 그려왔던 엄마처럼 따뜻하게 받아들여주기를 바라는 소원을 가지게 된다.

이때 계속해서 적극적인 지지만 받을 경우 내담자는 상담자와 협력해서 자신의 문제를 돌아보고 고치려 하기보다 상담자에게 의존하여 머물려고만 할 것이다(이만홍, 황지연, 2007, 76-77).

이런 의존적인 전이감정이 초기에는 상담에 열심히 임하게 하는 효과가 있지만, 후에 내담자의 고통스러운 문제가 드러나 고쳐야 하는 순간이 오면 오히려 부정적인 작용이 일어나 변화가 더 힘들어지기도 한다. 따라서 상담자와 내담자와의 치료적 거리는 너무 가까워도 안 되고 너무 멀어도 안 되는 것이다.

[요약]

1. 내담자의 무의식을 의식화함으로써 인격구조를 재구조화하는 것이 정신분석상담의 가장 중요한 상담 목표다. 원초아의 압력을 약화시키고 자아의 힘을 강화시킴으로써, 원초아의 지배적 성격 구조에서 자아 지배적 성격구조로 변화하도록 도울 수 있다.

2. 정신분석상담의 목표는 내담자들이 자기대상을 미숙하고 부적응적인 방법으로 구하기보다 성숙하고 적절하게 얻을 수 있도록 도와주는 것이다.

3. 지지상담은 문제를 건드리지 않고 격려하면서 위로, 지지하는 것이다. 지지상담은 고통과 갈등해소에 목적이 있다. 반면 통찰상담은 자신의 인격에 대한 문제점을 깨달아가게 하는 것이며, 내담자의 자아가 성숙해야 가능하다.

4. 지지상담은 불안을 조속히 감소시키고 방어기제를 강화하기 위하여 내담자를 지지해 줌으로써 내담자의 퇴행과 미숙함을 인정하고 의존욕구를 충족시켜준다. 통찰상담은 내담자를 지지하지 않음으로써 의존욕구를 박탈하는 기법을 쓴다.

5. 지지상담은 통찰상담에 비해 상담 시간을 엄격하게 적용하기보다는 좀 허용적이다. 반면 통찰상담은 시간을 철저히 지키면서 정해진 시간 외에는 만나지 않는다.

6. '치료적 거리'란 상담의 치료 효과를 높이기 위해서 상담자와 내담자 사이의 거리를 적절하게 유지하는 것을 말한다.

3장

내담자 평가

PSYCHODYNAMIC
COUNSELING

1. 평가의 내용

2. 정신역동상담에 적합한 내담자 선택

3. 평가의 방법

4. 내담자 평가 상담 사례

3

내담자 평가

| 학습목표 |

내담자에 대한 정확한 평가를 통하여 효과적인 상담이 이루어지도록 한다.

1. 평가의 내용

상담자는 상담의 초기에 '내담자가 무슨 문제를 안고 왔을까?' '내담자의 삶의 이야기는 무엇이며 어떻게 도울 수 있을까?'라고 생각하면서 내담자를 만난다. 숙련된 상담자는 내담자에 대한 다양한 정보를 바탕으로 내담자의 문제와 상황을 내담자보다 더 잘 파악하게 된다. 그리고 앞으로 기대되는 심리 구조의 변화 및 행동 변화에 대해서도 전체적인 윤곽을 그리며 상담을 하게 된다. 상담 초기에 해야 할 가장 중요한 일은 내담자에 대한 정확한 평가인데, 평가의 내용은 매우 많지만 정신역동상담에서는 특히 다음의 것에 대한 평가가 이루어져야 하며, 평가를 한 다음에는 진단을 내릴 수 있어야 한다.

1) 자아의 특성

내담자의 자아 강도가 어떠한지는 정신역동적 상담에서 굉장히 중요한 요소다. 내담자의 전반적인 자아강도에 대하여 알기 위해서는 직업 경력이나 대인 관계의 양상이 어떠한지 살펴보는 것이 유용하다. 직업을 잘 유지할 수 있고 오랜 기간 동안 지속적인 대인관계를 유지할 수 있는 사람들은 그렇지 못한 사람들에 비하여, 자아가 더욱 유연성이 있을 것이다.

또한 다음과 같은 중요한 자아 기능에 대해 평가함으로써 내담자의 강점과 약점에 대하여 이해하고 이에 따라 상담 스케줄을 정하는 것이 도움이 된다(이 부분에 대해서는 앞의 자아 기능의 강화에 나오는 설명을 참조하기 바람).

- 내담자의 현실검증능력과 현실감각은 어떠한가?
- 내담자의 판단능력은 어떠한가?
- 타인과의 관계(대상관계)는 어떠한가?
- 감각 자극 관리는 어떠한가?
- 감정/불안 내성과 충동조절 능력은 어떠한가?
- 놀이능력(퇴행기능)은 어떠한가?
- 자기 자각상태는 어떠한가?
- 자기 존중감 조절과 자기평가는 정확한지?
- 인지기능은 어떠한가?
- 내담자의 방어유형은 어떠하며 성숙 정도는 어떠한가?
- 가면적 인격이 잘 세워져 있는가?
- 내면적 인격을 어느 정도 성찰할 수 있고 긍정과 부정의 모습을 얼마만큼 수용하는가?

2) 대상관계

정신역동적 평가의 하나로써 내담자의 유아기의 관계, 내담자의 중요한 타인과의 관계에 있어서 실제적인 측면과 전이적 측면, 그리고 현재의 대인관계 등에 대한 정보를 통해 내담자의 대인관계에 대한 정보를 얻게 된다. 내담자의 대인관계들에 대한 정보는 내담자의 내적 대상관계의 성질에 대하여 많은 것을 알게 해준다. 가족이나 중요한 사람들과의 면담을 통하여 다른 사람들과의 관계에 있어서 내담자가 안고 있는 왜곡의 정도를 가늠하는데 도움을 얻을 수 있다.

파인(Pine)은 면담과정 중 대상관계와 관련하여 상담자가 숙고하게 되는 일련의 질문을 다음과 같이 소개하고 있다.

- 과거의 어떤 대상관계가 반복되는가? 그 대상관계에서 내담자가 어떤 역할을 수행하는가, 자신의 역할을 하는가, 아니면 다른 사람의 역할을 수행하는가?
- 내담자가 이전의 자기처럼 행동하는가? 부모의 눈에 들기를 원하였는가?
- 부모는 그가 어떠한 사람이 되기를 원했는가? 그는 자신의 부모가 어떠하기를 바랐는가?
- 하나님과의 관계는 어떠한가?
- 대상을 좋은 것과 나쁜 것 모두를 함께 가지고 있는 전체 대상으로 이해하는지, 아니면 이상화하거나, 비하하는가?
- 타인을 그들 자신의 필요와 관심을 가지고 있는 독립된 사람으로 보고 있는지 아니면 요구-만족적인 부분 대상으로만 보는지?

이러한 평가를 종합하여, 대상관계에 있어서의 성숙 수준이 어떠한지 알아볼 수 있다.

3) 자기와 경계선

대상관계상담이나 자기심리학, 또는 분석심리학이나 인본주의상담 등에서 말하는 '자기(self)'의 개념은 이론가마다 달라서 자기의 의미를 일일이 다 설명할 수 없다. 정신역동상담에 속하는 자기심리학과 대상관계상담에서 조차도 '자기'의 의미는 다르다. 이러한 차이를 고려하면서도, 여기에서는 자신의 인격 내부에 있는 모습들을 얼마나 통합하고 가치 있게 여기는지를 의미하는 자기감 또는 자기결속감을 '자기'로 이해하고자 한다.

자기감 또는 자기결속감이 있다는 것은 자신의 인격 전체를 얼마나 통합하고 있는지, 자기를 얼마나 가치있게 보는지를 파악하는 것으로 볼 수 있다. 정신역동상담에서는 자기감이 대인관계의 양상보다 더 중요하다고 본다. 따라서 자기결속감이나 자기 연속성이 없으면 병리적 증상이 발생하고 자신의 마음 상태에 폭발적인 흔들림이 일어나기 쉬워진다.

정체성의 둔화가 일어나면 서로 분열된 여러 가지의 서로 다른 자기 표상들이 전체 인격을 지배하게 된다. 완전한 역동적 평가를 위해서는 내담자의 자기, 즉 자기의 인내력과 결속력이 어떠한지 여러 각도에서 평가해야 한다.

- 친구나 동료의 사소한 모욕에 대한 반응 때문에 쉽게 무너져 버리지는 않는가?
- 내담자가 지속적인 관심을 통하여 자기 대상으로부터의 긍정적 확신을 계속 얻어야만 하는가?(내담자의 대상 표상 역시 평가되어야 한다)
- 상호간에 만족스러운 관계를 지속적으로 유지함으로써 내담자가 필요로 하는 것들이 만족되고 있는가?
- 어려운 환경에서도 오랫동안 안정된 상태로 있을 수 있는가, 아니면 전반적인 정체성의 둔화가 일어나는가?

경계선 역시 어떠한지 파악되어야 한다.

- 자신의 정신적 내용물들을 다른 사람의 것과 분명하게 구별할 수 있는가?
- 자기와 대상의 경계가 전반적으로 모호한지, 명확한지?
- 신체경계는 정상적인지, 아니면 신체경계를 인식하기 위하여 반복해서 자해를 하지 않으면 안 되는지?
- 이인화 현상(depersonalizing: 내가 남이 된 것 같은 현상)이나 마음을 신체로부터 독립된 것으로 느끼는 신체이탈 경험은 없었는지?

등을 파악한다.

4) 진단 내리기

진단은 내담자에 대한 평가 작업을 수행하면서 내담자의 심리 상태에 대하여 여러 경로를 거쳐 알아보는 것이다. 의학적 문제를 진단하기 위해서는 대부분 국제질병분류체계(International Classification of Disease and Health Problems, ICD)와 정신장애에 대한 진단 및 통계편람(Diagnostic and Statistical Manual of Mental Disorder, DSM)을 사용한다.[25] 상담자가 어떤 방법을 사용하든지 간에 기본적으로 DSM을 기준으로 진단을 내릴 줄 알아야 하며, 진단 방법 또한 습득하고 있어야 한다.

그러나 정신역동상담에 있어서 이와 같은 진단도구는 유연성이 부족하기 때문에 이런 진단도구의 도움을 받으면서도 내담자가 상담자와 관계 맺는 패턴이 어떠한지, 내담자의 어린 시절 애착관계가 어떠한지 유심히 살펴보고 예측할 수 있어야 한다.

어떤 내담자는 눈 맞춤을 피하고 고개를 숙여 인사를 하고, 존중하는 태도를 취하면서 부드러운 목소리로 말할 수 있다. 어떤 내담자는 눈 깜박임 없이 뚫어지게 면담자의 시선을 조명처럼 즐길 수 있다. 어떤 내담자는 자신의 성에 대해 이야기하게 될 때마다 부끄러운 듯 눈 맞춤을 피할 수 있다. 이러한 움직임은 내담자의 무의식, 의식적인 요소를 알 수 있는 요인들이므로 주의 깊은 관찰이 요구된다.

상담자는 내담자의 주 호소문제 해결을 위해 노력하면서도 다음의 요소들을 파악하면서 내담자가 어떠한 상태인지 진단하기 위해 노력해야 한다(Gabbard, 2001, 360-375).

---

25) ICD와 DSM 체계는 정신장애와 관련한 서로 대응되는 질병 기술방식과 번호 등이 있으며 이 두 가지 진단 체계는 사용자의 요구와 최근의 발견을 반영하기 위해 지속적으로 개정되고 있다(Heaton, 2006, 108-109).

● 생물학적인 요소인 기질
● 감정 상태와 연결되어 대인관계 속에서 표현되는 자신과 다른 사람에 대한
  내적 표상
● 특징적인 방어기제
● 관련된 인지 양식

첫 회기에 상담자는 내담자의 문제에 초점을 맞추어 내담자의 관점을 이해하기 위해 노력하면서도 내담자에 대한 다양한 정보들을 파악해야 한다. 내담자는 수많은 사소한 사실과 기타 관련된 자료, 심지어 무관한 사실까지도 설명하려고 할 것이다. 상담자는 내담자가 설명한 것을 토대로 문제를 진단하고 구체화하는 것에 초점을 맞출 필요가 있다(Heaton, 2006, 104).

메닝거(Menninger)는 역동적 진단 방법에 대하여 다음과 같이 묘사하였다.

이것은 특정한 내담자의 특정한 고통에 대한 적절한 이름 찾기가 아니다. 이것은 그 내담자가 어떻게 아프고, 얼마나 고통 받고 있으며, 어떻게 아프게 되었고, 또 이 질병이 내담자에게 어떤 의미인가 하는 점을 이해한다는 의미를 가진 진단인 것이다. 이러한 지식을 통하여 우리는 이 질병에 영향을 미치는 내담자 내부와 주변에서 어떤 변화들이 일어나는가에 대하여 논리적인 결론을 얻게 될 것이다(Menninger, 1958, 161-193).

기술적 진단은 적절한 상담 치료를 계획할 수 있도록 도와준다. 숙련된 상담자는 정신분석이론과 함께 자아심리학, 대상관계이론 및 자기 심리학적 관점을 통합하여 진단할 수 있도록 각각의 상담이론에 대한 이해도 필수적이다.

2. 정신역동상담에 적합한 내담자 선택

상담은 언제나 내담자에게 맞추어져야 하지만 정신역동상담의 성공여부
는 상담에 잘 맞는 내담자를 선택하는 데 달려 있다. 상담의 적합성을 판단하
는 과정은 내담자가 자신의 이야기를 스스로 하게 되는 그 순간부터 시작된다.
상담의 적합성을 평가할 때는 크게 다음 두 가지를 고려하여야 한다.

● 내담자의 임상적 증상이 장기 정신역동상담에 반응할 것으로 생각되는가?
● 내담자의 심리적 특성이 정신역동적 접근에 적합한가?

상담자는 내담자를 정신역동상담에 준비시키고 상담에 대한 적합성을 평
가하기 위해서, 내담자가 과거의 경험이나 현재의 상황에서 겪는 어려움이
어떻게 생겨난 것인지 스스로 이해할 수 있는가를 파악해야 한다.

정신분석상담은 개인이 감정생활의 문제를 점차 자각하고 문제에 대한 통
찰을 얻어서 무의식의 갈등이 풀리고, 그 결과 주변 환경과의 상호작용이 개
선되는 과정이다. 그런데 어떤 사람들은 적응양상이 '타자 수정형(alloplastic)'
인 경우가 있다. 이 유형은 자신을 고치려 하기보다 대상과 환경을 고쳐서 적
응하려는 방식을 취한다. 이런 사람들은 오랜 기간의 분석 작업을 받아야 비
로소 자기 내면에서 문제를 찾으려고 한다. 이런 경우, 대부분 변화가 일어나
기 전에 분석을 중단하기 때문에 정신분석에 적합하지 않다.

반면에 '자기 수정형(autoplastic)'은 자신의 내적 변화를 통해서 적응하려
고 한다. 이러한 방법은 자신의 욕구를 충족시킬 수 있도록 환경을 변화시
키는 시도를 하지 못하기 때문에 자기 스스로가 알아서 환경에 맞추어 나가
는 방법이다. 자기 수정형은 한없이 자기 자신을 고치는 특징을 가지고 있어

서 극단적인 자기 수정형 내담자는 새로운 자각을 효과적으로 사용하지 못한다. 즉 통찰된 것을 삶에 적용하면 되는데 그렇게 하지 않고 계속 자기 자신의 문제점을 가지고 자신을 변화시키려는 노력을 끊임없이 계속한다(이무석, 2003, 232).

내담자가 정신역동상담에 적절한지 결정하는 것은 복잡한 문제이며, 어떤 경우는 직접 상담을 시도해 보기 전까지 알기 어려운 경우도 있다. 정신역동적 상담은 '비판하지 않으며 들어주는 것'이 상담적인 관계를 형성하는 데 중요하다. 어떤 경우든지 정신역동적 상담자는 기술적인 진단을 넘어서서 한 인간으로서 내담자의 모습을 알기를 원해야 한다. 내담자는 정신역동적 상담에서 상담자와 '협력자' 관계가 되어야 한다(Gabbard, 2000).

3. 평가의 방법

평가는 상담면접 중에 여러 영역에 걸쳐 내담자에 대한 전반적인 사항을 조사하는 것인데 정확한 평가를 위해서는 다음의 사항을 알아보는 것이 효과적이다.

1) 임상적 평가

임상적인 평가는 내담자의 현재 모습에 대한 현상학적인 평가를 하는데 정신병리적인 측면에서 내담자의 증상이나 능력의 손상을 알아보고 그것이 정상기준에서 얼마나 벗어나 있는가를 평가한다.[26]

---

26) 이를 위해 병리와 정상의 구분에 대한 이해가 선행되어야 한다. 프로이트는 '정신건강'의 개념을 '일하고 사랑할 수 있는 능력'이라고 정의하면서, 정상과 신경증 및 정신증을 구분하는 명확한 경계선은 없고 다만 병리의 정도의 문제가 있을 뿐이라고 지적했다. 그러므로 한 사람의 정신적인 건강은 내면적인 정서의 적절한 성숙 정도와 함께 그가 처한 환경 내에서의 적절한 적응상태를 말한다(이만홍, 황지연, 2007, 148).

　　임상적인 평가에서는 내담자의 병리적 증상들을 정신병적 상태, 경계선적 상태, 신경증적 상태, 인격장애적 상태, 혹은 특수문제에 국한된 것인가를 평가한다. 평가 기준은 대화가 되는가, 현실적인가, 감정의 기복이 매우 심한가 등이다.

　　이런 임상적 평가에 따라 지지상담을 할 것인지, 통찰상담을 할 것인지를 결정하게 되므로 평가 이면에는 상담목표와 함께 통찰상담을 할 것인지, 지지상담을 할 것인지 염두에 두어야 한다(이만홍, 황지연, 2007, 154). 또한 내담자의 초자아, 방어기제, 대상관계 수준, 자아의 강점과 약점, 자기 통일감, 갈등과 통찰 기능 등에 대해 대략적으로 평가하는 것이 도움이 된다.

[표 3] 조직화 단계 (Gabbard, 2007, 58)

기준	정신병적 단계 (psychotic level)	경계선적 단계 (borderline level)	신경증적 단계 (neurotic level)
초자아	초자아의 기능이 현저히 약함 (거의 기능을 못함)	초자아의 통합 정도는 미미함. 걱정과 죄책감, 감정기복이 심함	초자아는 잘 통합되어 있으나 가혹함
방어기제	원시적이고 미성숙한 방어기제가 우세하며, 때로는 방어기제조차 발동 못함	분열, 투사적 동일시, 동일시, 평가절하 등의 원시적 방어기제 사용	억압, 반동형성, 지식화, 취소, 전치 등 원시적 방어기제 보다 높은 단계의 방어기제 사용
대상관계	대상관계가 발달되어 있지 않음. 부정대상관계가 무의식을 현저히 지배함	모호한 정체감, 그리고 전체보다는 부분에 집착하는 대상관계. 모두 나쁘거나 모두 좋다는 식으로 분열시킴	상당히 안정적인 정체감을 가지고 있고 내적 대상관계는 대상에 대해 양가감정이 있으며 갈등은 있으나 분열되지 않은 하나의 대상으로 간주함
자아	자아의 기능이 손상되어 있어서 현실적사고 못함. 일이나 관계능력 불가능	자아에 불특정한 약점이 있음. 충동성, 손상된 판단력, 일시적 현실 판단력 붕괴, 지속적으로 일을 하기 어려움	자아의 강점이 있음. 양호한 충동 조절 능력, 건전한 판단력, 현실 판단력과 일을 지속할 능력
통찰	통찰기능이 아주 많이 손상되어 거의 불가능	통찰 기능이 손상됨	통찰 기능이 유지됨

　　임상적으로 내담자가 어떤 상태인지 살펴보면서도, 내담자가 자아 동조적인지(ego-syntonic), 자아 비동조 또는 자아 이질적인지(ego-dystonic) 파악할 필요가 있다. 사람은 누구나 자아 동조적인 면과 자아 비동조적인 면이 있다.

　　자아 동조적인 사람은 자신에게 문제가 없다고 생각하는 사람이고, 자아 비동조적인 사람은 자신에게 문제가 있다고 생각하며 괴로워하는 사람이다.

　　예를 들어, 결벽증이 있어서 매 순간 마다 손을 씻지 않으면 안 되는 강박증환자는 자신은 안 그러고 싶은데(자신의 생각에 동조하고 싶지 않은데) 계속해서 그런 행동을 반복하게 되는 자신이 짜증나고 괴롭고 힘들어서 상담자를 찾게 된다. 이런 경우 자아 비동조적인 것이다. 그러나 강박적 성격을 가진 자아 동조적인 사람은 청결하기 위해서는 하루 종일 청소를 하고 손도 여러 번 씻어야 한다고 생각하고(자신의 생각에 동조), 그렇지 않은 사람들이 문제라고 생각한다. 즉 자아 동조적인 성격장애자들은 주변 사람들이 이들로 인해 괴로워해도 정작 본인은 문제가 아니라 남들 혹은 상황이 문제라고 생각하고, 자기 문제를 인정하지 않기에 갈등이 없다.

　　그러나 과도하게 자아 비동조적인 신경증환자들은 사소한 문제도 과민하게 자신 탓을 하면서 자신의 문제가 아닌 것까지도 모두 자신의 문제로 끌어들여 스스로를 괴롭힌다. 그러므로 상담을 하면서 내담자가 자아 동조적인지, 자아 비동조적인지 구별하면서 너무 자아 동조적인 사람은 상황에 따라 자아 비동조적일 필요가 있으며, 반대로 너무 자아 비동조적인 사람도 자신의 문제를 통찰하고 수용하는 과정이 필요하다.

　　성격에 따라 나타나는 정신병리에도 차이가 있을 수 있다. 내향적 내담자와 의존적 내담자에 따라 병리성이 어떻게 다른지 알고 있으면 내담자를 정확하게 평가하는 데 도움이 된다.

[표 4] 내향적 내담자와 의존적 내담자의 정신병리 (Gabbard, 2007, 138)

특징	내향적 내담자	의존적 내담자
동기	자기발전이 우선적 목표며, 친밀한 관계는 부차적이다.	관계의 형성과 유지가 일차적 목표이며, 자기 발전은 부차적이다.
일차적 방어기제	인지화, 반동형성, 합리화	부정, 부인, 전치, 억압
상담행위의 형태	해석을 통한 통찰의 획득	치료관계 그 자체

2) 역동적 평가

정신역동(psychodynamic)은 움직이고 있는 마음의 힘을 말한다. 마음은 끊임없이 움직이며 늘 변화한다. 마음의 부분들 즉 느낌, 기억, 갈등, 관계 맺는 방식, 자기 인식 등은 의식적인 활동이기도 하지만 대부분 무의식적이다. 그래서 정신역동을 의미할 때는 대체로 무의식적 활동을 의미하는 것이다. 무의식적인 생각과 느낌은 어린 시절부터 형성되며, 초기 경험과 기질적, 유전적 요인들이 절묘하게 합쳐진 결과물이다. 우리는 모든 것을 의식할 경우 그것들에 압도당하기 때문에 생각, 느낌, 공상을 의식 밖으로 밀어낸다. 그래서 이런 것들을 무의식에 가두려 하지만 이러한 에너지는 우리에게 영향을 주어 우리가 생각하고, 느끼고, 행동하는 방식에 영향력을 행사한다(Cabaniss, 2015, 28-29).

그러므로 역동적 평가라고 하는 것은 개인의 무의식의 정신활동이 어떠한가를 평가하는 것으로서 한 사람의 역동이 삶에 어떻게 나타나는 가를 파악하는 것이다. 역동적 평가를 할 때 이론가마다 차이가 있지만 저자는 본능의 역동, 원초아와 자아와 초자아간의 역동, 핵심감정을 중심으로 한 핵심역동의 평가가 중요하다고 생각하여 여기에 그 각각에 대하여 설명하고자 한다.

성격의 역동성은 이와 같은 힘들의 상호작용이 인간의 행동을 어떻게 만들어 가는가 하는 문제를 다루는 것이다.

(1) 본능(instinct)의 역동

본능이란 원초아 속에 포함되어 있는 힘의 원천으로서, 신체조직상의 욕구에 의하여 야기되는 흥분상태가 소망의 형태로 나타나는 것이다. 그리하여 이것은 유기체의 외부로 표현되고, 긴장감소를 추구하게 된다.

프로이트는 본능을 두 가지로 보았다. 첫째가 사랑의 본능이다(eros). 사랑의 본능인 에로스는 자기보존의 본능과 성적 본능을 포함하며, 삶을 살고 싶은 본능이라고 할 수 있다. 삶의 본능 중에서 성격 발달에 가장 큰 영향을 미치는 것은 성 본능이다. 이 성 본능의 에너지를 리비도라 부른다. 인간은 삶의 본능에 의하여 생명을 유지, 발전시키고 자신과 타인을 사랑하며 종족을 번식시킨다.

두 번째는 죽음의 본능이다(thanatos). 죽음의 본능은 생물체가 무생물로 환원하려는 본능이다. 이 본능 때문에 인간은 결국 사망하고, 살아있는 동안에도 자신과 타인, 그리고 환경을 공격하고 파괴하는 행동을 하게 된다. 프로이트는 모든 사람이 무의식적이기는 하지만 죽기를 원한다고 하였다.

이처럼 상반되는 본능들은 서로 충돌하기도 하지만 절충된 또 하나의 행동으로 나타나기도 하고 다른 것으로 대치되기도 한다. 한 개인의 본능적 역동을 평가할 때, 삶의 본능과 죽음 본능 중 어느 것이 더 큰지 살펴볼 필요가 있다.

(2) 원초아 · 자아 · 초자아의 역동

성격의 세 체계 간에는 한정되어 있는 에너지를 서로 많이 사용하려는 경쟁이 생겨나게 되고, 그 결과로 한 체계가 에너지를 확보하게 되면 다른 두 체계는 희생당하게 된다.

원초아는 본능을 포함하는 모든 에너지원을 보유하고 있으며, 그것을 반사작용과 일차과정이라는 심리적 과정을 통하여 소원성취를 하는데 사용한다. 즉 쾌락을 추구하기 위한 영상을 떠올리고, 실제 행동을 하는데 에너지를 투여한다. 이것을 본능적 대상선택 또는 대상부착이라 한다. 이것은 어떤 욕망을 향한 강한 집착이라 할 수 있다. 이러한 대상은 한 가지에 머물지 않고 다른 것으로 옮겨지기도 한다.

자아는 그 자체로서 에너지를 가지고 있지 못하기 때문에 원초아로부터 힘을 빌려와야 한다. 그러나 자아는 원초아와는 달리 현실적인 사고 과정인 이차과정을 통하여 주관적 내부의 세계와 객관적 외부의 세계인 현실을 고려하여 욕구를 충족시키려고 한다.

자아가 원초아의 소원하는 바에 접근하는 활동을 할 때는 정신적 에너지원을 실질적으로 장악하게 되지만, 원초아의 욕구를 충족시켜 주지 못하게 되면 에너지는 다시 원초아에 의하여 빼앗기게 된다. 만약 원초아가 너무 강하여 위협적이면 자아는 방어기제를 사용하게 된다. 이 방어기제는 초자아의 압력에 대한 대책으로 동원된다. 이러한 방어기제를 유지하기 위해서는 에너지가 필요하다. 자아는 원초아, 초자아를 중재하여 결정을 내리는 일에도 에너지를 사용한다.

원초아는 쾌락을 획득하기 위한 추진력만을 가지고 있는 반면, 자아와 초자아는 에너지를 본능의 목표를 충족시키거나 억제시키는 데 사용한다. 예컨대 한 개인의 성격체계에서 원초아가 지배적인 경우, 그 사람의 행동은 충동적이고 원시적인 성격특성을 나타내게 되지만, 초자아가 지배적이면 그의 성격은 현실적이기보다는 도덕적인 면에 치중하게 되는 나머지, 자아-이상이라는 심리적 에너지가 자아가 감당하기에 벅찬 행동표준을 설정하게 하여 여러 가지 심리적인 부적응을 겪게 된다.

인간의 성격이란 자신의 욕구를 가지고 추구하는 바를 달성하기 위하여 치열하게 다투는 힘들이 미묘한 균형을 이루면서 서로 영향을 미치는 움직임을 나타내는 장이다. 결국 성격의 역동성을 한마디로 요약한다면, 원초아의 추진력과 초자아의 저항 사이의 상호작용이라고 할 수 있다. 성격상의 모든 갈등은 이 두 힘들의 상반성에 의한 것으로 해석될 수 있다.

(3) 핵심감정에 따른 핵심역동
① 핵심감정

핵심감정은 어린 시절 가까운 인간관계에서 사랑받고 싶은 욕구가 충족되지 못하고 비난과 무시를 받고 자라면 그 후 인간관계에서 파괴적이거나 부정적인 사랑의 욕구로 관계하려고 한다. 이때 누군가 거부나 비판의 말과 행동을 하면 견디지 못하고 분노를 폭발하게 된다. 이렇게 인간의 무의식과 의식을 지배하는 감정이 바로 핵심감정이다. 핵심감정이란 말은 1970년 '한국인 정신치료에 관한 연구'에서 이동식 교수가 처음으로 사용하였다(이동식, 1970, 101). 이 교수는 핵심감정을 "어려서 받은 마음의 상처가 풀리지 않았을 때 세월이 갈수록 굳어지고 단단해지는 것"이라고 설명하였다.

저자의 예를 들면, 저자는 어린 시절 아버지에게 충분한 사랑을 받지 못하였다. 태어날 때부터 아버지는 여러 가지 이유들로 저자를 무시하고 자식 취급하지 않으셨다. 이렇게 아버지로부터 철저히 외면당했던 저자는 초등학교 시절, 돈을 훔치지 않았는데도 도둑 누명을 받게 되어 훔치지 않았다고 아무리 변명을 해도 아버지는 믿어주지 않으셨다. 나중에 돈을 찾았어도 아버지는 사과하지 않으셨다. 억울한 감정을 가슴에 담아두고 살았던 저자는 성장하면서 이와 유사한 상황을 만나게 되면 견딜 수 없는 고통을 느끼게 되었다.

핵심감정이란 이처럼 어린 시절 해결되지 않은 갈등관계를 통하여 형성된 특정 감정이다. 사람들은 자신의 핵심감정이 무엇인지 모른 채 살아가곤 하는데, 핵심감정은 상처받은 어린 시절에서 형성된다. 그러므로 어린 시절의 상처를 조사함으로서 핵심감정을 찾아낼 수 있다.

상처를 다루는데 있어서 주의해야 할 것은 상처를 객관적으로 보기보다는 주관적인 관점으로 보아야 한다. 즉 큰 상처로 인한 충격만이 아니라, 살면서 받은 사소한 상처도 간과하지 말아야 한다. 사람은 누구나 상황을 느끼는 정도가 다르고 소화해 낼 수 있는 심리적 능력이 다르며, 상처의 내용 또한 다르다.

어린 시절 해결되지 않은 상처는 무의식 속에 '상처 난 부위'로 남아 있다가, 세월이 지난 다음에 또 다른 비난이나 거절, 무시를 당하면 되살아나곤 한다. 그래서 과거에 받은 상처는 현재와 연관되어 있는 것이다. 따라서 현재에 계속적으로 반복해서 나타나는 문제는 아직 해결되지 않은 상처가 남아 있다는 증거다.

핵심감정은 다음과 같은 특징이 있다.

첫째, 핵심감정은 어린 시절 형성되는 특징이 있다. 이것은 인간의 무의식 속에 묻혀 있어서 성장한 후에도 성숙하지 못한 어린 시절의 감정 양상이다. 대부분의 핵심감정은 6-7세 이전 유아기에 형성된 감정이다. 따라서 그것은 미성숙하며, 건강하다고 말할 수 없는 성격의 것이다. 그러므로 핵심감정은 일반적으로 인격이 원만하고 건강한 사람에게는 뚜렷하지가 않지만 인격이 미숙하고 마음에 깊은 심리적 결핍이 있는 사람에게는 뚜렷이, 자주, 지속적으로 발견된다(이만홍, 황지연, 2007, 32-33).

둘째, 핵심감정은 사람마다 달라서 찾기가 쉽지 않다.[27] 인간의 내부에 있는
　　문제의 본질인 핵심감정은 항상 나 아닌 다른 사람에게는 상대적으
　　로 쉽게 보여도 나 자신에게만은 잘 보이지 않는다. 마치 인간이 거울
　　을 통하지 않고서는 자신의 얼굴을 볼 수 없는 것처럼, 내 옆에 있는
　　사람은 나의 문제가 무엇이고 어떻게 해결해야 하는지 잘 아는데 정
　　작 나는 잘 모르고 찾아지지 않는 특징이 있다(이만홍, 황지연, 2007, 33-35).

셋째, 핵심감정은 끈질기게 일생에 걸쳐 반복되며, 전이형태로 나타난다.
　　내담자가 퇴행이 되는 상태에서 자신의 어린 시절 부모와의 관계에
　　서 형성된 핵심감정을 상담자와의 관계에서 그대로 재연하는 것을
　　전이현상이라 한다. 이 전이를 알아내고 잘 다루어 상담하는 것이 근
　　본적인 핵심감정의 상담이자 상담의 전 과정이라고 할 수 있다. 인격
　　이 성숙하지 못하고 신경증적인 사람일수록 이 핵심감정에 좌우된
　　다(이만홍, 황지연, 2007, 36-37).

넷째, 핵심감정은 본능, 자아 및 초자아 등과 같은 다른 심리역동적 용어
　　들과 마찬가지로 에너지를 가진 힘으로 이해해야 한다. 예를 들어,
　　어린 시절 경험한 아버지의 불합리한 권위에 대한 분노가 있다면 살
　　아가면서 핵심감정을 건드리는 상황이 벌어질 때마다 가만히 있지
　　못하고 강한 충동적 에너지로 분노의 감정을 강하게 일으킨다. 즉 학
　　교 교사든, 직장 상사든, 불합리한 국가 권력이든 간에 인간관계에서
　　누군가 불합리하게 나를 압박한다고 느낄 때는 마음속에 도사리고 있
　　던 핵심감정이 대단한 에너지로 폭발하게 된다(이만홍, 황지연, 2007, 38).

---

27) 똑같이 시어머니를 모시는 며느리라도 어떤 며느리는 아무 문제가 없는 반면, 어떤 며느
리에게는 시어머니와 함께 생활한다는 자체만으로도 긴장과 좌절의 원천이 된다. 어떤 문제
든 그 자체가 중요한 것이 아니라 사람마다 이미 마음속에 문제가 걸리도록 되어 있는 어떤 취
약한 부분이 있다는 말이다. 그러므로 문제의 핵심은 외부에 있는 것이 아니라 내부에 존재한
다고 할 수 있다.

사람은 죽을 때까지 자신의 핵심감정에서 벗어나기가 어렵다. 그렇기 때문에 거듭나서 '새로운 피조물이 되었다'는 사실이 얼마나 위대한 기적인지 모른다. 우리 자신의 힘으로 핵심감정을 극복하고 자유로워진다는 것이 얼마나 어려운 것인지를 깨닫는 사람이야말로 십자가의 사랑과 하나님의 은혜 앞에 엎드러지게 된다. 거듭났어도 여전히 자신의 핵심감정의 영향을 모두 벗어나기 힘든 우리는 매일 예수님께 의지해야 할 필요가 있는 것이다.

② 핵심역동

핵심역동은 핵심감정과 방어기제 사이의 상호작용에 의해 만들어진다. 핵심감정이 사랑받고자 하는 욕구라면 핵심역동은 주로 인정받고자 하는 욕구로 나타난다.

핵심역동의 작동구조에 대해 저자는 다음 그림으로 표현하고자 한다(심수명, 2006, 32).

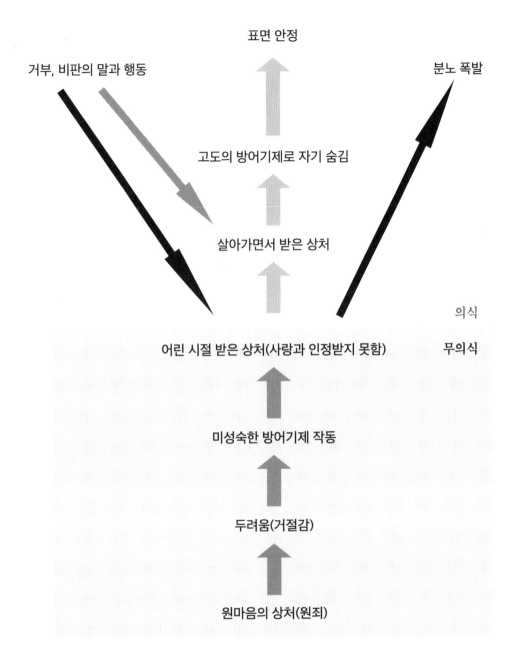

표면 안정

거부, 비판의 말과 행동

분노 폭발

고도의 방어기제로 자기 숨김

살아가면서 받은 상처

의식

어린 시절 받은 상처(사랑과 인정받지 못함)

무의식

미성숙한 방어기제 작동

두려움(거절감)

원마음의 상처(원죄)

[그림 5] 인격적인 문제를 가진 인간 마음의 작동구조

위 그림에서 인간은 태어날 때부터 죄를 가지고 태어나므로 인간이라면 누구나 다 원 마음의 상처를 가지고 태어난다. 그래서 거절감과 두려움을 가지고 있지만, 이 두려움은 눈에 보이지 않는다. 이 상처가 무의식 가장 밑바닥에 자리 잡고 있다. 그런데 어린 시절에 부모로부터 충분한 사랑과 인정을 받지 못하고 자라게 되면 인격이 손상이 되면서 열등감과 죄의식, 원망과 분노 등의 감정을 가지게 된다. 그리고 사랑과 인정을 받지 못할 것에 대한 두려움을 가지고 사랑의 관계를 갈망하면서도 관계를 잘 맺지 못한다. 이 상처는 억압되어 평상시에는 그 실체가 잘 드러나지 않는다. 그러다가 거부나 비판 등의 사건이 무의식에 있는 깊은 상처를 자극하게 되면 현재 사건에 합당한 수준의 분노보다 훨씬 더 큰 분노로 폭발하게 된다(심수명, 2006, 33).

사람들은 마음을 다치게 하는 사건이 일어날 때 본능적인 방어기제로 자기를 숨기면서 아무런 영향도 받지 않은 것처럼 위장한다. 이렇게 위장하는 이유는 마음 깊은 곳에 있는 상처가 건드려지면 자신의 존재가 무너질 것 같은 두려움 때문이다.

해결되지 않은 상처는 건드리지만 않으면 그 존재를 느낄 수 없다. 그러다 어떤 일에 자극을 받으면 순간적으로 되살아나면서, 현재의 아픔 속에서 옛날의 고통을 체험하게 된다. 그때 해결되지 않은 그 옛날 일이 현재 어떤 사건과 부딪쳐 지금 일어나고 있는 일처럼 생생하게 자신을 지배하여 분노로 표현되는 것이다.

따라서 핵심역동을 찾기 위해서는 무의식의 핵심감정을 자아가 어떤 방식으로 대하는지, 즉 핵심감정에 대해 어떻게 방어하고 있는지 조사해보아야 한다. 또한 어린 시절 정서적으로 중요한 존재인 부모, 특히 엄마와의 관계에서 어떻게 관계를 맺었는지 조사해보아야 한다.

인간의 기본적인 욕구는 사랑을 받고자 하는 본능이라고 할 수 있다. 프로이트가 말한 성적 충동은 사랑에 대한 기본적인 욕구의 원초적인 형태다(이만홍, 황지연, 2007, 40-41). 적개심 또한 성본능과 더불어 인간이 생존하는 데 필수적인 욕구인데, 이것도 사랑이 좌절이 되어 생기는 감정이다.

핵심역동을 찾기 위해서는 사랑받기 위해 어떤 노력을 했는지, 어떤 방법을 사용했는지 찾아보아야 하는데, 앞에서 저자의 경우, 핵심역동은 가족 특히 부모로부터 받는 인정이었다.

"야, 너는 남다른 아들이구나, 내가 잘못 생각했구나. 넌 정말 훌륭하다. 우리를 용서해다오."

이런 말을 듣기 위해서 저자는 무시감과 모욕감의 감정을 감추고 인정을 받기 위해 최선을 다하였다. 이 과정에서 때때로 강박증이나 완벽주의가 나타나기도 하였다. 이것이 저자의 방어기제였다. 단 한 번의 실수라도 용납하지 않는 강박증적인 노력으로 보상을 받고자 애썼다. 정직하고 진실하게 노력하면 사랑과 인정이 올 것이라는 기대를 가지고 살았다. 그러나 이 모든 것이 다 백일몽이었다. 아버지는 저자의 진심과 노력을 알아주지 않았다. 실제로 이것을 알아 줄 부모는 없다. 그래서 다시 분노하게 되고, 좌절에 빠져 인생이 무너진다. 이것이 바로 핵심역동으로서, 이것은 인생의 중요한 순간마다 반복되는 것이다.

무의식에 도사리고 있는 핵심감정의 파괴적 힘은 항상 기회가 있을 때마다 의식으로 튀어 올라와 우리의 전 인격을 흔들려고 호시탐탐 기회를 노린다. 하지만 이것을 허락하지 않는 자아의 힘은 무의식을 억압함으로 균형을 이루려고 하는 것이다. 그러나 이 균형은 확고한 것이 아니라 언제나 출렁거리는 물과 같아서 쉽게 깨어지게 되어 있다.

보통 때는 자신을 잘 조절하고 마음에 여유가 있던 사람도 병에 걸려 허약하게 되면 자기도 모르게 화를 내고 자기중심적이 될 수 있다. 평상시에는 자아를 잘 억압하고 있기 때문에 느끼지 못하다가 자아가 약해지는 순간에 무의식 속에 있던 적개심이 외부로 드러나게 되는 것이다.

몹시 피곤하다거나 다른 일 또는 사건에 몰두하는 바람에 자아가 잠시라도 방심하면 그 틈을 타 무의식 속에서 기회를 노리고 있던 핵심감정들이 표출되게 된다. 이것 때문에 우리들의 자아는 항상 피곤한 상태이다.

또 한편으로는 우리로 하여금 높은 삶의 기준과 양심에 합당한 위치에 도달하도록 항상 채찍질을 하고 있는 초자아의 압박이 있다. 초자아는 자아에게 어떻게 살아야 할 것인가를 끊임없이 요구한다. 그래서 자아는 항상 피곤해진다. 이렇게 한 번도 안전하게 고정되지 않고 매 순간 역동적으로 균형을 맞추던 심리상태가 일시적으로 균형이 흐트러질 때 자아는 불안을 느끼게 된다. 여기서 자아가 불안을 효과적으로 다루지 못하고 그것이 오래 지속되면 우울증이 되기도 하고 강박증이 되기도 한다(이만홍, 황지연, 2007, 42-43). 이것이 심각해서 자아가 더 이상 통제할 수 없을 지경이 되면 자기를 던져 버리게 된다. 이때 정신병적 상태로 분열된다.

③ 핵심역동과 신앙성숙

인간은 합리적으로 생각하며 의지적으로 선하게 살려고 의식적인 노력을 끊임없이 한다. 하지만 자신의 내면에서 충돌되어지는 더 강한 에너지가 끊임없이 자신을 압도하려는 또 다른 무의식적 에너지를 가지고 있는 핵심감정을 보면서 절망하지 않을 수 없다.

성경 로마서에서 인간에 대한 통찰이 얼마나 놀라운지 알 수 있다.[28]

---

28) 사도바울의 이 고백은 물론 인간의 죄성, 선과 악, 영적인 투쟁에 대한 고백이다. 그러나 정신분석의 이론들은 이와는 다른 심리적인 차원의 주장들일 뿐이다. 따라서 무의식이나 핵심역동 등의 개념들은 그 자체가 선이나 악, 영적인 옳고 그름과는 직접적인 상관이 없음을 분명히 해 두고자 한다. 다만 이 양자 간에 차원이 달라도 체계적인 동질성이 있음을 언급하고 싶을 뿐이다.

"내가 행하는 것을 내가 알지 못하노니, 곧 내가 원하는 것은 행하지 아니하고 도리어 미워하는 것을 행함이라… 내 속, 곧 내 육신에 선한 것이 거하지 아니하는 줄을 아노니 원함은 내게 있으나 선을 행하는 것은 없노라… 내 속 사람으로는 하나님의 법을 즐거워하되 내 지체 속에서 한 다른 법이 내 마음의 법과 싸워 내 지체 속에 있는 죄의 법으로 나를 사로잡는 것을 보는도다. 오호라 나는 곤고한 사람이로다. 이 사망의 몸에서 누가 나를 건져내랴"(롬 7:15-25).

인간은 죄 때문에 하나님으로부터 버림받았을 때 엄청난 마음의 충격과 상처를 입게 되었다. 버림받은 인간은 두려움, 열등감, 불안 그리고 불신의 상처를 입는다. 즉 인간의 깊은 내면에는 우리가 느끼지 못하는 원죄가 있듯이, 깨어진 마음이 있다.

이렇게 인간의 모든 문제는 죄와 함께 시작된다. 따라서 하나님의 형상으로 창조된 깨끗하고 건강한 인간의 마음도 결국 죄 때문에 병들기 시작한다. 죄의 결과 인간은 절망, 고독, 죄책감, 회의와 무의미, 자살, 죽음 등을 겪게 되었다. 또한 인간 개인에게 뿐 아니라 공동체 사이에도 분열이 들어왔다. 그러므로 인간은 스스로를 구원할 수 없다는 사실을 인정해야 한다.

"그러므로 내가 한 법을 깨달았노니, 곧 선을 행하기 원하는 나에게 악이 함께 있는 것이로다"(롬 7:21).

인간의 구원과 행복은 처음부터 마지막까지 하나님의 은혜다. 그래서 오직 은혜에 의지하여 믿음으로 최선의 노력을 하는 것이 신앙의 성숙인 것이다.

3) 자아 기능의 평가

내담자의 문제를 해결하기 위해 통찰상담을 할 것인가 지지상담을 할 것인가 하는 것은 내담자의 자아 기능이 어느 정도 성숙해 있느냐에 따라 정하는 것이 좋다. 만약 내담자의 자아 기능이 성숙하지 못한 단계에 있으면 상담자가 아무리 내담자 자신에 대한 통찰을 도와주고 싶은 욕심이 있다 해도 지지상담밖에는 할 수 없다.

반대로 상담자가 지지상담만 해 주고 마쳐야겠다고 생각해도 자아 기능이 성숙한 사람은 상담자의 별 도움 없이도 자신의 문제점을 스스로 찾아가는 경우를 볼 수 있다. 자아성숙의 기준은 욕구통제, 절제의 능력, 자제력, 통제력, 참을성, 영적 분별력 등이다.

자아 기능을 평가하는 세 가지 조건은 다음과 같다.

첫째는 내담자의 대상관계 경험을 파악하고 그 경험이 어떤 영향을 미쳤는지 파악하는 것이다.

내담자가 이제까지 살아오면서 인간관계가 어떠했는지를 말하는 것인데 이를 위해서는 몇 가지 질문을 해 본다. 즉 과거와 현재의 가족들과의 관계가 어떠했으며, 학교 다닐 때 친구관계가 어떠했는지를 물어보면 그 사람의 대상관계가 어떤지 알 수 있다.

친구가 거의 없다거나, 있다가도 자꾸 떨어져 나간다든지, 관계에서 늘 배신감을 안고 있다거나, 만족스럽지 못하다든지, 또는 가족들 간에도 서로 도움을 주지 못하고 있다든지 하는 것을 보면 그 사람의 대상관계는 매우 좋지 않다고 할 수 있다.

좋은 대상관계를 가지고, 다른 사람을 신뢰하며 의미 있는 인간관계를 맺기 위해서는 어느 정도 자아 성숙이 이루어져야 한다. 대상관계가 좋지 않은 경우, 자아 기능도 성숙하지 못할 가능성이 있다. 이런 경우 상담자-내담자 관계에서 치료동맹을 맺는 것에도 어려움이 생길 수 있다.

두 번째로 평가해야 하는 자아 기능은 자기통찰 능력이다.

이것은 자신의 문제를 돌아보며 통찰을 해 가는 능력으로서 자신의 문제가 자기에게서 비롯된 것임을 인식할 수 있는 능력이 있는지의 여부가 중요하다.

위니컷은 유아가 자발적으로 무언가를 하려는 것에 대해 부모가 계속 그것을 받아들이지 않거나 충족시켜 주지 못하는 방식으로 방해를 하게 되면, 그 유아는 부모와 소통할 수 있는 다른 통로를 찾아낸다는 점에 주목하였다. 이러한 전략은 보통 부모가 인정하고 이해해 주는 거짓자기를 만드는 것을 수반한다(Gabbard, 2007, 37).

세 번째 평가해야 할 자아 기능은 고통에 대한 인내심이다.

일반적으로 고통을 견디는 힘은 자아 기능이 성숙한 것이라고 할 수 있다. 그러나 어떤 사람들은 무의식중에 고통을 필요로 하고 즐기기까지 한다. 이런 사람을 피학적 인격자라고 하는데 이런 사람은 고통에 대한 인내가 많아도 자아 기능이 높다고 할 수는 없다. 왜냐하면 그들 대부분이 자기 통찰적인 면이 없기 때문에 자기 자신의 피학성에 대한 통찰을 얻기 힘들다.

또한 초자아가 지나치게 강한 사람도 인내심이 강한데, 이것은 성숙한 자아 기능과는 다르다. 초자아가 강한 사람은 어렸을 때 부모가 제시한 기준이 너무 높아서 항상 이렇게 해라 저렇게 살아라 하며 지시하는 식이었고, 아이는 아무리 최선을 다해서 노력해도 그런 부모의 기준을 쫓아갈 수 없었다. 그래서 마음 속에 죄책감이 많고 부정적인 자아상이 있다(이만홍, 황지연, 2007, 154-159).

장기 정신역동상담은 전이와 저항의 해석 시기를 사려 깊게 선정하는 것과 상담자가 내담자와의 상호 작용에 기여하는지를 민감하게 고려하는 것에 초점을 맞춘 상담이라 할 수 있다. 장기적이라는 것은 보통 24회 이상의 상담이나 6개월 이상의 기간 동안 상담한 것을 말한다.

정신역동상담에는 일련의 기본 이론 모델이 필수적이다. 여기에는 자아심리학, 대상관계이론, 자기심리학 그리고 애착이론이 있다.

[표 5] 정신역동이론적 모델 비교 (Gabbard, 2007, 31)

이론적 모델	동기	발달의 기본구성	정신병리
자아심리학	욕동만족	자아, 원초아, 초자아	갈등 / 타협 형성
대상관계 이론	대상추구	감정으로 연결된 자신과 타인에 대한 표상	내면화된 대상관계가 외적으로 표현 되면서 비적응적인 관계가 반복 되는 패턴을 보임
자기심리학	자기통일감 / 자신감	자기 / 자기대상	자기분열 / 자기애적 취약성
애착이론	심리적 안정감	내적 작동모델	불안정 애착 / 정신화의 실패

4. 내담자 평가 상담 사례

1) 배경 정보

상담자가 내담자에 관한 정보를 충분히 알고 있으면 상담에 많은 도움이 된다. 그러므로 상담자는 내담자와 그의 문제에 관한 정보를 어떻게 얻을 것인가를 생각해 보아야 한다. 한편 상담자가 내담자에 관한 배경정보를 수집할 때는 배경정보의 유용성과 출처의 신뢰성을 반드시 고려해야 한다. 학교나 병원과 같은 곳에서 진행되는 상담이라면 내담자에 관한 종합기록(예를 들면, 학교 생활기록부, 진료기록부 등)을 살펴보고 관련된 사람들의 의견을 듣는 것이 유용하다.

그러나 내담자에 관한 정보가 공개되지 않은 경우에는 내담자의 사전 허락을 받아 정보를 수집해야 한다. 또한 내담자로부터 정보를 직접 제공받아야 하는 경우도 있다.

정보가 어떤 방법으로 수집되든지 간에 상담자는 이러한 모든 배경정보의 신뢰성을 반드시 검토해야 한다. 그리고 수집된 배경정보는 내담자의 허락 없이 제3의 타인에게 공개해서는 절대 안 된다.

전문적인 상담 상황에서 내담자에 대한 정확한 진단을 위해 일반적으로 필요한 배경정보는 다음과 같다(노안영, 송현종, 2006, 89-91).

● 기본정보(이름, 생년월일, 주소, 전화번호)
● 가족사항(이름, 연령, 관계, 직업, 수입, 종교, 건강상태)
● 가족에 대한 느낌
● 문제특성(문제의 발단, 심각성 정도, 지속기간) 및 문제해결을 위한 시도
   (부모, 교사 또는 의사의 견해와 태도)
● 신체적 건강(현재 건강상태) 및 주요 병력
● 교육정도 및 학력

- 심리검사 결과
- 사회적 관계(사회성 및 적응성, 친구, 가입단체)
- 정서적 특성(일반적 정신건강, 안정성, 자아상, 지배적 정서, 스트레스 징후)
- 직업경험(근무지 및 근무기간, 직무유형, 업무 태도, 직업에 대한 장래계획과 포부)

기독교 상담은 여기에 더하여 내담자의 신앙의 건강성과 헌신 정도, 담임 목사나 성도와의 관계성, 부모의 신앙태도와 신앙적 분위기들을 살펴보아야 한다.

① 가계 정보
- 개인사항: 박나리, 여, 36세, 결혼 7년, 고등학교 교사, 기독교
- 가족사항: 남편 – 36세, 기독교, 영업 매니저, 대졸
  　　　　　 딸 – 5세, 유치원, 활발 명랑, 외향적
- 가족에 대한 느낌 : 내담자는 남편과의 관계에 대해서 만족하는 편이지만 신앙 문제에 있어서 약간의 갈등을 겪고 있다. 딸과는 자신의 역동을 극복하면서 좋은 관계로 발전하고 있는 편이다.
- 신체적 건강 : 내담자는 어려서 결핵을 앓은 적이 있지만 매우 건강한 편이고 현재는 출산 이후 양호한 건강상태를 유지하고 있다. 외모는 나이보다 어려 보이는 편이고 웃는 인상이다.
- 교육 정도 및 학력 : 대학원을 졸업하였고 계속 공부를 하고 있는 중이다.
- 사회적 관계 : 외향적인 편이지만 다양한 사회관계에 노출되어 있지 못하다. 신앙 관계 안에서의 동료나 친구 관계가 강하고 교회나 학교 등 특정한 분야에서만 강력한 친밀감을 형성하고 있다.

② 호소문제

● "어떤 일이든지 잘 하지 못하면 버림받을 것 같아요."

● "더 잘해서 인정과 사랑을 받고 싶은 마음이 누구보다 커요."

● "나의 힘든 마음을 누군가 알아주면 좋겠는데 아무도 날 알아주는 사람이 없어 힘들어요."

● "아이를 낳아 기르고 있는데 내가 더 아이 같아서 앞으로 애가 더 크면 어떻게 해야 할지 모르겠어요."

③ 내담자의 문제 발달사

● 전반적 생육사

내담자의 아버지가 호주 지사로 발령받아 어머니와 함께 호주로 떠날 당시 언니는 데려가고, 내담자는 갓난아이였기 때문에 데려가지 못하고 7세 때까지 할머니, 할아버지와 함께 살게 되었다. 조부모님들은 내담자를 과잉보호 하셨는데 내담자는 부모에 대한 막연한 그리움이 많았다.

호주 지사에 근무하던 부모와는 초등학교 시절에 만났고 아버지가 엄격해서 갈등이 많았다. 아버지는 대기업의 중역이었기에 내담자는 경제적으로 어려움 없이 자랐다. 어머니는 남편이 정서적으로 채워주지 않는 것에 대한 외로움과 연민이 많았고 늘 아프셨다.

내담자는 자신을 정서적으로 돌보지 못한 어머니에 대한 분노가 마음 깊이 남아 있다. 언니가 5년가량 우울증을 앓았다. 내담자의 마음에는 오래된 우울증으로 집안 분위기를 어둡게 만든 언니에 대한 원망과 미움이 있었고 동시에 아픈 언니에 대한 죄책감이 있었다.

아버지, 어머니 모두 지적인 욕구가 강했고 내담자도 자연스럽게 지적인 추구가 많다. 내담자는 중 2때 예수님을 영접했고 이후 올바른 기독교인으로 사는 것에 대한 고민을 많이 해 왔다. 현재 고등학교 교사이며 결혼해서 자녀도 두었다.

● 문제 형성사

잘 못하면 버림받을 것 같은 문제는 부모와 떨어져 살았기 때문에 자신에 대해 끝없이 불쌍히 여기고 측은해 하는 마음으로부터 왔다. 그리고 자신의 외로움이나 어려움을 건강하게 표현하지 못하고 연민에 빠지는 경향성이 있다.

부모 대신 어린 시절 내담자를 키워준 조부모의 맹목적이고 과잉보호적인 사랑으로 다른 사람(특히 권위자)에게도 무의식적으로 과잉적인 사랑을 원하고 심각하게 의존한다. 남편과 친밀한 몇 사람에게 심각하게 의존하고 있으며 의존을 받아주는 대상과는 서로의 잘못을 무조건 덮어주는 관계를 형성하고 있다. 이후에 만난 어머니와의 관계에 있어서는 자신의 문제를 적극적으로 해결하기보다는 부정적인 관심, 신체화 증상 등 부정적이고 소극적인 호소를 주로 하였다.

자신의 문제를 적극적이고 건강하게 해결하기보다는 소극적 경향성을 가지게 된 것은 조부모와의 관계에서는 과보호성향을, 어머니와의 관계에서는 부정적이고 퇴행적 관계로 사랑을 받고 싶은 마음에서 생겨난 것으로 보인다.

어머니는 가정에는 관심이 없었고 이상을 향해 사회적으로 성공하고 싶어 하였다. 그러나 현실적으로 원하는 대로 되지 않자 늘 아프고 자녀를 돌볼만 한 여유도 갖지 못했다. 내담자는 이런 어머니에 대한 미움과 분노를 가지고 있었으며 내담자도 어머니와 같은 이상과 현실간의 괴리가 크다.

● 영성의 발달사

중 2 때 성경공부를 하는 과정에서 극적인 신앙 체험을 하였으며, 지속적으로 지적이고 올바른 신앙생활에 대한 추구가 있었고, 말씀에 대한 열망이 있다.

하나님의 사랑을 교회 공동체 안에서 확인하면서 자신도 사랑으로 영혼을 섬기는 일에 헌신하고 있다.

2) 평가

(1) 임상적 평가

① 개인행동

- 차분하고 절제된 행동이나 말투를 보이나 방어가 많은 편이다.
- 상담 중간에 보이는 눈물이 습관화되어 있다.
- 스스로 잘하고 싶은 마음은 작고 상담자에게 의존하고 싶은 마음이 매우 크다.
- 스스로 생각해서 대안을 내거나 깊이 고민하기보다는 표면적인 대안과 사고에 머물러 있다.

② 관계형태

- 부정적인 표현이 부부간, 자녀간, 중요한 타인과의 관계에서 만연해 있다.
- 스스로를 외롭게 소외시킨다.

③ 영적상태

- 오랜 상담과 성경적인 세계관을 습득하면서 은혜의 하나님에 대한 인식이 크지만 무의식적으로는 하나님에게 무엇인가를 잘해야 칭찬을 받을 것이라는 생각이 뿌리 깊게 있다.
- 하나님께 의지하고 문제를 호소하기보다는 현실적인 해결책을 사람에게서 찾는다. 결국 하나님이 자신을 알아주지 않는다는 원망과 미움을 갖고 연민으로 빠진다.

④ 상담자와의 관계

- 상담자와는 더 친밀하고 개인적인 관계를 하고 싶어 하는 원함이 매우 크다.
- 부정적으로 관계하지는 않지만 자기표현에 있어서 매우 소극적이고 그러면서 매우 아쉬워한다.

- 상담자가 생각해 주고, 상담자가 답을 주고, 모든 부분을 해결해 주기를
  원하고 질문이 많다.

(2) 역동적 평가(핵심감정 및 핵심역동중심으로)
① **핵심감정**
  - 사랑받지 못할까 봐 두려움 : 무의식적 두려움이 실제보다 크고 '무엇
    인가 못하면 버려질 같은 밑마음'이 있으며 잘하고 싶지만 방법을 찾
    지 않는 인지적 게으름을 보고 싶어 하지 않는다.
  - 연민 : 사랑받기 위해 연민으로 조종함. 자신을 측은하게 여기는 말,
    슬픔의 표현, 눈물을 허락함으로 다른 중요한 타인들이 자신을 도와주
    길 바라고 있다.

② **핵심역동**
  - 의존성 : 인정받기 위해 스스로 하기보다 의존함. 의식으로는 굉장한
    노력을 하지만 무의식은 노력하길 원하지 않는다. 어린 시절 할머니의
    과잉사랑을 기다리는 것이다. 그래서 자신은 스스로 노력하지 않고 가
    까운 타인에게 모든 것을 의존하고 싶어 한다.
  - 부정적 사랑 : 연민의 감정을 가지고 자신에 대해 표현하며 '부정적 분위기
    풍기기, 말 안하기, 힘들어 하기'등의 모습이 습관화되어 있다.

(3) 자아 기능 평가
  - 현실감각과 인지 기능이 잘 되고 있다.
  - 보통 수준의 통찰 능력 : 자신의 삶에 대한 이야기를 객관적으로 전달
    하는 능력과 상담자와의 의사소통 능력이 잘 이루어지고 있다.
  - 보통 이상의 인지기능: 부모가 두 분 다 지적 수준이 높고 내담자도 지적
    능력이 발달되어 있어 자신에 대한 인식 능력이나 통찰 능력이 어느 정도

는 있다. 다만 어린 시절의 외상으로 심층 심리에 대한 통찰을 하려면 시
간이 많이 필요할 것이다.

- 방어기제: 무의식적으로 사랑받고 싶은 마음이 많아서 의존적 방어기
제가 많다.

(4) 대상관계 평가

- 초기 영아기 때 부모 대상관계 상실 : 부모가 외국에 나가 있어서 가장
중요한 시기에 부모와의 친밀감과 신뢰를 형성하지 못하고 조부모와
살게 되었다. 대리 양육자였던 할머니는 내담자를 불쌍히 여겨 과보호를
하였기에 내담자는 의존적인 성격으로 자라게 되었다. 그래서 밑마음에
는 부모로부터 버려진 거절감의 상처와 함께 자신이 책임져야 할 영역도
무조건 돌봄 받고 싶은 어린아이 심리로 가득하다.

- 양가감정에 대한 인내심 부족 : 거절(부모)과 과보호(조부모) 그리고 방치
(어머니)적 관계 형태로 대상관계가 혼돈스럽다. 이러한 대상관계로 말미
암아 양가감정을 극복하고 통합해야 하는 과제가 있다. 자신의 감정을
찾아 자신의 것으로 할 수 있도록 돕되 양가감정을 통합하여 온전한
대상관계를 형성할 수 있도록 한다.

[요약]

1. 심리치료와 상담은 상담 전에 주의 깊은 진단과 평가가 필요하다.
2. 평가는 상담면접 중에 여러 영역에 걸쳐 내담자에 대한 전반적인 사항을 조사하는 것인데 이를 위한 방법에는 역동적 평가, 임상적 평가, 자아 기능 평가가 있다.
3. 역동적 평가를 위해서는 내담자의 자기(self)를 여러 각도에서 평가해야 한다. 내담자가 상담자와 관계 맺는 패턴이 어떠한지 주의 깊게 살펴보면서 내담자의 어린 시절에 발생한 애착관계가 어떠한지 예측할 수 있어야 한다.
4. 임상적 평가에서는 내담자의 병리적 증상들을 임상적으로 보아 정신병적 상태, 신경증적인 상태, 인격장애적인 상태, 혹은 특수문제에 국한된 것인가를 평가한다. 평가 기준은 대화가 되는가, 현실적인가, 감정의 기복이 매우 심한가 등이다.
5. 내담자의 문제를 해결하기 위해 통찰상담을 할 것인가, 지지상담을 할 것인가 하는 것은 내담자의 자아 기능이 어느 정도 성숙해 있느냐에 따라서 정하는 것이 좋다.

4장

프로이트의 성격 발달 단계

PSYCHODYNAMIC
COUNSELING

1. 프로이트의 성격 발달 개요

2. 발달 단계에 따른 이해

4

프로이트의 성격 발달 단계

| 학습목표 |

정신역동적 관점 중에서 프로이트의 성격 발달에 관해 알아본다.

1. 프로이트의 성격 발달 개요

정신분석에서 특별히 관심을 갖는 인생의 시기는 생후 6년이다. 이 시기가 인생에서 중요한 까닭은 정신구조, 방어기제, 핵심정서, 환상, 그리고 성격 등이 이 기간에 형성되기 때문이다. 일단 형성된 정신구조와 성격 유형은 아주 특별한 계기가 아니면 변형되지 않고 대부분 평생 지속된다(이창재, 2005, 27). 특별히 출생 시에 나타나는 쾌락 추구의 성적 에너지가 일련의 심리 성욕 단계를 거쳐서 발달해 간다고 보았다.

여기서 프로이트가 말하는 성의 개념은 단순히 성교를 의미하는 것이 아니라 신체에 쾌감을 일으키는 모든 것을 포함한다. 예컨대 빠는 것, 배설하는 것, 흔드는 것, 심지어 깨물고 꼬집는 잔인한 행동까지 포함되는 개념이다. 이러한 명칭들도 그 시기에 성적 흥분이 가장 민감한 성감대를 중심으로 명명된 것이다.

성장단계에 대한 프로이트의 견해를 충분히 이해하면 부적응을 일으키는 잘못된 인격성장의 원인, 정신병적 방어수단 등의 틀을 이해하게 되어 상담에 많은 도움을 받을 수 있다.

흔히 상담상황에서 내어놓는 문제들은 주로 사랑과 인정욕의 문제, 인간관계의 문제, 적대감, 분노 등 부정적인 감정과 관련된 문제, 성과 이에 관련된 감정의 문제 등으로 정리할 수 있는데, 이것은 인생 초기 6년간의 성장단계 경험에 기초하여 일어난다.[29]

2. 발달 단계에 따른 이해

프로이트는 성격의 발달 단계를 구강기, 항문기, 남근기, 잠복기, 생식기의 다섯 단계로 나누었다.

1) 구강기

유아들은 태어나서 1세가 되기까지 구강기를 경험한다.[30] 아기들은 어머니의 젖을 빨면서 배고픔과 쾌락의 욕구를 충족하게 된다. 이 시기에 가장 민감하게 성욕을 자극시키는 부위는 입과 입술이다. 유아들은 빨고, 삼키고, 뱉고, 깨무는 것으로 성적 만족을 경험한다. 유아가 젖을 먹고 싶을 때 먹고 싶은 만큼 충분히 먹게 되면 그만큼 애정체험으로 충족되기 때문에 정서적으로 안정감을 누릴 수가 있고, 행동도 유순해지는 것을 볼 수 있다.

그러나 유아가 젖을 얻고자 해도 충족되는 경험이 계속되지 못하면 유아는 욕구불만을 느끼고, 현실에 대한 좌절 내지 냉담함을 경험하여 인생을 보는 부정적인 태도를 형성하게 된다.

---

29) 6세 이전의 체험이 대다수 인간에게 기억나지 않는 까닭은 그것이 너무나 오래되었거나 인지 능력이 미발달했고, 언어습득 이전 시기였기 때문만은 아니다. 그것은 그 시기에 기억해선 안 될 금지된 욕구와 생리 심리적 상처, 불안이 있었기에, 그것이 연상되는 것이 두려워 방어적으로 '억압'이 계속 작동하기 때문이다(이창재, 2005, 29)

30) 심리성적 발달의 가장 초기 단계다. 유아의 욕구나 인식, 표현이 주로 입과 입술, 혀 등의 구강기 주위와 연관된다.

　　구강기와 관련하여 나타나는 특징은 구강기 성애(oral erotism)와 구강기 공격성(가학증, oral aggression, sadism)이다. 구강기 성애는 젖을 빠는 구강기 만족과 젖을 빨아 먹은 이후의 이완 상태에 도달하려는 욕구가 포함된다.

　　구강기 공격성은 물어뜯고, 먹어 치우고, 파괴하는 원시적 소망 혹은 환상과 연관되어 있다. 지나친 구강기 만족이나 결핍에 따라 구강기 고착 현상이 나타난다. 그 결과 지나치게 낙관적인 성향이나 비관적 성향, 자기애적 성향이나 지나친 욕구중심 성향과 같은 병리적 특성을 보인다.

　　구강기 의존성은 받으려고만 하고 되돌려 주지 못하는 성향을 갖게 하는데 때로 질투와 시기심도 구강기 성향에 동반되는 특징이다(최영민, 2010, 98).

　　정신분석에서는 구강기에 음식이나 사랑을 충분히 받지 못하면 성인이 되어 탐욕적 성격이나 애정 결핍 등의 태도를 가지게 된다고 본다. 그러므로 생애 초기의 구강은 성격 형성에 중요한 의미를 갖는다. 구강기에서 유래하는 후기 인격의 문제들로는 불신, 애정 철회, 인간관계의 곤란, 고독, 자기비하 등을 들 수 있다.

　　반면 구강기에 받은 사랑의 경험은 불안과 두려움을 극복하고 정상적인 인격을 형성하는 데 가장 중요한 요소다. 충분히 사랑을 받은 경우, 지나친 의존이나 시기심 없이 타인과 주고받는 능력이 형성되고, 신뢰감을 획득하여 자기 신뢰를 잃지 않고 타인에게 의지할 수 있는 능력을 얻게 된다(최영민, 2010, 98).

　　정신적인 모든 문제의 근본적인 원인은 사랑의 문제이고, 정신질환을 다른 말로 표현하면 '사랑결핍증'이라고 할 수 있다. 따라서 이 시기에 사랑을 충분히 경험하면서 성장했는지의 여부는 사람의 일생에 결정적인 영향을 미치는 것으로 보인다.

사랑을 받으며 자란 아이는 자신과 타인을 사랑하고, 다른 사람과 관계하는데 어려움이 없으나, 반대로 사랑을 받지 못하고 거절당한 아동은 자신이 사랑 받을 수 없는 존재고, 불필요한 존재라고 느끼면서 자기뿐 아니라 세상을 불신하는 법을 배우게 된다. 따라서 세상을 위협적인 대상으로 받아들이고, 두려워하고, 불안해하며, 자신감이 결여되는 등 부적응적인 모습을 보이게 된다.

고착과 퇴행은 이 시기에 형성되는 가장 대표적인 부적응 요소이다. 고착은 심적인 에너지가 특정 시기의 문제를 해결하는 데에만 집중적으로 투입되는 상태로 그 결과 그 다음 단계에 사용될 에너지가 부족하게 된다.

즉 고착은 심리성적 발달의 특정 시기에 성장이 멈추는 것이다. 또 퇴행은 대소변 가리기를 잘하던 아이가 동생이 태어난 후 다시 대소변을 가리지 못하게 되는 경우처럼 이전 상태로 되돌아가는 현상이다. 고착은 ① 지나치게 빨리 이유식을 하거나 수유를 제대로 안 해 줄 때와 같이 지나친 좌절을 경험한 경우, ② 너무 오랜 기간 수유를 할 때와 같이 지나치게 만족을 누린 경우, ③ 한동안 엄격한 대소변 가리기를 시키다가 한동안은 무관심할 때와 같이 아이에 대한 부모의 태도가 일관적이지 않은 경우에 형성된다(최영민, 2010, 98).

생애 초기에 영아는 전적으로 엄마에게 의지할 수밖에 없다. 엄마가 잠시만 없어도 생명을 유지하기 힘든 상태이기 때문에 영아는 엄마에게 완전히 의존되어 있다. 아기의 의존을 얼마만큼 충족시켜 주느냐 하는 것이 이 시기에 가장 중요한 문제이다. 의존욕구는 인간의 가장 원초적인 욕구이며 최초의 욕구다. 구강기에 영아의 과제는 의존욕구 충족이라고 할 수 있다.

의존욕구가 제대로 충족되지 못하고 좌절된 아이는 그 이후의 삶에서 불신의 마음을 가지고 살아가게 된다. 불신은 모든 인간관계를 힘들게 한다. 사람을 대할 때 그 사람이 믿을 만한지 믿을 만하지 않은지 의심하는 마음을 가지게 되고, 사람과의 관계에서 마음을 열고 대화하려고 해도 잘 안 되고 항상 상대방과 거리를 두게 된다. 또한 신뢰의 마음을 가지고 협력하거나 사랑을 나누는 것에 치명적인 문제가 생기게 된다.

의존욕구의 충족이 절대적으로 부족했거나, 지나치게 충족되었을 때 인격에 문제가 생긴다. 어린 시절에 기본적 신뢰가 잘 형성되지 않으면 불신감이 생기기 때문에 친밀한 관계를 못 맺고 다른 사람으로부터 자꾸 떨어지려는 성격이 생긴다.

이들은 수치심을 과도하게 느끼고 자신의 마음에 적개심이 없다는 것을 보여주기 위해 노력하지만 속에서는 분노가 튀어 오를까봐 조심하기도 한다. 자극에 약하고 창의적인 일을 못하며 지나치게 우유부단하다. 집안에서는 지나친 독선과 폭력이 있으나 밖에서는 사람 좋은 호인이다. 상담 관계에서는 '상담자가 나를 버리면 어떡하나…'하는 불안함 때문에 상담자의 빈틈을 찾아 공격함으로 상담자를 지배하려 들기도 한다. 이러한 밑 마음에는 거절감이 자리를 잡고 있다. 집안에서 가족들을 배려하지 않으며 입으로 들어가는 것을 즐긴다(음식, 술). 이것을 분열성 인격이라 부른다.

분열성 인격은 대인관계에서 더욱 쉽게 좌절을 하며 관계 맺기를 피한다. 이들은 마음의 상처를 받을까 봐 마음을 닫고 거리를 두며 다른 사람과 가까이 하는 것을 두려워한다. 그들은 남과 마음을 열고 대화한다는 것 자체를 부담스러워하며 못 견딘다. '만일 내가 정을 주었다가 저 사람이 나를 배신하면 어쩌나.'하는 두려움이 너무 많아 관계에서 늘 거리를 두고 고독한 늑대처럼 살아간다. 이들은 가까운 이웃이나 가족, 심지어 부부 사이에도 거의 감정표현이 없고 대화를 피하고 극도로 내성적인 사람들이다. 물론 마음속에서는 여러 가지 공상을 많이 하고 환상을 갖지만 현실에 대한 검증능력이 부족하

며 때로는 병적으로 비정상적인 생각을 하기도 한다.[31]

　반대로 의존욕구가 지나치게 충족된 경우 의존적인 인격이 생기게 되어 누구든지 혹은 무엇이든지 의존할 대상을 찾아 헤매게 된다. 이들은 정반대 되는 인격이지만 결국은 같은 뿌리에서 출발한 것이라 할 수 있다(이만홍, 황지연, 2007, 98-99).

　의존적 성격의 사람은 자존감이 낮고 인정받고 싶은 욕구가 많아서 봉사 와 희생정신이 강하다.[32] 자신은 원치 않으면서도 자신의 문제나 고민은 숨겨 두고 항상 어디서나 발 벗고 나서서 도와주는 역할을 하고 있을 가능성이 많 다. 이들은 봉사를 통해 타인과 관계를 맺으며, 늘 사람을 기쁘게 하려 하기 때문에 상담에 와서도 상담자를 기쁘게 하려고 한다.

　구강기의 과제는 아이의 욕구를 제대로 채워 주어야 하지만 어느 정도 채 워진 후에는 의존욕구를 일정 부분 좌절시켜야 하는 과제가 뒤따른다. 이를 적절한 좌절이라고 부른다. 즉 충분한 사랑을 주면서 동시에 충분한 사랑 속 에서 좌절을 주는 것이다. 충족(애착 형성)과 거절(욕구 거절)이 모두 사랑의 행 동임을 납득시키는 것은 매우 어려운 일이다. 이를 위해 좌절했을 때 상처를 위로하며 만져주어야 한다. 사랑이 있는 적절한 좌절을 통해서 인격이 성장 하기 때문이다.

---

31) 분열성 인격의 상담에서 과잉 지지로 치료적인 거리를 쉽게 좁히는 태도를 보이는 것은 좋지 않다. 항상 상담시간을 정확히 지키고 내담자가 내놓은 내용을 수용하고 공감해 주는 정도의 위치에서 일정한 거리를 유지하는 것이 필요하다. 즉 지속적이고 안정적인 상담관계 경험을 통해 내담자가 상담자와의 만남을 불안해하지 않고 스스로 다가올 때까지 편안하고 여유 있게 기다려 줄 수 있어야 한다(이만홍, 황지연, 2007, 103).

32) 의존욕구가 많은 내담자를 상담할 때는 이 의존욕구를 팽창시키지 않도록 조심해야 한다. 이런 내담자들은 대개 자기주장을 잘 못하고 상담자가 좋아할 것만 골라서 이야기 하거나 상담자의 마음에 들고 싶어 하며 상담자를 좋아한다는 칭찬을 자주 하는 등의 모습을 보인다. 이런 경우 상담자는 내담자와의 치료적 거리를 비교적 일정하게 유지하면서 적절한 중립성을 유지할 필요가 있다(이만홍, 황지연, 2007, 102). 이런 사람을 대할 때는 참을성과 끈기를 가지고 포근하게 받아주어야 한다.

이러한 적절한 사랑을 주기 위해서는 엄마에게 민감성이 요구된다. 이런 점 때문에 대상관계에서는 아이의 욕구를 충족시켜 주되 적절하게 좌절을 줄 수 있는 엄마를 좋은 엄마의 조건으로 둔다.

좌절과 고난이 없으면 성숙도 없다. 결국 아이는 받아들일 수 있는 적절한 좌절을 통해서 성숙한다. 그런 원리를 적용한다면 영적 성숙에서도 고난은 기본적이고 필수적인 조건이 된다. 그렇기 때문에 왜 이 고난을 나한테 허락하였느냐는 질문은 고난의 의미를 아직 모르는 사람의 불평에 불과할 뿐이다. 또한 고난을 받고 싶지 않다는 말은 곧 영적으로 성숙하고 싶지 않다는 의미가 된다. 행복이나 보람, 의미 있는 삶과 열매는 성숙한 자에게 주어지는 보상인 것이다.

의존욕구의 좌절을 많이 겪은 사람일수록 성장한 후 신앙적인 사람이 되는 경향이 있다. 영적인 추구에 열심인 사람의 과거를 알아보면 구강기에 의존욕구에 대한 심각한 좌절이 있었던 경우가 많은 것을 볼 수 있다. 이러한 맥락에서 보면 의존욕구의 좌절은 나쁜 것만이 아니라 우리가 하나님을 찾아가게 하는 기본적인 욕구가 될 수 있다. 하나님은 우리의 문제를 통해서 우리에게 하나님 자신의 존재에 대한 필요성을 일깨워 준다고 할 수 있다.

2) 항문기

항문기는 아이들이 걷기 시작하고 운동신경이 굉장히 발달하는 생후 8개월 정도가 되면서 시작된다.[33] 만 1세로부터 3세에 이르는 항문기는 인격형성에서 가장 중요한 시기이다. 에릭슨은 이때를 심리적 탄생의 시기라 하였다. 즉 자신을 찾아가는 시발점이라 할 수 있다.

이 시기에는 성적 에너지의 초점이 구강에서 항문으로 옮겨간다. 즉 리비도 에너지가 항문 괄약근의 조정에 집중하게 된다. 흔히 배변훈련기라고도

---

33) 항문기(anal stage, 1-3세)는 괄약, 특히 항문 괄약을 조절 할 수 있는 신경 근육의 성장으로 대변을 보유하거나 배설하는 조절과 연관된 항문기 욕구와 연관된 시기다.

하는 이 시기는 대변의 배출과 보유가 성적 만족의 원천이 된다.

이 시기에 성취해야 할 과제는 부정적인 감정들의 처리방법이다. 아동들은 원초아의 욕구인 즉각적인 배설에서 오는 쾌감과 부모에 의하여 부과되는 간섭과 통제 사이의 조절을 배워야 한다.

만약 부모가 배변훈련과정에서 강압적이거나 거칠면 그에 대한 반항으로 항문기보유 성격이 형성되어 인색하며 고집이 센 성격특성을 나타내게 된다. 아동들은 변기사용훈련에서 부모가 사용하는 방법과 태도에 따라 상응하는 인격을 형성해 간다.

항문기의 성장단계에서 아동들은 적대감, 분노, 증오심 등 이른바 부정적인 감정들을 경험하게 된다. 이 시기에 아동은 자신의 실수를 용납 받지 못하면 자기나 타인을 용납하지 못하는 부정적 인격이 된다. 이런 경우 자신의 부정적 감정을 억압하게 된다.

그러나 배변훈련과정에서 부모의 뜻에 반하는 실수를 하더라도 이를 사랑으로 용납하면서 '실수해도 괜찮다'는 여유 있는 수용적 자세는 자신의 가치와 가능성, 그리고 독립성을 배우게 하는 것이다. 비난하거나 처벌받지 않으면, 아동은 다른 사람을 용납하고 수용하는 것도 배우게 된다.

상담 장면에서 보면 많은 내담자들이 자신의 능력과 가능성을 상실해 버리고, 스스로 무능한 존재로 믿고 있는데, 항문기의 잘못된 경험 때문이다. 이 시기의 아이들은 자기주장도 있고 고집도 있어서 돌보기가 굉장히 힘들다. 아무리 부드럽고 허용적인 엄마라도 아이의 행동을 제한하고 통제하지 않을 수 없게 된다.

그것이 아주 극대화가 되는 것이 대소변 가리기 훈련이다. 이때 엄마들은 아이가 말도 하게 되니까 '이렇게 저렇게 해라'는 식으로 아이에게 자꾸 깔끔

하게 할 것을 요구하게 된다. 그런데 아이는 항상 그 통제를 좇아가지 못한다.

아무리 부드럽게 아이의 행동에 대해 하지 말라고 이야기한다고 해도 그것은 근본적으로 자율성을 제한하는 것이 된다. 제한을 받은 아이는 '나는 제대로 뭔가를 할 수 없는 수치스러운 존재인가?' 하며 갈등을 하게 된다. 마음속에 분노를 느끼게 되면 자기 자신에 대해서는 부정적인 자아상을 가지게 되고 수치심을 갖게 된다. 좌절이 너무 큰 사람들은 자책감, 죄책감, 부정적인 자아상을 많이 가져서 나중에 우울증에 걸릴 확률이 높아지는 성격이 된다(이만홍, 황지연, 2007, 103-104).

항문기의 특징은 항문기 가학증(anal sadism)으로 강력하고 파괴적인 무기로서 변을 배출하는 것이다. 이런 소망은 아동의 놀이에서 폭격이나 폭발의 환상으로 표현된다. 또 지나친 대소변 훈련은 질서정연함, 완고함, 강퍅함, 외고집, 인색함, 극도의 절약 등을 초래할 수 있다. 그리고 이에 대한 비효율적인 방어의 결과 지나친 양가적 태도, 지저분함, 반항적 성향, 격노하는 성향, 가학-피학성 등을 보일 수 있다(최영민, 2010, 99).

항문기 발달에 머문 사람은 완벽주의적이며 강박증적인 성격을 지닌다. 강박 성향의 사람도 마찬가지로 분노가 감추어져 있다.

자꾸 엄마가 아이를 수치스럽게 하고 '왜 이러냐', '이것도 저것도 하지 마라' 하니까 까닭 모를 분노가 꽉 차는데 그 분노가 폭발될 성격의 것은 아니다. 엄마는 아이에게 생명과 같이 중요한 존재이기 때문에 엄마한테 화를 낸다는 것은 있을 수도 없고 생각할 수도 없는 일이다. 그러니까 그 분노의 감정을 감추기 위해 무의식 속 깊이 쌓아둔다. 그것은 없어지지 않고 날이 갈수록 마음 속에서 커져만 간다.

이런 사람들은 신앙생활을 항상 완벽하게 하고 싶어 한다. 이들은 하나님 앞에서도 완벽하고 싶어서 금식, 주일성수 등 율법적인 규범에 지나치게 강박적이다. 강박 성향의 사람들은 형식상으로는 신앙생활을 잘하는 것 같은데, 내면적으로는 하나님과 인격적으로 만났다는 확신이나 기쁨이 거의 없고 다만 논리적으로 하나님을 믿는 경향이 있다.

그들의 주요 관심사는 '먹느냐 먹히느냐'다. 즉, '내가 저 사람을 조종하느냐, 내가 권력을 쥐고 상대방을 지배하느냐, 그렇지 않으면 내가 지배를 당하느냐' 하는 것이다. 또한 매사에 철저하고 완벽하며 율법적이고 저항적이고 외적인 것에 매인다.

강박 성향의 내담자는 감정표현이 힘들기 때문에 상담 장면에서도 마음을 잘 열지 못한다. 또한 주도권의 문제 때문에 상담자를 깎아내리려 하거나 공격하고, '저 사람이 알면 얼마나 아느냐'는 식으로 상담자에게 자신의 문제해결을 의뢰하는 것을 불편해한다.

또한 상담과정에서 누가 옳은지를 따지며 논쟁적이 되기 쉽다. 감성적인 것을 억압하려는 내담자의 저항적이고, 방어적인 부분을 감소시켜 주는 것이 상담의 관건이 되도록 해야 한다. 또한 그런 여러 감정들 중에 특히 분노의 표출을 도울 필요가 있는데, 그들이 상담자에게 분노를 구체적으로 표현하게 되면 반 이상 문제가 해결됐다고 볼 수 있다(이만홍, 황지연, 2007, 105-107).

항문기에서 이루어야 할 중요한 과제는 자율성이며 그것이 실패할 경우 수치와 회의가 생긴다. 상담에서 조심할 것은 내담자가 괴로워하고 자책하는 상황이 될 때 자칫하면 상담자가 적극적인 입장이 되어서 상담을 끌고 가는 것이다. 상담자가 자꾸 잔소리를 하게 되어 어린 시절 엄마 역할을 반복하고 우울한 상황을 재연하는 양상을 보이는 것이다.

이것은 핵심 역동을 완화시켜 주는 것이 아니라 반복하게 하는 것이다(이만홍, 황지연, 2007, 105). 상담자는 내담자와의 주도권 싸움에서 적절하게 내담자에게 져주면서 내담자가 자신의 강박성향을 서서히 벗어나갈 수 있도록 도와야 한다.

하나님과의 관계에서도 내담자가 하나님의 은혜를 입어 자신의 부족과 연약함, 죄인 됨을 알아가도록 그 마음을 사랑으로 녹여야 한다. 그래서 스스로가 '내가 어찌할 수 없는 것도 있구나, 그래도 괜찮구나.'를 경험할 수 있도록 한다.

이 시기를 성공적으로 통과한 개인은 개인적 자율성, 독립적 능력, 죄책감을 느끼지 않고 어떤 일을 주도적으로 해낼 수 있는 능력을 가지게 된다. 뿐만 아니라 수치심이나 자기 의심 없이 스스로 결정할 수 있는 능력, 양가감정 없이 일을 수행할 수 있는 능력, 다른 사람에게 지나치게 고집 부리지 않고 자기 비하 없이 협력할 수 있는 능력 등을 습득하게 되는 것이다(최영민, 2010, 100).

3) 남근기

3~6세 사이의 유아는 남근기 혹은 오이디푸스기에 속한다. 만 3세로부터 6세까지는 자신의 성기에 관심을 갖게 되고, 성적 에너지는 항문에서 성기로 옮겨진다. 이때부터 정신-성적 활동은 가속화 되고 자신의 몸을 탐색하여 남여의 구별을 발견하기 시작한다. 성기에 관심을 갖기 시작한 아이는 성적인 성인의 역할을 하는 자신의 모습을 상상하기 시작하고, 이성 부모의 사랑을 얻기 위해 동성 부모를 질투하고 또 경쟁자로 생각하기까지 한다.

프로이트는 이를 오이디푸스적 위기(Oedipus Crisis)라고 했으며 남자 아이들의 심리적 갈등을 오이디푸스 콤플렉스(Oedipus Complex)라고 했다. 또한 여자 아이들은 엄마와 경쟁을 하고 질투심을 느끼면서도 그것을 극복하기 위해 엄마의 여성성을 배우는 현상을 갖게 되는데 이를 엘렉트라(Electra) 콤플렉스라고 했다.

결국 남근기의 아이는 구강기, 항문기와는 달리 엄마로부터 어느 정도의 분리를 시도하면서 이성 부모에 대한 자신의 관심과 사랑을 표현하게 된다.

또 한편으로는 서로 안정된 애정관계를 유지하는 부모를 보며 질투와 경쟁에 휩싸이기도 한다. 결국은 자신의 야망과 계획의 쓰라린 좌절을 맛보게 되고, 그러한 좌절을 극복하는 방법으로 오히려 경쟁의 대상인 동성 부모를 흉내 내며 닮아가고, 언젠가 만날 자기만의 이성 짝에 대한 상상을 다시 시작하게 된다. 이것은 남근기 이후 단계들의 발달을 위해 건강하고 꼭 필요한 좌절이다.

만약 이 시기에 엄마와 아빠의 관계가 원만치 않거나, 가족 내의 다른 문제 혹은 동생의 출생 등으로 한쪽 부모의 관심이 지속적으로 부재하거나, 반대로 아이에게 집중되는 경우, 최초의 이성에 대한 사랑의 좌절을 제대로 경험하지 못하게 된다. 그렇게 되면 이성 부모와 사랑의 경쟁을 하는 두렵고 비밀스러운 욕구가 무의식 속에 죄책감으로 남는 오이디푸스 콤플렉스에 빠지는 것이다. 이 경우, 대인관계에서 과도한 경쟁심을 일으키거나 모든 이성과의 관계에 대해 성적인 느낌을 갖는 병리로 발전되기도 한다(이만홍, 황지연, 2007, 110-111).

남근기에 문제가 있는 사람은 히스테리적인 인격을 갖게 된다. 그들은 자기주장과 자기과시가 심하여 타인들의 관심을 끌기 위해 과장된 생각과 느낌을 표현한다. 그 표현이 굉장히 드라마틱하고 대단한 것 같지만 실제와는 동떨어진 과장임을 알 수 있다.

히스테리 성격의 여성의 경우 양육하고 돌보는 측면의 여성 역할에 대한 혐오가 심하고, 평소에는 냉정하다가도 아이가 아프다거나 상대방이 약해 보이면 갑자기 과잉반응을 보이곤 한다.

상담에 와서 우울한 감정을 호소하지만 화장을 짙게 하고 지나치게 화려한 치장과 성적으로 유혹적인 옷차림 등을 하는 경우가 많고, 반대로 여성임에도 지나치게 남성적인 모습을 보이기도 한다. 이는 앞서 설명했듯이 아버지에 대한 오이디푸스적인 감정이 적절한 좌절을 겪지 못한 경우 한 여성으로서의 성장이 과도한 죄책감을 불러일으키므로 아버지의 영원한 '공주님'으로 남아 있으려는 경향을 띠게 된 것이라 볼 수 있다.

여자들은 처음에 엄마와 긍정적인 관계를 가지다가 이 시기에 아버지를 짝사랑하여 엄마와 부정적인 관계를 가지게 된다. 즉 아주 복잡한 감정의 문제를 가지게 된다. 원래 좋아하던 어머니를 미워해야 하니까 괴로운 심리 상태가 된다.

이 시점에서 남성에게는 있는데 자신에게는 돌출된 성기가 없다는 것을 안다. 그리고 생각하기를 '내가 아빠를 좋아하니까 엄마가 나를 거세했구나.'라고 생각하고 엄마를 미워하게 된다.

그 후 점점 성숙해가면서 엄마와 긍정적으로 동일시를 하게 되면, 이 갈등이 해결이 되면서, 엄마와 좋은 관계를 맺고 동시에 아버지를 사랑하게 된다. 이러한 긍정적 동일시는 나중에 아버지에 대한 성적 관심이 승화되어 '효'가 된다.

이 시기에 여성은 남성보다 초자아가 강하지 않다. 왜냐하면 여성들은 이미 거세되었다는 것을 경험하기 때문에 더 이상 잃을 것이 없다고 판단해서 남성보다 이 사건을 심하게 억압할 필요가 없게 된다. 그래서 초자아의 발달이 다르다. 남성이 여성보다 더 억압적이기 때문에 남성끼리는 팔짱끼고 다니지 못하나 여성은 덜 억압적이기 때문에 서로 팔짱을 끼고 다니는 것이 가능하다. 또한 남자 아이가 어머니와 팔짱을 끼는 것은 사회적으로 어색하고, 딸이 아빠의 팔짱을 끼는 것은 사회적으로 허용된다(McWilliams, 2007, 30).[34]

히스테리 남성의 경우 역시 한 성인 남자로 성숙되기보다는 엄마의 사랑을 받는 '왕자님'으로 남게 된다. 하지만 자신의 부족한 남성성을 증명하기 위해

---

34) 많은 여성들은 그들이 남근선망으로 인해 고통을 받고 있다는 말을 상담자로부터 자주 듣는다. 이러한 말은 그들 자신이 가지고 있는 것(유방, 자녀출산 능력, 양육능력 등)에 대해서 외면하게 하고 남성에 대해 원초적인 질투 감정을 느낌으로써 경쟁하는 고통을 겪게 한다. 이것은 여성됨 자체가 병적인 것이라는 암시를 담고 있다.

많은 여성에게 성적으로 다가가지만, 그중 어느 여성과도 진정으로 친밀하고 지속적인 관계를 맺지는 못하는 경향이 있다.

때로는 역으로 극단적인 초남성성을 보이기 위해 과도한 근육운동을 해서 유난히 근육질의 몸매를 갖는다거나 혹은 지나치게 거친 운동을 하기도 한다(이만홍, 황지연, 2007, 111-112).

남자 아이의 경우 어머니를 두고 아버지와 자신 중 누가 그 여성을 차지하는지에 대해서 갈등을 한다. 이것이 남자 아이가 인생에서 처음으로 목숨을 걸고 해 보는 일이다. 어머니를 두고 아버지와 경쟁하기 때문에 "아버지는 죽었으면 좋겠다."라고 말하고 "엄마와 살았으면 좋겠다."라고 말한다. 아버지가 출장가면 "오늘 엄마랑 잘래." 라고 하든가, "오늘 아버지가 오지 않았으면 좋겠다."라고 말한다.

아이가 이렇게 말했을 때 어머니는 부정적인 반응을 보이고, 아버지도 부정적인 반응을 한다. 이런 반응이 아이에게는 생명의 위협으로 다가온다. 그래서 아이들은 '거세 공포'를 경험한다. 아이는 거세 공포에 대한 해결로 아버지와 한 편이 되겠다고 결심하고 심리적으로 아버지와 동일시한다. 그러면 아버지가 좋아하는 것은 곧 내가 좋아하는 것이다. 또한 어머니를 이성으로 좋아하던 것은 승화가 되어 '효'의 단계로 올라간다.[35]

아버지를 미워하고 어머니와 살고 싶다는 생각은 무의식으로 내려가게 된다. 왜냐하면 이것은 정말 나쁜 '근친상간'이기 때문이다. 아이들은 한때 근친상간의 생각을 가졌다는 것이 죄악이 되므로 초자아로 눌러 버린다. 그리고 이런 근친상간에 대한 생각이 엄청난 사건이기 때문에 영원히 잊어버린다(억압). 이러한 기억과 함께 다른 기억까지도 잊혀지는데 그것은 이 당시 다른

---

35) 오이디푸스기에 겪는 충격적 체험 과정은 다음과 같이 요약할 수 있다.
남녀 성차이 인식 → 최초의 성 대상 선택 → 아버지의 규범 요구 → 오이디푸스 욕구 → 뜻밖의 충격적 자각 → 오이디푸스 콤플렉스, 갈등과 양가감정 → 거세공포의 엄습 → 동성 부모와 '동일시' → 초자아, 성 정체성 발생(Freud, 1997, 49-51; 이창재, 2005, 37-38)

사건을 기억하면 연상적으로 이 사건이 생각이 나기 때문에 이 시기의 모든 생각을 지워버리는 것이다. 인생에서 아이가 가장 처음 맛보는 좌절은 어머니, 아버지 그리고 자신과의 삼각관계 속으로 들어갔다가 실패하는 것이다.

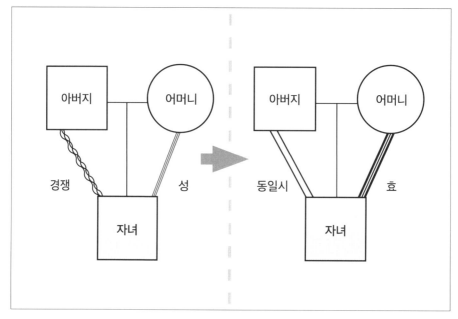

[그림 6] 오이디푸스 가족관계 역동

엘렉트라 콤플렉스와 오이디푸스 콤플렉스는 이성 부모와의 관계에서 동성 부모와 경쟁할 때의 심리구조가 그 핵심이다. 즉 엘렉트라 콤플렉스는 여아가 아버지를 놓고 엄마와 경쟁하는 심리를 가지는 것이고 오이디푸스 콤플렉스는 남아가 어머니를 놓고 아빠와 경쟁할 때 생기는 심리구조이다. 시간이 지나면 남아는 아빠를, 여아는 엄마를 모델로 삼고 모방하면서 이 콤플렉스가 해소되지만 그렇지 않으면 남근기 고착적 성격이 되어 버린다. 이 콤플렉스의 특징을 여성과 남성을 비교하여 정리하면 다음과 같다.

[표 6] 엘렉트라와 오이디푸스 비교

엘렉트라 콤플렉스 여성의 특징	오이디푸스 콤플렉스 남성의 특징
• 히스테리컬한 성격 • 신경질적, 참을성이 없음 • 화려함, 원색을 좋아함, 전시적 • 이기적, 감정표현이 깊이 않기에 부부관계에 문제가 많음. • 비슷한 입장에 있는 사람과 경쟁적 • 남성과 경쟁을 좋아함. 직업도 남자와 경쟁적인 것을 구함. • 극적이고 과장적인 표현 (실제 감정은 깊지 않음) • 탤런트, 연극배우가 많음	• 여성화된 남성 • 무기력한 남성 • 수동적이고 표현을 잘 못함 • 뒤에서 남을 조종하려 함 • 성도착증 • 공격, 착취 • 금방 싫증을 느끼고 깊이 있는 사랑을 못함 • 비전, 모험, 꿈이 없음

성적 욕구에 대한 자세가 대부분 남근기에서 유래하는 것이기 때문에, 이 시기에 성적 욕구를 받아들이고 성적 충동을 제어하는 것이 매우 중요하다. 또한 이 시기는 양심개발의 시기로서, 만약 이 시기에 부모들이 비현실적인 도덕규범을 강요하고 지나치게 엄격하여 본능적으로 일어나는 충동을 죄악이라고 가르치면, 자연스러운 성적인 충동에 대하여 죄의식을 갖게 되며, 이 죄책감은 성장 후에도 그대로 남아 이성과의 친밀한 관계형성을 방해하게 된다. 이 시기의 가장 중요한 발달과제는 남아에 있어서는 오이디푸스 콤플렉스를, 여아에 있어서는 엘렉트라 콤플렉스를 해결하는 것이다. 그 해결은 동성의 부모와 동일시하여 각자의 성적 역할을 배움으로써 가능하다.

프로이트에 의하면, 이 시기에 아버지 혹은 어머니와의 동일시에 실패하여 상대편 부모를 사랑하는 것이 불안함으로 연결되는 경우, 즉 남근기에 고착되는 경우, 성인남자는 대부분 경솔하며 과장되고 야심적인 성격특성을 나타내며 항상 자신의 남자다움을 과시하려 하지만 성적으로는 무력하다. 또한 이시기에 고착된 성인 여성은 순진하고 결백해 보이지만 경박하고 난잡하며 유혹적이고 성적으로는 불감증과 같은 신경증적 증상을 나타낸다고 한다.

남근기라는 명칭이 말해 주는 것처럼 이 시기의 아동들은 자신의 신체, 특히 성기에 대해 관심을 갖고 다른 사람의 성기나 유방 등에도 호기심을 집중시키게 된다. 그래서 자신의 성기를 보여 주는 것을 자연스럽게 즐기며 다른 아이들이나 어른들의 성기를 보려고 하기도 하고, 자신의 성기를 자극하면서 생기는 특별한 느낌을 알게 되어 자위행위를 하기도 해서 부모를 놀라게 하는 경우도 있다.

그러나 이러한 현상들은 성인들이 생각하는 것과는 달리 별다른 성적인 의미를 갖는다기보다는 자기 신체에 대한 자연스런 발견이라고 할 수 있다. 그러므로 그런 행위에 대해 야단치고 벌을 주기보다 이해와 개방적인 도움이 절대로 필요하다.

4) 잠복기

만 5, 6세부터 12, 13세경까지 리비도는 억압 또는 승화되어 지식, 운동 등으로 나타난다. 이 시기는 사실상 성적 본능이 수면상태에 들어가므로 심리성적 발달 단계로서 별 의미를 갖지 않는다. 따라서 사람에 따라서는 이 단계를 빼고 다른 네 단계만 설명하기도 한다. 잠복기는 심리성적 발달 단계의 휴식기간으로 간주된다.

이 시기의 성애와 공격성은 본능적 충동을 상당히 조절할 수 있게 되어 성적인 흥미가 일반적으로 조용한 시기이다. 일차적으로 동성 친구와 동성애적인 연합을 이룬다. 리비도 에너지와 공격적 에너지를 승화시켜 배움과 활동에 사용하고, 이를 통해 중요한 기술들을 습득하게 된다. 오이디푸스 동일시를 더 확대해 가며 선생님, 운동부 코치, 다른 성인들과 성 역할을 배우고, 한 편으로 자아 기능을 발달시키게 된다.

이 시기의 병리적 특성은 내부 욕동 조절이 잘 안되면 충분한 에너지를 얻어 승화시키지 못하므로 학습과 기술 습득에 실패하게 된다. 반대로 지나치게 욕동을 조절하다 보면 인격 발달이 조기에 멈추게 되고 강박적인 성향을 갖게 된다.

반면 이 시기를 성공적으로 통과하면 이전에 획득했던 심리성적 발달들을 통합하고 더욱 공고히 하게 된다. 최근에는 잠복기 또한 중요한 시기로 간주되고 있으며 승화를 통해 얻은 에너지를 자아발전에 사용하게 되면 학업과 기술 습득, 교우 관계 등에 전념할 수 있는 능력이 생긴다. 그래서 실패나 패배의 큰 두려움 없이 자율적인 기능을 할 수 있는 근면성을 얻게 된다. 이는 이후의 시기까지 계속 통합되어 궁극적으로 일과 사랑에서 만족을 얻을 수 있는 기본이 된다(최영민, 2010, 103-104).

5) 생식기

잠복기를 거쳐 12, 13세에 이르면 성적, 공격적 충동이 새롭게 일어나면서 사춘기를 맞게 된다. 이 때 일어나기 시작하는 성적 관심과 충동은 처음에는 동성에게 기울어지지만, 점차 이성을 향하여 옮겨진다.

생식기의 성애와 공격성은 성-생식 기능이 생리적으로 성숙한 단계에 이르렀기 때문에 강렬한 리비도 욕동에 이끌린다. 강렬한 욕동 때문에 사춘기 청소년은 인격이 일시적으로 퇴행된 모습을 보일 수 있다.

이 시기는 부모에게 의존하고 애착했던 것으로부터 궁극적인 독립을 이루는 것이 중요하다. 이성과 친밀감을 느끼며 성인으로서 어른스러운 성적 관계를 나눌 수 있어야 한다. 이 시기가 제대로 발달하지 못하게 되면 이전에 해소되지 못한 모든 단계의 문제들이 나타날 수 있다. 이 시기에 보다 특정한 문제는 에릭슨이 청소년기 문제로 언급했던 정체성 혼란(identity diffusion)이다(최영민, 2010, 105).

그런데 이전의 발달 단계에서는 자애적인 경향에 의해 이루어진 것들이었으나, 이 시기에 이르러서는 대상선택으로 바뀌어 진다. 따라서 이때부터는 이기적 동기에서 보다는 이타적 동기에 의해 사랑을 하게 된다. 즉 이 시기부터 인간은 쾌락추구적이고 자애적인 틀을 벗어나 현실 지향적이고 사회화된 인격으로 바뀌게 되는 것이다. 그리하여 자신만을 위하는 '소유의 삶'에서 '나눔의 삶'으로 옮겨지는 것이다. 이성을 사랑하고 성적관계를 맺으며, 출산한다는 것은 사실상 자신의 삶을 나누어 준다는 의미가 있다. 이것은 유아적인 소유와 이기적인 삶으로부터 그 삶의 차원을 달리하는 것을 뜻한다. 나누어 주는 삶은 자유로운 삶이 된다. 프로이트는 "이 시기에 비로소 자유로워진다"고 하였다. 남아는 어머니 대신 다른 여인을 사랑함으로 오이디푸스 콤플렉스를, 여아는 아버지 대신 다른 멋진 남성을 사랑함으로 엘렉트라 콤플렉스를 드디어 청산하게 되는 것이다(박윤수, 1994, 112-117).

이 시기를 성공적으로 통과하면 성적 욕구를 다스리는 능력과 성숙한 대상관계를 형성할 수 있게 된다. 적절한 상대와 만족스러운 성적 관계를 형성하는 것이 필요한 시기이다. 또 부모로부터 독립하여 자아정체성을 확립하게 된다. 자아정체성을 확립하는 단계에 도달한 사람은 자기실현능력을 갖고 일과 사랑에 주도성을 갖게 된다. 창조적이고 생산적인 일과 만족할만한 의미 있는 목표와 가치를 추구할 수 있게 된다(최영민, 2010, 105-106).

[표 7] 프로이트의 심리성적 발달 단계

발달 단계	출현 구조	연령	성감 부위	긴장/ 갈등의 영역	고착되면	인격장애 유형
구강기	id (원초아)	0~18 개월	입, 입술, 혀	젖떼기	미성숙, 의존, 거친 말, 과음, 과식, 과흡연, 손가락 깨물기, 자기중심	분열성 인격, 의존성 인격
항문기	ego (자아)	1.5~3세	항문, 직장, 방광	소/대변 가리기	적대, 불신, 도전적, 결벽증, 경직, 인색, 율법주의	반사회성 인격, 우울, 수동공격, 강박성 인격
남근기	super ego (초자아)	3~6세	생식기	오이디- 푸스 갈등	성불감증, 동성애, 경쟁관계 못함	신경증, 노이로제, 경계선적 인격
잠복기	성격의 균형	6~12세	없음	없음	별로 나타나지 않음	
생식기	성격의 통합	13~죽음	음경	본능 대(vs) 사회		

[요약]

1. 프로이트는 성격의 발달 단계를 성적 에너지가 집중되는 부위에 따라 구강기, 항문기, 남근기, 잠복기, 생식기의 다섯 단계로 나누었다.

2. 구강기는 태어나서 1세까지 기간으로 빨고, 삼키고, 뱉고, 깨무는 것으로 성적 만족을 경험한다. 젖을 먹고 싶을 때 먹고 싶은 만큼 충분히 먹게 되면 정서적으로 안정감을 누린다. 충족이 계속되지 못하면 욕구불만을 느끼고, 현실에 대한 좌절 내지 냉담함을 경험한다. 의존욕구의 충족이 절대적으로 부족했거나, 지나치게 충족되었을 때 인격에 문제가 발생한다.

3. 항문기는 만 1세로부터 3세까지 기간으로 성적 에너지의 초점이 구강에서 항문으로 옮겨가는 시기다. 배변훈련이 중요하며 배변훈련이 적절하게 되지 않고 항문기 발달에 머문 사람은 완벽주의적이며 강박증적인 성격을 지니게 된다.

4. 남근기는 3~6세 사이에 해당하며, 자신의 성기에 관심을 갖게 되고, 성적 에너지는 성기로 옮겨진다. 남자 아이들의 심리적 갈등을 오이디푸스 콤플렉스, 여자 아이들은 엄마와 경쟁을 하고 질투심을 느끼면서도 그것을 극복하기 위해 엄마의 여성성을 배우는 현상을 갖게 되는데 이를 엘렉트라 콤플렉스라고 한다. 엘렉트라 콤플렉스와 오이디푸스 콤플렉스는 이성 부모와의 관계에서 동성 부모와 경쟁할 때의 심리구조가 핵이다.

5. 잠복기는 만 5, 6세부터 12, 13세경까지 리비도는 억압 또는 승화되어 지식, 운동 등으로 변화되며 성적 본능이 수면상태에 들어가 심리성적 발달 단계의 휴식기간으로 간주된다.

6. 생식기는 12, 13세에 성적, 공격적 충동이 새롭게 일어나면서 사춘기를 맞게 되는 시기로 성적 관심과 충동은 점차 이성을 향하게 된다. 이기적 동기보다는 이타적 동기에 의해 사랑을 하게 되면 자애적인 틀을 벗어나 현실 지향적이고 사회 적응적인 인격으로 바뀌게 된다.

5장

에릭슨의 성격 발달 단계

PSYCHODYNAMIC
COUNSELING

1. 에릭슨의 성격 발달 개요

2. 발달 단계에 따른 이해

5장
에릭슨의 성격 발달 단계

| 학습목표 |

정신역동적 관점 중에서 에릭슨의 성격 발달 단계에 관해 알아본다.

1. 에릭슨의 성격 발달 개요

에릭슨은 인간의 성장에 있어 리비도를 중시하는 프로이트의 관점과 달리, 사람이 생활하면서 연관을 맺게 되는 사회적 가치, 그리고 사회적인 여건에 적응하면서 나타나는 긍정적이거나 부정적인 결과에 더 많은 관심을 가졌다. 즉 사회적 환경에 적응하면서 나타내는 적응, 정체성, 그리고 그 결과에 관심을 가짐과 동시에 자아가 주위의 환경과 어떠한 상호작용을 하는지를 중요하게 생각하였다. 이런 점에서 그의 이론을 심리사회적이론이라고 부른다(임경수, 2004, 88-89).

에릭슨은 인간 발달 과정 이해를 위해 직선 이미지(발달 단계)와 순환 이미지를 모두 사용하였는데, 순환적 과정의 본질에 대하여 개인의 주기보다는 세대의 순환을 강조하였다(Erickson, 1985, 268-269).[36] 즉 생애주기의 첫 번째

---

36) 이것을 에릭슨은 호수에 던져진 돌에 의해 형성되는 동심원의 이미지를 사용한다.

단계에서 유아는 어머니와 상호작용하고 두 번째 단계에서는 부모, 세 번째 단계에서는 전체 가족으로 그 범위가 넓어진다. 네 번째 단계에서는 학교와 이웃이, 다섯 번째 단계에서는 또래집단과 외부 집단이, 여섯 번째 단계에서는 동반자가 나타난다. 일곱 번째 단계에서는 부모역할과 직업상의 관계들이, 여덟 번째 단계에서는 모든 사람들과의 동일시가 계속 추가된다. 에릭슨은 결론짓기를 "인격은 인간이 더 넓은 사회적 반경으로 나아가고, 그것을 인식하고, 그것과 상호작용할 수 있는 준비 정도에 의해 예정된 단계에 따라 발달한다."고 말하였다(Capps, 2001, 16-17).

에릭슨의 발달 이론의 중요한 개념적 특징은 단계들이 긍정적인 극(강점)과 부정적인 극(약점)인 양극으로 이루어졌다는 것이다.[37] 심리적 힘에는 부정적인 극보다는 긍정적인 극의 우위가 요구되지만 부정적인 극은 전체 주제의 흐름에 깊이와 복잡성을 더해주기 때문에 부정적인 극을 모두 제거하는 것은 바람직하지 않을 수 있다.[38] 에릭슨의 발달 이론은 대극으로 이루어져 있는데 이것은 양쪽 모두 필요한 것이다. 나아가 긍정적인 측면이 더 많은 쪽으로 발달하면 좋다.

발달 단계에 있어 에릭슨은 처음, 또는 이전 단계에서 부정적인 발달이 형성되었다고 해도 다음 단계에서 긍정적 발달로 나아갈 수 있다고 하였다. 그러므로 현재의 발달 단계에서 자신의 발달 과제를 성취할 수 있도록 중요한 대상과의 만남이 중요하다고 본 것이다. 부모의 사랑을 받지 못하여 불신이

37) 이때 에릭슨은 강점과 약점이 평가적인 이미지로 사용되는 것을 원치 않았기 때문에 긍정적인 극을 표현하기 위해서 동조적이라는 용어를, 부정적인 극을 표현하기 위해서 이질적이라는 용어를 사용하였다.

38) 자녀들에게 긍정만 주고 부정은 주면 안 된다고 생각할 수 있지만 부정도 있어야 건강한 사람이 된다. 즉 양 대극이 서로 통합되어야 한다. 그러므로 건강한 성격은 기본적으로 발달시켜 놓고 부정도 있어야 한다. 이때 부정보다 긍정이 커야 한다. 긍정보다 부정이 크면 문제가 된다. 신뢰 대 불신에서 다른 사람을 불신하는 능력이 없는 사람은 신뢰를 가질 수 없다. 불신은 없고 신뢰만 있는 사람은 의심을 못한다. 그래서 믿지 않아야 할 것을 분별하지 못한다. 자신을 불신하는 부분도 있어야 하나님을 의지하고 신뢰하게 된다. 건강한 믿음이란 의심이 없는 것이 아니라 믿음에 대한 '의심'을 계속 하면서 의심이 해결되어져서 참 신앙을 키워가는 것이다.

형성된 아동이라 할지라도 초등학교 때 좋은 선생님을 만나서 사랑을 받으면 이 아동은 건강한 단계로 돌아올 수 있다.

에릭슨은 사회 심리적 갈등을 잘 통과하게 되면 각 단계들의 긍정적인 모습인 덕목을 갖추게 된다고 하였다. 이 덕목에 대비하여 캡스(Donald Capps)는 '생애주기이론과 목회적 돌봄(Life Cycle Theory and Pastoral Care)'에서 덕목과 함께 악덕을 제시하였다. 악덕들은 덕목 못지않게 중요하며 아동기의 악덕들이 성인기에 남아있을 수 있는데, 그것들이 성인들에게 나타나면 더욱 위협적인 형태를 띠게 된다. 마찬가지로 성인기의 악덕들이 때로는 아동기에 발견되기도 한다. 악덕은 장애, 역기능, 분열 등에 대한 이해를 하는데 도움이 된다는 점에서 그 유익이 있다. 캡스의 견해에 대하여 거의 대부분 수용하였지만, 저자가 2개의 악덕에 대해서는 새로운 견해를 제시하였다.

2. 발달 단계에 따른 이해

에릭슨의 발달 단계를 긍정의 극과 부정의 극을 대비시켜서 살펴보자.

1) 영아기(출생-15개월)

① 기본적 신뢰 대 불신

에릭슨이 이 시기를 인생의 초기단계 중 가장 비중 있게 취급했던 이유는 발달 특성으로서의 기본적 신뢰감이 인생 후기에서 갖게 되는 사회적 관계에서도 지대한 영향을 미치기 때문이다. 기본적 신뢰는 생애 첫 해에 아이가 경험한 세계를 통해 세상과 자기 자신에 대하여 가지는 태도이다. 기본적 신뢰는 어머니와의 관계의 질에 달려 있다. 아이는 태어나면서 자아를 발달시키려고 할 때 가장 먼저 엄마를 신뢰할 수 있어야 한다. 이때 자신을 신뢰하고 하나님과 세상을 신뢰할 수 있다.

아이들은 엄마가 느끼는 감정을 그대로 느낀다. 이때는 언어로 의사소통하는 것이 아니라 느낌으로 의사소통하는 단계다. 아이가 놀다가 넘어지면 아이는 울기 보다는 엄마를 먼저 본다. 엄마가 불안해하고 당황하면 아이도 불안해하면서 운다. 그러나 엄마가 동요하지 않고 가만있으면 아이는 그냥 논다.

아이가 신뢰라는 과제를 얻기 위해서는 엄마의 감정이 안정적이어야 하며, 자기 확신이 있어야 한다. 만약 자기 확신이 없으면 아이가 불안감을 느끼게 되고 이러한 불안은 이 세상을 불신하게 만들게 된다. '내가 어려울 때 누군가 나를 도와 줄 것이다'라고 믿는 사람과 '내가 어려울 때 나를 도와줄 사람이 없다'고 절망하는 사람의 삶은 아주 다르다.[39]

---

39) 사람이 태어나서 관계 맺는 패턴은 하나님과의 관계 패턴에도 영향을 준다. 만약 어머니와의 관계에서 신뢰를 가지지 못한 사람은 하나님과 대상관계를 잘 맺지 못한다. 그래서 대상관계를 바꾸어 주어서 과거에 맺은 관계는 인생 속에서 지나간 한 관계일 뿐이란 것을 자각하게 해주고 새로운 대상관계를 맺게 해주어야 한다.

또한 아이가 신뢰를 얻기 위해 필요한 것은 일관성과 예측성이다. 아이가 울 때 '젖이 즉각적으로 오는 것이 중요한가, 아니면 시간에 맞추어 오는 것이 중요한가?' 이 문제에 대해 에릭슨은 어느 하나를 일관적으로 유지하는 것이 중요하다고 말한다. 그러면 아이는 그런 일관성 때문에 젖을 예측할 수 있고 그렇게 되면 신뢰감이 생기게 된다.

일관성이란 '분명한 행동과 말, 명확한 인생관으로 외부적인 여건에 좀처럼 요동하지 않는 가치관을 가지고 살아가는가' 하는 문제다. 사랑도 중요하지만 자녀들이 부모에게 원하는 것은 평상시에 늘 꾸준하게 보여주는 애정 어린 관심과 선과 악 사이에서 명료한 결단을 내리는 생활철학이다(임경수, 2004, 20-21). 분명한 가치관과 인생관을 가지고 분명한 행동을 할 때, 외부적 여건이 어렵다 하여도 이 세상을 이길 수 있는 신뢰를 발달시켜 나갈 수 있다.

불신은 아이가 돌보아 주는 사람과의 관계에서 세상을 믿을 수 없고 예측할 수 없는 것으로 경험할 때 발달된다(Capps, 2001, 23). 자신이 엄마를 필요로 할 때 엄마가 돌아오지 않을 때 생긴다. 불신하는 아이는 엄마가 계속 옆에 있어줄 것을 요구하면서 엄마를 조종하게 된다.

② 소망 대 폭식

생애 첫 단계에 있는 영아는 자기가 필요한 것을 얻으려 할 때 자신을 돌보아 주는 사람들과 상호작용을 하게 된다. 이 상호작용에서 가장 중요한 것은 영아가 일관성, 예측성, 신뢰성을 발달시킬 수 있도록 돌보아주는 것이다.

이 시기에 기본적인 신뢰가 잘 형성되면 소망이 발전된다. 소망이란 자기가 강하게 원하는 것을 얻을 수 있을 것이라는 지속적인 신념이다. 아무리 어려워도 노력하고 기다리면 얻을 수 있다는 믿음이다. 따라서 소망은 모든 종교성의 기본이 된다. 어린 시절에 어머니에 대한 불신을 가지고 있는 사람은 하나님의 신실하심을 믿지 못한다. 자신을 낳은 어머니도 믿지 못하기 때문에 제 3자에 대한 믿음을 가질 수 없다.

유아들은 잘 먹었을 때 행복을 느끼고, 배고플 때 불행하다고 느낀다. 그들은 자신이 취하는 것들과 행복을 연관시킨다. 이것은 탐식과 중독이 긴밀히 관계되어 있음을 잘 설명해 준다. 어머니의 양육 태도가 일정하지 않아 신뢰를 형성하지 못하면 아이는 '폭식'을 하게 된다. 즉 어머니가 어린아이에게 젖을 줄 때 일정한 규칙에 따라서 주어야 하는데 불규칙하게 주면, 젖을 먹을 기회가 올 때 폭식하게 된다. 그것은 박탈에 대한 두려움 때문이다.

부모와의 관계에서 안전에 대한 보장을 받지 못하면 유아의 심리적 구조 속에 미래에 대한 불안정이 싹 트게 된다. 그래서 음식을 먹을 때 폭식하여 자신의 생명을 오래 유지하고 싶어 한다. 탐식의 행동 뒤에는 미래에 겪게 될 박탈에 대한 두려움이 숨어있다. 이러한 두려움은 불신을 반영한다. 유아들은 성장하면서 그들의 필요를 채워 줄 책임이 있는 사람에게 의존할 수 없다고 느낀다. 이러한 불확실한 미래에 대비하기 위해서 유아들은 현재 충분하더라도 더 많은 것을 얻으려 하고, 그 과정에서 자꾸 요구하고 조종하려 든다(Capps, 1983, 44). 배가 고픈 자신을 위로할 수 있는 것은 부모의 관심이 아니라 먹는 것이라는 생각을 절대적으로 하게 될 때 탐식이 생기는 것이다.

결국 탐식은 개인이 먹고 마실 수 있는 그 이상의 것을 가지려는 심리적 욕구다. 탐식은 보이지 않는 미래, 불안한 미래에 대하여 현재에 만족을 추구하고 싶은 심리에서 배를 만족케 할 수 있는 음식을 확보하려는 행동 양식이다(임경수, 2004, 121).

탐식은 과다하게 먹을 뿐만 아니라, 물질을 무차별적으로 받아들인다는 것을 의미한다. 만약 탐식이 불신과 아무 것이나 신뢰하려는 태도에서 나온 것이라면 탐식에서 벗어날 수 있는 힘은 자신이 원하는 것이 올 것이라는 소망에 있다. 이런 점에서 에릭슨은 소망을 '열렬한 바램들을 이룰 것에 대해 인내하는 믿음'으로 정의하였다. 미래에 대한 두려움이 없다면, 과다하게 확보하려고 할 필요가 없다. 소망이 있으면 미래를 신뢰하기 때문에 세상에 지나치게 몰입하지 않으면서도 분별력을 가지고 세상을 받아들일 수 있다. 소망이 있는 개인은 건강한 불신을 나타낼 수 있다(Capps, 2001, 46).

영아는 부모와의 관계에서 기본적 신뢰를 형성해야 할 뿐 아니라, 자기 자신을 믿을 수 있게 되어야 한다. 자신의 행동 때문에 어머니가 젖을 너무 일찍 떼거나 보살펴주지 않으면 아이는 어머니의 돌봄이 갑자기 없어져버릴 것이라고 생각하여 어머니를 믿지 못하게 된다. 이와 아울러 그런 결과를 가져온 자신에 대해서도 믿지 못하게 된다. 신뢰를 가진 사람들은 소망을 가지고, 불신을 가진 사람들은 우상에게 집착하게 된다.[40]

[표 8] 영아기(출생~15개월)의 발달과제

중요 대상	발달 성공	발달 실패	덕목	악덕
엄마	● 신뢰 : 엄마와의 관계 (수유)에서 생리 적 충족 경험 ● 엄마의 일관성	불신	● 소망 : 원하는 것을 언제 나 얻을 수 있다.	폭식 (중독)

40) 자신을 지키기 위해서 만들어낸 방어기제가 바로 '우상숭배'다. 우상숭배자의 기본 심리는 불신이다. 인간은 두렵고 불안할 때 우상을 만들어 낸다. '우상숭배'를 만드는 것은 인간이 신뢰를 깨뜨리기 쉬운 불안한 존재임을 알 수 있다. 우상을 믿으려면 우상이 힘을 가져야 하기 때문에 우상을 믿는 사람이 우상에게 힘을 불어 넣어주어야 한다. 그래서 우상을 숭배하면 할수록 사람은 힘이 없어지게 되고, 우상의 힘을 의지하게 되면 자신의 힘은 약해지기 때문에 마음은 더 불안해 진다. 이것이 계속 악순환 된다.

2) 유아기(16개월-3세)

① 자율성 대 수치심과 회의

영아들이 주로 입을 통해서 외부 세상을 경험하였다면 유아기부터는 자신의 손과 발로 움직이면서 외부 세계를 경험하게 된다. 특히 손과 팔다리 괄약근을 움직이면서 새로운 세계를 경험하는 것이다(Capps, 2001, 20). 이 시기의 아이들은 프로이트가 말하는 항문 근육뿐만 아니라 다른 여러 근육들도 마음대로 사용하려고 한다. 두 발로 일어나 걷기 시작하는 이때는 스스로 무엇을 할 수 있음을 보여 주려고 한다.

특히 이들이 사용하는 언어에서 자율성에 대한 표현이 분명하게 나타난다. "내가 할 거야", "안 해"라는 말을 함으로써 다른 사람들이 자신을 마음대로 할 수 없도록 하려는 움직임도 나타난다.

이 시기의 유아발달에는 사회적인 기대나 압력과 자신의 의지 사이에서의 조절과 적응력이 발달 특성을 결정짓게 된다. 사실 유아에게 있어서 통제와 조절의 가능성은 심리적인 노력이나 능력에 달려 있다기보다는 신체적 능력에 더 직접적인 영향을 받는다.

그러므로 교사와 보호자가 가장 유념해야 할 점은 유아의 신체적 발달이 잘 이루어지도록 해야 한다는 점이다. '준비된 성장'이 갖추어지지 않은 상태에서의 강압적이거나 무리한 배변, 보행, 식사, 언어 훈련은 실패에 따른 부정적 발달특성으로 이어질 수 있다.

이 시기에 다른 유아와 상대적으로 비교하여 일방적으로 강요하는 것이 문제가 된다. 내 아이만의 독특한 능력이나 자질, 신체적 능력이 있는데 이것을 볼 수 있는 능력이 부족한 보모나 교사에 의한 집단 탁아 등은 위와 같은 부작용을 유발하기 쉬운 조건들이 된다(박노권, 1998, 202).

15개월이 되면 분리 개별화라고 부르는 어려운 시기를 통과한다. 이 시기에 유아들이 고집이 세고 부정적인 것은 아주 정상적이다. 또한 배변 훈련을 시작하고 혼자서 먹는 법을 배우기 때문에 아이들은 몹시 지저분하다. 그들은 감정을 강하게 느끼고, 미움과 사랑을 극단적으로 표현한다. 유아기 아이들은 강렬하고 저항적이며 반작용적인 방식으로 세상과 부모에게 반응한다. 공격적인 충동은 이 시기의 발달 과제를 수행하느라고 나타나는 특성이다. 충동성을 조절하는 과정에서 유아는 자율성을 연습하고 있는 것이다.

자율성은 스스로의 의지에 따라 자기 발로 서거나 손을 사용하거나 대소변을 통제하는 것 등을 통해 발달한다. 아동들이 자신에 대한 자율성이 커져 자기 멋대로 행동하려고 할 때, 부모는 아이들에게 이 사회에서 살아가기 위해 필요한 올바른 행동을 하도록 가르치기 시작한다.

이러한 차이 때문에 이 시기는 필연적으로 아동과 부모 사이에 갈등이 일어나게 된다. 그것은 자기 스스로 하려는 욕구와 부모의 요구에 따라야 하는 것 사이의 갈등이다. 다행히도 유아기에 자율성 과제를 성공적으로 수행한 아이들은 자기 자신을 고유의 생각, 감정, 의견을 가진 독특한 인격으로 여기게 될 것이다. 자신의 생각과 정체성에서 안정감을 가진 아이들은 다른 사람의 생각과 감정을 허용할 수 있다. 이것이 사회화의 중요한 한 걸음이다.

자율이란 스스로 자신을 통제할 수 있는 능력을 의미하므로 부모의 기준이 아이가 감당할 수 있는 수준보다 너무 높으면 아이들은 스스로 책임을 질 수 있는 능력을 상실하게 된다. 또한 유아의 욕구나 호기심과 관심을 막아버리면, 그들은 자신의 정체성을 정립하는 것이 가치 없는 일이라고 결론 내린다.

이 시기의 지나친 통제는 좌절감을 가져오고, 지나친 자유는 아이에게 불안정감과 사랑받지 못할 것이라는 느낌을 갖게 만든다. 지나친 통제를 받거나 지나친 방임 속에 자란 아이는 자신의 개인적 정체성에 대해 확신을 갖지 못하게 되며 그 결과 지나친 자기 억제나 공격성을 드러낸다. 또한 자신이 사랑스럽지 않거나 가치 없다고 느끼며, 사회화에 저항하게 된다.

이 단계에서 조심해야 할 것은 "안 돼"라는 말을 과다하게 사용하는 것과 지나치게 자유를 허용해주는 것이다. 부모는 자유와 한계 사이에서 지혜로운 균형을 이루도록 최선을 다해야 한다. 지나친 통제나 방임은 아이들이 건강하게 부모로부터 분리되고, 자신의 개별성을 찾아가는데 있어서 혼동을 초래할 수 있기 때문이다.

자율성 확립에 실패한 유아는 자신에 대하여 수치심을 느끼거나 다른 사람의 통제를 받으며 살아야 한다는 사실 때문에 회의감을 가지게 된다. 수치심은 다른 사람의 눈에 자신이 좋게 보이지 않는다는 느낌이다. 수치심이 많은 사람은 자신의 행동에 대해서 잘못하지 않았는지 의심하고 두려워한다. 이들은 다른 사람들에게 욕을 먹을 것 같아서 불안해한다.

이들은 수치심이나 회의에서 벗어나기 위해 율법주의적 태도를 취하게 된다. 회의는 자신은 능력이 없는데 다른 사람들이 자기를 통제하고, 그들이 자기보다 더 나은 행동을 할 수 있다고 느낄 때 생기는 느낌이다. '다른 사람은 내 행동을 잘못되었다고 하지 않을까?' 생각하면서 자신의 능력에 대해서 계속 의문을 가진다. 자신이 스스로 할 수 있는 능력이 있다는 것을 배우지 못했기 때문이다.

자녀를 교육할 때도 부모는 자녀에게 스스로 판단을 내려 보도록 자율성을 주어야 한다. 이것이 사랑이요 사람을 세우는 것이다. 사람에게는 잠재력, 즉 하나님이 주신 은사가 있다. 우리가 서로 사랑한다는 것은 "너에게 있는 너의 잠재력을 충분히 발휘하면서 너답게 살아라. 그리고 너 혼자 있을 때 힘들다. 그러므로 내가 너에게 힘이 되어줄게." 라고 격려하는 것이 사랑이다. 즉 사랑한다는 것은 상대방의 삶을 충분히 실현시킬 수 있도록 나의 힘을 주는 것이다. 이때 그 판단기준은 사랑의 정신이어야 한다.[41]

---

41) 안식일에 대한 예수님의 변증을 보자. "안식일이 사람을 위한 것이지 사람이 안식일을 위해서 있는 것이 아니다." 예수님께서 이런 말을 한 것은 "이제는 네가 처벌 받을 것을 두려워하지 말라는 것이다." "사랑 안에는 두려움이 없다."(요일4:18) 사랑에는 처벌이 없기 때문에 사랑에는 두려움이 없다. 두려움은 처벌에 대한 불안으로 온 것이다. 만약 하나님과의 관계 속에서 아직도 벌 받을 것 같아 두려워한다면 하나님과의 관계는 완전하지 않다고 느끼기 때문에 그런 것이다.

② 의지력 대 외고집

자율성의 열매는 의지력이다. 의지력은 난관을 뚫고 나가는 힘이다. '나는 스스로 판단할 수 있는 능력이 있다.'는 것을 아는 사람만이 의지력이 있다. 이런 사람은 자신이 내린 판단을 이끌어 나갈 힘을 가지고 있다. 유아가 의지력을 가지게 하려면 스스로 해보도록 하되 실수를 통해서 현실을 알아갈 수 있도록 도와야 한다. 이 시기의 아이들에게 '실수할 수 있는 자유'를 주어야 한다.

하나님은 인간에게 스스로 선택할 능력을 주시고 그 책임을 지게 하셨다. 자율성을 가진 사람은 '나 스스로 한다.'는 의지와, '내가 할 수 있는 능력을 가진 사람이다.'라는 확신을 갖는다. 스스로 선택을 많이 한 사람일수록 의지력이 발달한다. 하지만 어린아이가 어떤 행동을 한 것에 대해 부끄러움을 계속 느끼게 되면 의지가 약해진다. 자율성이 건강하게 발달하지 못하고 의지력이 약해 수치심과 회의에 사로잡힌 유아들은 자기를 방어하기 위한 수단을 만드는데 그것은 말(어머니의 말) 속에 숨어 있는 정신을 이해하지 않고 문자 그대로, 법대로 지키려고 하는 것이다.[42]

수치심과 회의심을 가진 아이는 자신이 스스로 결정하지 못하고 남이 시키는 대로 따라간다. 여기에서 '분노'가 생긴다. 행동상으로 분노는 여러 형태로 나타난다. 신체적인 학대(때리기, 상처입히기, 죽이기), 언어적인 학대(소리지르기, 모욕주기, 신랄한 빈정거림), 그리고 자기에 대한 학대(자신을 냉대하는 행위)이다.

이러한 분노 행동들의 공통적인 태도는 상처 입은 자아에 대한 공격적인 방어이다(Capps, 2001, 47). 분노는 자신의 존엄성에 대한 공격, 자존감에 대한 위협, 또는 지위 상실에 대한 반응에서 나오는 자기 보호를 위한 감정이다. 분노는 오랫동안 지속될 수 있고 나중에 반항으로 폭발할 수도 있다.

---

42) 이들은 자율성이 없고, 선택하는 것을 두려워한다. 그저 율법이 말하는 대로만 하면 된다고 생각을 하는 것이다. 율법대로 하고, 자신이 선택한 것이 아니기 때문에 책임을 지려하지 않는다. 이것이 자신을 지키는 방어 수단이 된다.

캡스가 이 시기의 악덕에 대해 분노로 본 것은 일견 타당성이 있지만 저자는 의지력에 반하는 개념으로서 외고집을 이 시기의 악덕으로 제시하고자 한다. 영아기에서는 '나'란 존재가 없던 시기이다. 그러나 유아기에 이르게 되면서 심리적 탄생을 경험하게 된다. 즉 '나'에 대한 자각을 한다.

이 시기는 나와 엄마를 분리해서 인식할 수 있는 시기이며, 대소변 훈련은 사회인이 되어가고 있다는 것을 말해주는 시기이다. 이전에는 자신이 원하는 모든 것이 충족되었지만 이제 사회화의 과정에서 자기가 하고 싶은 대로 먹고, 마시고, 대소변을 배설하던 것을 멈추어야 한다.

사회의 규칙에 따라 자신을 훈련시켜 나가야 하는 것이다. 이때 이러한 조절 능력을 적절하게 훈련받은 유아는 의지력을 키워나갈 수 있는 미덕을 갖추게 된다. 하지만 자신의 의지가 너무 제한 또는 통제되거나, 자기가 하고 싶은 대로 모든 것이 과도하게 허락된 경우 조절능력을 상실하게 되어 자신이 원하는 것은 자기 마음대로 하려는 외고집을 가지게 되는 것이다.

유아기 때는 아이의 욕구가 온전히 충족될 수 없다는 것을 깨달아야 하는 시기다. 욕구 충족이 절대적으로 부족했거나, 지나치게 충족되었을 때 인격에 문제가 생기기 때문이다. 이후의 모든 과제와 마찬가지로 완전히 충족시켜 주는 것만이 좋은 것이 아니라 어느 정도는 좌절시켜야 한다. 그러므로 지나친 충족이 오랜 기간 지속되거나 지나친 좌절이 계속될 때 생기는 덕목이 바로 외고집이다.

조절하거나 통제하지 못하고 자기가 하고 싶은 대로 하거나 자기가 원하는 대로 되지 않는다고 폭발하는 것은 의지력을 갖지 못한 결과로 나타나는 반응이다. 결국 의지력의 결핍은 나약함으로 나타나는 것이 아니라 조절 실패와 외고집으로 나타난다.

그러므로 통제되지 않은 분출을 통해서 다른 대상에게 화를 내기보다는 적절한 방식이나 통제된 방식으로 분노를 표현하거나 억제할 수 있는 능력을 계발해야 한다. 의지와 외고집의 차이는 자신이 하고 싶은 것을 사회의 한 일원으로서 조절할 수 있느냐, 없느냐의 차이다. 만일 이때 적절한 수준에서의 의지력을 키우지 못한다면 그 이후의 사회생활에서 자신의 주장과 고집대로 살아가려 하기 때문에 사회생활에서 많은 문제에 봉착하게 됨을 예견할 수 있다.

[표 9] 유아기(16개월-3세)의 발달과제

중요 대상	발달 성공	발달 실패	덕목	악덕
엄마 아빠	• 자율성: 부모의 존중으로 획득 • 스스로를 통제 • 걷기, 배변훈련	• 수치심 (내가 잘못했나?) • 불안과 회의 (다른 사람이 나를 통제하다니)	• 의지력 (나는 능력 있는 사람이다) • 난관 극복	• 외고집 (지배 받으니 화남) • 나태

3) 유년기(4-6세)

① 주도성 대 죄의식

대략 4-6세의 시기로, 자신과 타인의 성기에 관심을 갖게 되고 성인의 역할을 상상하고 한쪽 부모와 경쟁관계를 느끼게 된다는 프로이트의 오이디푸스 콤플렉스의 시기에 해당된다. 이 시기의 특징은 능동성과 주도성, 공격성이다. 남자아이의 경우는 언어나 행동에 있어 공격적이며, 자기 힘으로 상대를 제압하려는 남근적-공격적 태도를 보인다. 여자아이의 경우는 물건을 낚아채서 소유하려 하고, 사랑스럽거나 매력적인 태도를 통해서 성적-공격적인 태도를 은밀히 나타내려고 한다.

이 단계의 어린이는 인간관계가 부모와 더불어 다른 식구들에게까지 확대된 상태기 때문에, 자신의 호기심이나 공격적 행위를 적절하게 제한하지 못하고 주도성이 너무 지나칠 때 다른 사람들, 특히 부모나 형제들을 경쟁의 대상으로 느끼고 공격적이거나 적대적으로 대하며, 여기에서 죄책감이 생긴다. 즉 이들은 부모로부터의 전적인 연합에서 벗어나 스스로 계획하고 목표를 설정하며 달성하기 위해 노력하는 주도성과 그 부작용으로 나타나는 죄책감 사이의 갈등을 겪는다(Capps, 2001, 41-42).

활동반경이 넓어지기 시작한 아동은 자유자재로 움직이는 것을 배우게 되고, 자신의 눈에 보이는 온갖 신비한 요소들에 대하여 탐험을 하기 시작한다. 구강기의 제약적인 체험의 수단들을 넘어서 손과 발, 그리고 두뇌라는 여러 다양한 요소들을 통하여 외부의 세계를 체험하게 된다. 마치 사람이 차를 구입하게 되면 걸어 다니는 영역보다 훨씬 넓은 영역을 다니는 것처럼 이 시기의 아이들은 이전의 단계보다 능동적이고 적극적인 사람이 된다.

이러한 특성은 아동이 타인의 신체나 공간에 간섭하고 침입하는 특성으로 나타난다. 침입한다는 것은(자신만이 많은 공간을 확보하려고) 신체적으로 다른 아이들을 밀거나, 물거나, 때로는 때리는 것이며, 이 시기의 아이들은 넘치는 에너지로 다른 사람들이나 자기의 동료들에게 좋지 않은 언행을 함으로써 상처를 남기고, 부정적인 놀이를 하고자 한다.

아이는 놀이를 통해서 자신만이 가지는 소우주 속에서 자신을 표현하고 있는 것이며, 장난감을 통해 자신의 심리를 표현한다. 에릭슨은 이 단계에 있는 아이들이 놀이를 통해서 자신의 정체성을 구축해 나간다고 보았다(Erikson, 1977, 99). 놀이는 건전한 신앙을 위하여 필수불가결한 것이며 인간은 놀이를 통해서 자신의 문제를 해결하기도 하고, 심리적 불안을 해소시킨다.[43]

43) 종교사회심리학자인 피터 버거는 놀이라는 것을 다음과 같이 정의한다. 놀이는 신성한 초월성의 신호이다. 왜냐하면 놀이를 통해서 사람들은 일상생활로부터 다른 곳으로 옮겨지는 것과 같이 느낄 수 있을 뿐 아니라, 평범한 시간에서 영원 속으로 가는 것처럼 느끼게 된다. 버거가 정의하는 놀이의 의미는 에릭슨이 정의한 것보다 더 종교적인 함축성을 가지고 있다. 즉 놀이와 쉼이라는 것은 인간이 영역을 떠나서 신성한 하나님의 영역에 있는 초월적인 지경을 맛볼 수 있다는 것이다(Berger, 1970, 189).

주도성을 지닌 아동은 계획을 세우고, 목표를 설정하며 그것을 달성하려고 노력한다. 따라서 이 시기의 아동들의 행동은 목표 지향적이고 경쟁적이며 상상력이 풍부하다. 이들은 자신의 커다란 계획과 기대했던 소망이 이루어질 수 없다는 것을 깨달으면 삶의 위기가 올 수 있다. 이때 자신이 계획했던 목표와 자신이 속으로 꿈꾸어 왔던 환상을 억제하기 위해 사회가 금지하는 것을 내면화하게 되면서 죄의식을 느끼며 자기 억압을 하게 된다.

아동이 지나치게 죄의식을 느끼게 되면 인생을 대하는 대담한 주도성이 위축된다. 그러므로 부모들은 자신의 권위를 다소 완화하고 아동들이 부모와 동등한 자격으로 참여하도록 분위기를 조성해 줌으로써 주도성을 계속 유지할 수 있도록 해 주어야 한다. 이렇게 되면 아동은 야망을 포기하지 않으면서도 자신의 야망을 사회생활의 목표에 알맞게 부합시켜 나갈 수 있게 된다.

② 목적 대 탐욕

주도성이 있으면 목적의식이 뚜렷해진다. 목적의식이란 자신이 가치가 있다고 하는 것을 설정하고 추구해 나가는 것이다. 목적은 주도성을 가지고 있는 사람이 가질 수 있는 덕목이다. 죄의식을 가진 사람은 목적을 가지지 못하는데 그 이유는 목적을 가지게 되면 목적에 도달할 수 없을 때 죄의식을 가지게 되기 때문이다. 이에 죄의식을 가지지 않기 위해서 목적을 가지지 않는다.[44]

주도적인 사람은 삶의 목적의식이 분명해 진다. 목적의식을 가지게 하려면 자기 스스로 주도적이 될 수 있도록 도와야 한다. 실패를 두려워하지 않고 무엇이든 시도할 수 있는 기회를 주어야 한다. 그래서 주도성이 길러지고, 주도성을 가져야 목적의식이 분명해 진다.

44) 그러면 어떻게 사람을 변화시킬까? 마음을 읽어주고, 받아주면 가능해 진다. 예수님과 삭개오의 이야기에서 예수님은 삭개오의 심정을 읽어준다. 그러자 삭개오는 자신의 재산을 팔아 가난한 사람에게 나누어 주겠다고 한다. 재산을 팔아 가난한 사람들에게 나누어주는 것은 예수님께서 원하는 목적이었다. 삭개오의 심정을 읽어 주자 목적을 가지라고 하지도 않았는데 삭개오는 스스로 주도적으로 목적을 가지고 행하겠다고 말한다.

목적의식을 가지지 못하게 되면 뭔가 도전적인 새로운 일을 하지 못한다. 잘못할지도 모른다는 두려움과 죄의식 때문에 새로운 일을 감히 도전해 볼 생각을 못한다. 죄의식을 가지고 있는 사람들은 스스로 성취감을 맛보지 못했기 때문에 만족이 없으며 그 결과 욕심을 가지게 된다. 탐욕은 자신만의 생각을 가지고 목표를 세우고 자신만의 욕심을 채우려는 결과를 낳는다. 탐욕은 한계를 모르는 주도성이다. 탐욕은 어떤 경계선 안에 머무르지 않고 무엇인가 얻으려고 급급해 하는 것이다.

아이들이 항상 사물에 접근하려고 하기 때문에 에릭슨은 이 단계를 '침입하는 단계'라고 불렀다. 이런 경우 보통의 부모들은 아이들의 침입에 대해 "거기에 가지 마!" 또는 "그것을 만지지 마!" 등의 반응으로 한계를 두려고 한다. 아동이 운동, 공격적인 이야기, 그리고 호기심을 통해서 침입하는 것은 발달을 위해서 절대적으로 필요하다.

그런 반면에 아동은 자신을 보호하거나 타인의 안녕과 고유성을 보호하기 위해 경계선을 필요로 한다. 아동은 이 경계선을 침범했을 때 그들이 '침입했다', 혹은 '어겼다'(죄에 해당하는 종교 용어)는 사실을 배우는 것이 필요하다. 탐욕은 이러한 경계선을 모른다. 그것은 사람의 욕망에는 어떠한 제한도 없다는 원리에 의해 작동한다.

목적은 탐욕과는 달리 한계 안에서 작동한다. 목적은 다른 사람들에게 무례하게 대하지 않고, 그들의 고유성과 안녕을 해치지 않는다. 목적은 공동의 목표를 위해 일하는 사람들에게 협력하는 정신을 촉진한다. 목적이 제시될 때, 목적에 대한 탐욕스러운 추구는 "나는 그것을 가져야만 해. 그것을 나에게 줘."라고 말하지만, 목적은 "그것 흥미롭군. 그것은 무엇에 쓰는 것이지? 그것은 어떻게 작동하는 거야?"라고 말한다.

성인은 탐욕에 기초한 놀이와 목적에 기초한 놀이 사이에 어떠한 차이점이 있는지 안다. 목적이 있는 개인은 미래에 대한 계획을 세우고 지금 모든 것을 가져야 한다고 주장하지 않는다. 목적의식을 갖고 목표를 추구하는 사람은 단순히 만족을 지연시키지 않고 자신이 바라는 것을 분명하게 하고 강화한다(Capps, 2001, 49-50).

탐욕은 타인의 감정에 대하여 고려하지 않고 자신의 목적을 이루려는 것에서 발생한다. 무엇보다 아동들이 자신의 주도성으로 남에게 피해를 입혔을 때 남에게 이러한 피해를 끼쳤다는 사실 혹은 법을 어겼다는 사실을 가르쳐줘야 한다. 이를 통해서 아이는 자신들의 주도성을 타인과의 관계에서 배울 수 있게 된다. 남을 배려하지 않는 힘과 주도성은 반사회적인 경향을 낳을 수 있다.

또한 목적한 바를 이루려고 하는 아동에게 올바르고 분명한 목적을 이루기 위해 어떻게 해야 하는지 교육해야 한다. 아이 자신의 주도성이 남에게 피해를 입혔을 때 교육과 훈련을 통한 시정이 있게 해야 한다. 요즘은 아이를 하나나 둘만 키우다 보니, 자녀의 기를 살린다고 자녀들의 행동을 방관하는 경우가 있다. 주도성이 중요하지만 이와 함께 남에게 피해를 주어서는 안 된다는 사실을 어린 시절부터 적절히 훈련시킬 책임이 부모에게 있다.

[표 10] 유년기(4-6세)의 발달 과제

중요 대상	발달 성공	발달 실패	덕목	악덕
부모 가족	● 주도성 : 자신이 우주의 중심이 되고자 하는 자기 중심성을 건강한 주도성으로 바꾸어 타인 배려를 훈련함.	● 죄의식 : 사회가 금지하는 것을 내면화 함. 죄의식으로 인해 새로운 형태의 자기 억제. 주도성이 위축됨	● 목적의식 (스스로 가치 있는 것을 향해 나아감)	● 탐욕 (성취감, 만족감 없이 욕심만 채우려 함)

4) 아동기(7-12세)

① 근면 대 열등감

이 단계는 초등학교 시기로 성적 충동이 잠복기로 들어가며, 인간관계도 가족에서 학교라는 사회로 넓어진다. 이제는 사회에서 성인과 같은 기능을 감당할 수 있도록 기술을 습득하고 일 하도록 요구 받는다. 따라서 근면이란, 학업을 시작하면서 작업의 원칙을 익히고 기술을 습득하는 것이며, 이런 과정에서 쾌락이나 보람을 느끼고 성취감을 얻는다. 더 이상 노는 것만을 즐기는 어린이가 아니라 무엇을 만듦으로써 인정을 받고 스스로도 뭔가 생산적이라는 느낌을 갖기 원한다.

이런 사회적인 수단들을 다루는 것을 배우기 시작하는 것은 건강한 자기평가에 있어서 참으로 중요하다. 그러나 학습결과나 도구를 다루는 기술이 친구들에 비해 뒤떨어져서 바람직한 결과를 나타내지 못할 때 열등감이 생긴다. 열등감은 동료들 사이에서 사회적 신분이 낮아진 것을 의미하며 교사의 관심을 끌지 못하는 처지를 의미한다.

학령기 아동들의 심리사회적 양식은 무엇인가를 만들어 그것을 통해서 자신을 보이는 것이다. 학습을 통한 도구와 기술이라는 방법을 익히지 않고 이전 단계와 같이 질서 없이 놀기만 하는 것, 어떠한 뚜렷한 결과와 목적 달성이 없이 진행되는 것들에 대하여 불만을 가지게 되는 시기가 바로 이때다.

왜냐하면 아이들은 이제는 무엇인가를 만들어 보이고 그것을 통하여 자신을 나타내려고 미세한 시도들을 시작하기 때문이다. 무엇을 하든지 그것이 소용이 되어야 하고 심지어 완전하게 되어야 한다. 이것이 바로 근면 감각이다.

근면을 통하여 아이들은 자신이 하는 것으로부터 어떠한 실적을 만들어서 인정받는 것을 알게 된다. 어려서 걸음마를 잘하려고 했던 시절처럼, 공을 멀리 잘 던져 보고 싶은 마음을 가진 것처럼, 학령기 아이들은 학교에서 하는 모든 일에서 동료, 부모, 그리고 선생님으로부터 인정받는 구체적인 결과를 만들어 내려고 한다. 이러한 바람이 이루어지지 않으면 자신에 대한 열등감이나 부적합하다는 생각을 가지게 된다. 물론 이 시기의 열등감은 이전 단계의 미해결된 과제가 학교생활에서 부적응으로 나타나며 발생하는 것이다.

근면성은 꾸준하게 주의 집중을 배우고 지속적으로 열심히 해야 하는 것을 배우는 것이다. 이렇게 해야 교사의 집중을 받고, 동료들의 집중을 받고 인정받는다.[45] 경쟁을 하기 위해서는 근면성을 길러야 하는데 근면성이 발달되지 않으면 열등감에 빠진다. 누군가가 비교할 대상이 없을 때는 열등하지도 우월하지도 않다. 그러나 비교할 대상을 가지기 시작하면서 아이들은 인생에서 열등감을 느끼게 된다.

학교에서 학습 방법과 기술을 익혀 따라가지 못하게 될 때 아이들은 자신에 대한 좌절 곧 무능력을 느끼게 된다. 열등감에 빠진 아이들은 학교생활보

45) 선생님의 말 한마디를 중요하게 생각한다. "우리 선생님이 그랬어!" 초등학교 때 스승의 날에 스승을 많이 찾아가는 이유는 바로 이런 연유에서 그렇다. 이 시기에 좋은 선생님을 만나는 것은 중요하다.

다는 여전히 집안에서의 생활을 더 좋아하기도 한다. 소극적 의미에서는 그 소속집단에 대한 무관심이고, 적극적으로는 소속집단으로부터 이탈을 원하는 것이다. 동시에, 자신의 부모와 비교함으로써 발생하는 열등감도 있다. 자녀가 부모로부터 열등감을 받는다면 아동기 때에는 아직 어린 나이지만 서서히 심리적으로 이탈을 체험한다.

가정에서는 부모에게 그리고 학교 및 다른 기관(학원이나 교회 등)에서는 교사로부터 자신이 생산해 낸 결과를 인정받지 못하게 될 때 마치 벼랑 끝에 와 있다는 느낌을 가지게 된다. 문제는 앞서 지적한 바와 같이 이러한 실망의 과정을 통해서 아이들이 '나는 부적절한 아이'라는 열등감에 빠질 수 있다는 것이다. 자신이 부적절하다는 암시를 가정과 교회와 학교로부터 받게 되면 아이는 그 평가를 자신의 것으로 수용하게 된다. 이런 피해를 당하는 아이는 외부적 여건(피부색, 부모의 배경, 옷 입는 것 등)에 의해 자신의 가치를 결정하고, 왜곡된 자아감으로 자신의 과거, 현재, 그리고 미래를 결정하는 위험에 빠진다. 즉 열등감에 사로잡혀 자신을 극도로 제한하게 된다.

② 유능감 대 질투

근면함의 열매는 유능감이다. 어떤 일을 해결하기 위해서 자신의 기술과 지식을 총 동원해서 일을 하는 것을 유능감이라고 한다. 그 전 단계에서는 주도성을 통해 목표를 설정했다면, 이제 그 목표를 위해 유능감이 발휘되어야 한다. 해도 안 될 수도 있지만 일을 하기 전에 안 된다는 두려움이 크지 않은 사람이 유능감 있는 사람이다. 유능한 사람은 바쁜 중에도 어떤 일을 종종 해내는 사람이다.[46] 그러나 열등감을 가진 사람들은 그 일을 하다가 실패하면 열등감을 가지기 때문에 "못 해"라는 말을 한다.

---

46) 유아기에는 어떻게 정신적으로, 신체적으로 부모로부터 혹은 다른 주된 양육자로부터 돌봄을 받느냐가 중요하고, 초기 아동기는 자신이 원하는 자율성을 확보함으로써 자신이 되어 가는 과정으로써, 이 시기에 아동은 자신이 원하고 상상하는 과정의 놀이를 통해서 자신을 형성해 간다. 그리고 학령기에서는 배우는 것에 의해 자신을 결정하는 시기가 된다.

유능감있는 아동은 과제를 완성하기 위해서 자기 재능과 자질을 자유스럽게 행사한다. 하지만 열등감이 있으면 일을 할 때 남보다 잘 못할 것이라는 느낌을 갖는다. 그 결과 창조적으로 하지 못하고 틀에 박힌 대로 하거나 일을 완수해 내지 못한다. 열등감이 많은 사람은 형식을 따라감으로써 못했다는 비난을 받지 않기 위해 형식에 늘 구애 받는다. 열등감을 가질 때에 나보다 나은 사람을 보면 질투에 빠지게 된다. 질투라는 악덕은 근면성이 부족할 때 온다. 유능한 사람은 자신이 필요한 일을 창조적으로 하기 때문에 질투를 하지 않는다.

질투는 학교생활에서 자신과 다른 아이들을 비교하면서 발생하게 된다. 열등감을 전혀 느끼지 않는 아이는 없다. 그러나 지나치면 질투의 골이 깊어지고, 이러한 질투의 이면에는 세상이 공평하지 않다는 부정적인 감정과 사람과 세상에 대한 복수심의 욕망이 끓게 된다. 질투가 악덕이 되는 이유는 근본적으로 질투하는 사람에게 무능력과 파괴를 가져다주기 때문이다. 즉 질투하느라 다른 곳에 사용해야 할 에너지를 다 소비하는 결과를 낳기 때문에 부정적인 결과를 초래하게 된다.

질투는 그것이 물질적 소유가 되었든 개인의 자질이나 실력이 되었든, 다른 사람이 가진 것에 대한 간절한 바람이나 욕망이다. 아이들이 학교에 들어가면 나의 재능과 남의 재능을 비교하는데 이것은 피할 수 없는 일이다. 학교 상황에서 아이들은 실제로는 그렇지 않은데 그들을 열등한 것처럼 대하는 사람들(선생님과 다른 아이들)을 만난다.

행동상으로 질투는 다양한 형태를 띤다. 어떤 아이들은 그들이 질투하는 아이들을 피하고 또 다른 아이들은 그들을 평가절하 할 방법을 찾는다. 반면에 어떤 아이들은 그들이 질투하는 아이의 우월함에 대리로 참여하기 위해서 그 아이와 어울리기 위한 노력을 한다. 태도상으로 질투에는 종종 인생은

공정하지 않다는 강한 감정이 포함되어 있으며 복수를 향한 욕망을 숨기고
있다(Capps, 2001, 51).

　　정당한 질투를 긍정적으로 수용하면 자신의 성장에 자극이 될 수 있다. 하
지만 질투는 기본적으로 질투하는 사람에게 파괴적이다. 왜냐하면 질투는
여러 상황에서 무력감을 만들어내기 때문이다. 질투에 빠진 사람들은 자신
의 잠재력을 실현할 수 없거나 자신들이 분명히 할 수 있는 수준들을 성취할
수 없다는 것을 알게 된다. 그러므로 이 단계에서 상응하는 덕목은 무능력의
반대인 '실력'이다. 에릭슨은 실력을 '과업을 완수함에 있어서 솜씨와 지성을
자유롭게 발휘하는 것'이라고 정의하였다.

　　실력을 계발함으로써 사람은 진정한 기술자라는 느낌을 제공해 주는 기술
과 정신적 능력, 일이 잘 되었을 때 함께 주어지는 만족을 얻게 된다. 실력은
다른 사람이 더 어려운 일을 할 수 있다거나 다른 사람이 나보다 잘하지 못한
일로 더 좋은 사회적(외적인) 보상을 받는다는 이유로 인해 위협받지 않는 자
신의 내적인 가치를 갖게 한다(Capps, 2001, 52).

[표 11] 아동기(7-12세)의 발달과제

중요 대상	발달 성공	발달 실패	덕목	악덕
이웃 학교 교사	● 근면 (학교나 교회에서 지속적 근면 유지) ● 학습을 통한 도 구와 기술을 습득 ● 경쟁을 극복하기 위해 근면성 키움	● 열등감 : 부적합한 느낌. 무능력감. 소외감 또는 무관심	● 유능감 : 어떤 일을 해내는 사람 ● 근면성	● 질투 (모든 인간 관계를 자 신이 사랑 받는 것에 집착함), 복수심(공평 하지 않다), 두려움

5) 청소년기(13세~21세)

① 자아정체감 대 역할혼미

아동기 이후의 발달 단계에 대하여 에릭슨은 프로이트의 이론을 넘어서서 자신의 독자적인 이론을 정립하였다. 에릭슨은 청소년기를 가장 중요한 시기로 보고, 발달 단계에서 가장 고민하고 심혈을 기울여 연구하였다.

에릭슨은 청소년기에 빈번히 제기되는 일련의 의문들, 즉 "나는 누구인가? 무엇을 할 것인가? 미래의 나는 어떻게 될 것인가? 어제의 나와 오늘의 나는 같은 인물인가?" 등의 자문이 자아정체감을 형성하기 위한 과정이라 하였다.

결국 자아정체감을 발달시킨다는 "이 거대한 사회 질서 속에서 나의 위치는 어디이며, 나는 누구이고, 무엇을 할 것인가?" 라는 질문에 대해 나름대로의 답을 찾는 과정이며, 느낌을 확립하는 것이다.

청소년기는 아동기와는 달리 자신 속에 여러 다양한 자아들이 내재하고 있음을 인식하는 시기다. 또한 다양한 그룹으로부터 다양한 역할을 요구받는데, 이때 자신이 일관성이 없음을 종종 발견하곤 한다. 이런 상황에서 정체성을 형성하려면 자신의 내면과 일관성을 이룰 수 있는 잠재적인 요소들을 선택해야 한다. 그렇지 않으면 자신에 대하여 부정적인 정체성을 형성하게 된다(Capps, 2001, 27).

청소년들은 보다 넓은 사회에서 자신의 미래 위치에 대해 걱정하기 시작한다. 급속하게 성장하는 정신 능력을 갖춘 청소년들은 자신 앞에 놓인 수많은 선택의 가능성에 압도되어 버리는 느낌을 가진다.

또한 청소년들은 자아정체감이 아직 확고히 정립되지 않았기 때문에 소속 집단에 강하게 동일시하고, 자기와 다른 사람에 대해서는 냉혹하게 배타적이 된다. 또 일부 청소년들은 집단 정체감과 아울러 세상의 선악에 대한 명확한 관념을 제시해 주는 국가적, 정치적 또는 종교적 이념들에 동조하기도 한다.

    에릭슨은 청소년기 심리학적 문제들에 대한 연구에서 정체성 혼란의 본질에 대해 가장 많은 노력을 기울였다. 정체성 혼란은 어떤 경우에는 의학적 치료가 필요한 병리적 현상이기도 하지만, 청소년기에는 정상적인 위기라고 그는 말한다.[47]

    정체성 혼란을 가져오는 근본적인 이유는 오이디푸스 콤플렉스 이전 단계에서의 발달적 어려움이다. 에릭슨의 오이디푸스 이전 발달 단계-신뢰와 불신, 자율과 수치-는 대상관계 이론들과 같은 공감대를 갖고 있는데, 대상관계 이론의 심리학자인 클라인, 위니컷 등도 자아가 건강하고 굳건하고 응집력 있는 정체성을 발달시키기 위해서는 오이디푸스 콤플렉스 이전의 경험이 중요하다고 강조한다.

    그러나 에릭슨은 더 나아가서 급격한 사회적 변화, 분화되고 자동화된 사회에서 사는 가족들에게 가해지는 혼란, 청소년들과 청년들에게 압력을 주는 성, 직업, 정치, 이념 등의 복잡한 사회적 요인들이 정체성 형성에 영향을 주고 있다고 하였다(Browning, 2004, 209).

    에릭슨은 자아정체성의 기초는 인생의 초기에 이미 형성된다고 하였다. 그리고 자아정체성 형성이 청소년기에 시작되어 끝나는 것이 아니라 전 일생을 통해 계속적으로 진행되는 과업이라고 하였다. 그래서 아동기와 청소년기에

---

47) Marcia(1994)는 에릭슨의 자아정체감 형성이론에서 두 가지 차원, 즉 위기와 수행을 중요한 구성요소로 보고 이 두 차원의 조합을 통해 자아정체감을 네 범주로 나누었다. 여기서 위기란 자신의 가치관에 대해 재평가하는 기간을 의미하고 수행은 계획, 가치, 신념 등에 대해 능동적으로 의사결정을 내린 상태를 의미한다. 네 범주는 성취(위기 해결과 수행 확립), 유예(위기 진행 중이며 수행 못함), 유실(위기경험 없으나 수행확립), 혼미(위기 경험도 없고 수행도 못함)다. 정체감 성취나 유예는 심리적으로 건강한 것이지만 유실이나 혼미는 부적응적인 것이다. 그러므로 청소년기에 자기 삶에 대한 정체성을 찾아가는 과정에서 지불유예기간(moratorium)을 충분히 주어서 자신에 대한 정체감을 찾도록 도와주는 것이 필요하다. 그래서 저자는 청소년기뿐 아니라 이후의 인생 전반에 걸쳐서 "나는 누구인가? 나는 무엇을 하며 살 것인가? 내가 가장 소중하게 생각하는 가치는 무엇인가?"에 대해 끊임없는 질문을 하면서 찾아가도록 도와주어야 한다고 생각한다.

도 정체성이 문제시되지만 중년기에도 '중년기 위기(midlife crisis)'와 같은 정체성의 위기를 겪게 된다.

② 충실 대 교만

청소년기의 일차적인 심리사회적 과제는 '나의 나됨'을 형성하는 것이다. 에릭슨은 '자아 정체성'이라는 용어를 사용할 때 '스스로 만든 자기에 대한 느낌'에 관하여 말하는 것이 아니라 '자기 응집성', 즉 하나의 전인이라는 느낌을 의미했다. 그러므로 청소년들의 자의식은 두 방향 중 한 방향으로 갈 수 있다(Capps, 2001, 52-53). 하나는 자신에 대한 정체성을 확립하고 자신의 삶에 최선을 다해 살아갈 수 있는 능력을 키우는 것으로써 이렇게 되면 응집된 자기감(정체성)과 함께 충실함을 가지게 된다.

충실은 다양한 가치가 있어도 내가 선택한 가치를 끝까지 지켜 나갈 수 있는 능력이다. 자아정체감이 있다는 것은 선택하는 능력을 가지고 있다는 것이다. 자아정체감이 확립된 사람은 자기가 선택한 것의 장점과 단점을 모두 포함해서 선택한다. 사람이건 직업이건 자신이 선택한 것에 대해서 끝까지 책임을 유지하는 충실함을 가지는 것이다.

에릭슨은 충실을 '자유롭게 서약한 충성을 유지하는 능력'이라고 정의했다. 충실한 사람은 자신의 일에도 성실하지만 다른 사람들에게도 충실한 관계를 유지함으로써 자신과 타인 모두에게 충실함을 유지한다. 자기중심적인 존재에서 하나님께 중심을 둔 자아로 전환하기 위한 노력을 하는 것이 바로 충실한 삶을 사는 것이다(Capps, 2001, 53-54).

분석심리학자 칼 융은 청소년기를 '참을 수 없는 세대'라고 하였다. 청소년 시기가 되면 '어려움에 대한 과소평가, 비합리적 낙관주의, 과도한 기대 혹은 부정적 삶의 태도'에 빠질 우려가 있기 때문이다. 에릭슨은 청소년들이 가지는 생각을 '견고한 이념이나 체제를 가지는 것, 이상적으로 보이는 것에 대한 광적(과대망상, 이상주의)이고 배타적인 몰입'이라고 표현하였다. 그래서 청소년은 자신들이 생각하는 것에 과도하게 집착하는 경향이 있다. 캡스가 말하는 이 시기의 악덕인 교만은 속임수, 자만심, 그리고 자기만족의 형태를 갖는다. 태도상으로 교만은 지나친 자기 존중이다. 그것은 자기중심성이요, 과도한 자기 몰두다.

과도한 자기 몰두와 존중으로 교만이 생기는데, 교만이 스스로 만든 헛된 느낌을 갖는 것을 의미한다면 교만의 치명적인 영향력을 깨뜨리기 위해서 필요한 것은 두 가지다. 하나는 자신의 생각만 고집하는 것이 아니라 다양한 가치를 인정하는 것이고, 또 하나는 자신이 선택한 가치에 대해서 충직한 마음으로 지키는 것이다.

[표 12] 청소년기(13-21세)의 발달과제

중요 대상	발달 성공	발달 실패	덕목	악덕
친구 그룹	● 자아정체감 형성 ● 자신의 존재 (나는 누구인가) 와 중요한 가치 와 역할(나는 무 엇을 할 것인가) 을 찾음	● 역할혼미 : 아이(의존성) 와 어른(책임 지는 삶)사이 에서 방황	● 충실 : 다양한 가치 중 자신이 선택한 가치를 끝까지 지키는 능력 ● 신실 : 서약한 충성을 지키는 능력	● 교만 : 자신에게만 충성 (자신의 선택에 대한 불안 때문 에 다른 사람에 게 자신의 기준 을 강요)

6) 청년기(22세~35세)

① 친밀감 대 고립감과 자기몰두

사춘기가 끝나면 초기 성인기에 접어드는데, 이 시기는 바로 그 사람의 인생 모습이 결정되는 때다. 인생 모습이란 그 사람이 어떤 종류의 친구를 가까이 사귀며, 어떤 직업, 어떤 가치관을 가지고 살면서 노동과 여가의 균형을 어떻게 유지하려 하는가, 또한 어떤 배우자를 선택하여 어떤 형태의 가정생활을 영위하는가 등을 의미한다. 이 시기는 여태까지 키워온 자아정체를 기초로 가정의 테두리에서 벗어나 본격적으로 다른 사람들과 함께 사회생활을 시작하는 때다. 사회생활을 성공적으로 하는 데 가장 필수적인 심리적 조건은 바로 친밀감이다.

친밀감이란 사람들과 가까워지는 과정에서 자기 자신을 상실할 것 같은 두려움을 느끼지 않으면서 다른 사람과 솔직해지고, 그를 위하고 싶어지고, 좋아하는 관계를 형성할 수 있는 능력을 의미한다. 친밀한 관계에 있는 사람들은 서로 상대방의 생각을 이해할 수 있을 뿐만 아니라, 상호간에 애정과 존중하는 마음 그리고 자신감을 느낀다. 친밀한 관계에 있을 때 사람들은 서로 자기의 감정을 솔직하게 표현하고, 각자의 생각을 주고받으며 함께 변화해갈 수 있다. 이런 사람들은 친밀감을 통하여 서로 애정적, 지적 자극을 주고 받으며 더욱 행복해진다.[48]

이 시기에 친밀감을 가지는 분야는 일, 우정, 그리고 사랑이다. 자신이 하는 일에 대하여 최고의 위치에 있고 싶어 하고, 친구 간의 우정과 연인과의 사랑에서도 이러한 감정을 가지고 싶어 한다. 친밀감은 이 세 가지를 통해서 더 높은 차원의 정체성으로 나갈 수 있는 힘을 부여해 준다. 이 요소들을 통하여 청년들은 사람들과 경험을 나누기도 하고, 타인과 보완적인 관계를 형

---

48) 이 단계에서 나타나는 부정적인 모습은 소외감으로, 이것은 자신의 자아가 상실되거나 타인의 자아가 위험스럽게 느껴져 접촉을 두려워하기 때문에 생긴다. 이 단계에서 개방성과 상호성이 없다면 자연히 닫힌 정체성에 의한 소외감이 형성된다.

성하려고 한다. 그런데 이러한 상호보완적 관계를 형성하면서 비로소 '나-너'라는 관계의 중요성을 경험하게 되는데, 이것이 친밀감이다. 그리고 이러한 친밀감이 낳는 것이 '사랑'이다(Erickson, 1994, 70-71).

'고립'은 사람들로부터 '인정'받지 못하고 분리되어 있는 것에 대한 두려움이다. 그리고 청년기에 발생하는 일, 사랑, 우정에 대한 두려움을 사람들로부터 느끼기 시작하면 성인으로서 깊은 병리적 상태에 빠지게 된다. 그렇게 되면 자기를 돌보는 주된 양육자와 갈등 차원으로 퇴행하며, '경계선 장애'로 나타날 수 있다. 이러한 '고립'은 한 순간의 결과가 아니라 성장과정에서 가장 중요한 부모와의 관계에서 심화된 갈등에 깊은 뿌리를 두고 있고, 이 갈등적 관계가 청년기에 친밀감을 형성하는 데 문제를 일으킨다. 이러한 고립의 결과는 성인기에 나타나는 거부와 밀접하게 연관되어 있는 '배타성'의 근거가 된다.

② 사랑 대 소유욕

청년기에 발생하는 심리사회적인 양식은 다른 사람과 교제하면서 자신을 나누는 것이다.[49] 자신에 대한 어느 정도의 정체성을 가지게 된 청년들은 이 시기에 와서 '남과 나눌 수 있는가, 그렇지 못한가'라는 두 가지의 대조적인 상황과 마주하게 되는데, 그것이 바로 친밀감과 고립이다. 긍정적인 면에서 느낄 수 있는 친밀감이란 자신을 남에게 나누어 주는 심리사회적 양식이고, 이러한 양식으로 자신이 가진 가치를 포기하거나 잃을 수 있는 위험을 감수

---

49) 청년기는 이성(異性)에 대한 사랑과 친밀감을 발달시켜야 하는 단계다. 진정한 친밀감은 합리적인 정체감이 형성되었을 때에는 가능하다. 왜냐하면 확고한 정체감을 가진 사람만이 다른 사람과의 상호 관계에 몰두할 수 있기 때문이다. 자아정체감이 확립되지 않은 청년은 자신이 누구인가 하는 문제에 너무 몰두할 수밖에 없기 때문에 다른 사람과 특히 이성과의 성숙한 친밀감을 획득하지 못한다. 예를 들면, 자신의 남성다움에 고민하는 청년은 훌륭한 연인이 될 수 없을 것이다. 그는 너무 자기 의식적이고 자기가 어떻게 행동하고 있는지에 대해 너무 걱정하고 있기 때문에 그의 연애 상대에게 자유로이 그리고 부드럽게 몰두할 수 없을 것이다. 진정한 상호 관계를 맺지 못하게 되는 정도에 따라 사람들은 고립감과 자기몰두를 경험하게 된다.

하면서 남들과 나눔으로써 자신의 영역이 확대되어 가는 것이다. 이것이 사랑의 확장이다.

친밀감에서 나오는 덕목이 사랑이다. 사랑은 서로 다름에도 불구하고 상호 헌신할 수 있는 능력이다. 너와 내가 다름에도 불구하고 너에게 헌신하는 것이 사랑이다. 서로 분리되어 있는 존재임을 인정할 수 있어야 하고, 너와 내가 다른 것을 견딜 수 있는 것이 성숙한 사랑의 능력이다. 자신에게 가치 있는 것을 남에게 양보함으로써 다른 정체성에 도전하는 것은 이미 건강한 정체성이 형성되어 있다는 증거다.

그리고 이러한 정체성을 기반으로 자신을 내어놓고 타인들과 함께 공동의 정체성을 형성하는 것이 바로 친밀감이다. 청년기에 타인과의 공동체 형성을 위해서 자신을 내어놓는 준비를 하게 되면 자신을 가족과 공동체를 위해 내어줌으로써 생산성이란 정체성을 가지는 중년기를 맞이할 수 있다.

신체적으로 가장 성숙한 이 시기에 인간은 유전적으로 조형된 창조의 법칙에 의해서 이성을 그리워하게 되고 이성을 찾게 된다. 이러한 이성적 파트너를 구하는 작업은 청소년기에 자기의 정체성이 어느 정도 만들어진 사람에게는 가능하다. 청년기에 친밀감에 대한 확립이 있고 책임감이 만들어진 남녀들이 성적인 파트너로 만날 때 아름다운 만남이 일어나는 것이다. 기독교인들이 사랑을 인간의 덕목들 가운데 가장 위대한 것으로 생각하는 중요한 이유는 그것이 다른 사람들과의 상호 관계를 통한 개인의 변화를 상징하기 때문이다(Capps, 2001, 55).

하지만 이성과의 사랑이 발전되지 못하면 고독감을 느끼고 자기에게 몰두하게 된다. 이 단계에서 캡스는 악덕으로 정욕을 말하는데, 정욕은 통제되지 않은 욕망으로 성적 욕망이 그 대표적인 예이다. 이것은 적대적인 경향을 띠게 되는데, 여기에는 상대방 안에서 자신을 잃고자 하는 의도가 없기 때문에,

진정한 친밀감의 행동이 아니다. 비록 친밀감으로 위장을 하지만 실제로는 심각하게 소외시키는 행동이다(Capps, 2001, 45).

저자는 이러한 캡스의 견해에 동의하면서 정욕에 몰입하게 되는 심리를 소유욕이라 생각하여 정욕 대신 소유욕으로 악덕을 제시하고자 한다. 사랑은 자신을 남에게 주는 것이며, 다른 사람을 위한 헌신을 하겠다는 의지적 표현이기에 친밀감을 형성하지 못한 청년이 이 시기에 가지게 되는 악덕은 소유욕이다. 친밀감의 능력을 상실하였기에 다른 사람과 관계 맺기를 주저하며 고독과 소외감을 가지고 살아가다가 자신의 고립감을 채우기 위한 대상에 대한 집착이 일어나게 된다. 이러한 집착이 심해지면 성적 욕망에 빠지게 되거나 타인을 자기 소유로 생각하는 관계로 이어지게 된다. 이러한 상태에서의 성적 행위는 욕정일 뿐 상대방을 배려하는 배려심이 아니다.

[표 13] 청년기(22-35세)의 발달과제

중요 대상	발달 성공	발달 실패	덕목	악덕
이성 친구 · 동성 친구 및 동료 관계	● 친밀감 (자신을 남에게 나누어 줄 수 있는 심리사회적 양식 ● 자신의 가치를 포기하거나 잃을 위험을 감수하면서 남들과 나눔으로서 자신의 영역을 확대함	● 고립감과 자기 몰두 (진정한 상호 관계를 맺지 못함)	● 사랑 (상호 헌신의 능력 가능. 서로 분리되어 있는 존재임을 인정)	● 소유욕, 정욕 (상대방을 성적인 욕망을 푸는 도구로 보고 소유하고 싶어함. 배려심 없는 성행위)

7) 중년기(36세-65세)

① 생산성 대 자기침체

이 시기는 성인기로써, 이전까지의 단계가 자아정립을 위한 준비 단계였다면 이 단계는 정립된 자아를 통해서 이웃과 세계를 위해 의미 있는 일을 실천하는 단계다. 생산성의 우선적인 관심은 자녀를 생산하고 잘 가르쳐서 다음 세대가 건전하게 발전할 수 있게 톱니바퀴의 역할을 훌륭하게 수행하는 것이다(Capps, 1983, 28). 이것은 자신의 계획이나 목표를 성취하는데서 벗어나 이웃과 세계, 생태학적 위기에 대해서까지도 사랑을 가지고 돌보려는 성숙한 태도를 의미한다.

두 사람이 어느 정도의 친밀감을 형성하게 되면 그들의 관심은 자기들 두 사람을 넘어서서 확대되기 시작한다. 즉 그들은 다음 세대를 기르는 데 관심을 갖는다. 생산성은 넓은 의미로서, 자녀를 낳고 기르는 것뿐 아니라 직업을 통해 물건을 만들고 이상을 세우는 것도 의미한다. 물론 자녀를 갖는다는 것이 생산성을 보장하는 것은 아니다. 생산성은 자식을 적절하게 양육하고 지도하는 것에 있다. 그러나 자식을 갖지 않고도 생산성을 발휘하는 경우도 있다. 독신으로 살면서도 다른 사람들의 자녀를 위해 일하거나 그들에게 보다 나은 세계를 만들어주는 데 기여함으로써 다음 세대를 돌보고 인도하는 경우가 그렇다.

중년이 되면 '나'보다 '자식'이 중요하다. '자식' 때문에 이사를 갈 수도 있고 기러기 아빠가 될 수도 있다고 생각하는 시기가 중년이다. 자신의 한계를 넘어서서 나의 꿈을 대신 이뤄줄 사람이 바로 '자식'이다. 중년기 이전에 자식은 사랑의 대상, 양육의 대상이었다.

그러나 중년기의 자식은 자신의 존재를 계승할 사람이다. 그래서 중년기의 아버지는 어느 날 자녀가 부모의 대를 잇겠다고 말을 하면 자신의 한계를 넘어가는 기쁨을 누리게 된다. 자녀에 준하는 제자나 후배와 같은 사람이 자신의 대를 잇겠다고 하는 것도 자신의 삶이 확장되는 경험이 된다.

그러나 생산성이 결핍될 경우 성격이 침체되고 불모지처럼 황폐화된다. 이럴 경우 사람들은 종종 겉으로만 친밀한 척하는 '유사(類似) 친밀감'으로 위장하거나 마치 자신들이 혼자인 것처럼 행동하게 된다. 불행하게도 세상에는 스스로의 결함이나 환경적인 요인에 의해 다음 세대를 잘 양육하거나 교육하지 못해서 생산적인 책임을 수행하지 못하는 사람들이 의외로 많다.

② 돌봄 대 무관심과 나태함

중년기에 생산성이 잘 발달이 되면 돌보는 사람, 따뜻한 인격을 가지는 사람이 된다. 이 시기에는 생물학적인 자녀뿐만 아니라 제자들까지도 포함해서 배려하는 사람이 된다. 에릭슨은 돌봄을 '사랑과 필연성과 우연성에 의해 생성되어진 것을 향한 확장된 관심'이라고 정의하였다. 돌봄은 성인들이 책임져야 할 젊은이들에게 소망, 의지, 목적, 실력, 신실, 사랑이라는 덕목들을 가르치는 것을 포함한다. 그러므로 돌봄은 자녀들이 그들의 덕목을 발달시킬 수 있도록 도와주는 성인의 덕목이다(Capps, 2001, 57).

하지만 자기 침체에 빠진 사람은 다른 사람에 대하여 무관심한 사람이 된다. 이런 사람들의 특징은 '나태함'이다. 이것을 캡스는 무관심과 우울로 나누었다. 행동적으로 무관심은 싫증과 의지의 마비로 드러난다. 이 악덕이 삶을 지배하게 되면 매일 매일의 행동들은 미래와 무관한 것이 되고 과거와도 아무런 연관성이 없게 된다. 또한 새로운 상황에 적절한 에너지를 가지고 대응할 수도 없다. 생각, 정서, 그리고 영혼은 수동적인 태도에 의해 압도당한다. 무관심은 때때로 모든 악덕들 가운데서 가장 위험하다. 왜냐하면 그것은 다른 악덕들의 온상이 되기 때문이다. 태도상으로 볼 때, 무관심은 돌보지 않는 상태다.

이 시기의 악덕인 무관심은 의지의 상실과 싫증냄에서 나타난다. 이것은 생각과 정서와 영혼이 인생에 대하여 소극적인 태도를 갖게 하며 남을 돌보지 않는 행위를 낳는다. 무관심은 '나는 정말 관심 없다. 나는 돌봐야지만, 나는 하지 않는다.'라고 말한다.

인생 중반에 이른 사람들은 이제까지 많은 것을 경험해 왔는데, 앞으로도 똑같은 일만 계속될 것이라는 생각을 갖는다. 그래서 불의나 침체된 결혼, 사람들이 귀하게 여기는 가치에 대한 다른 이의 공격 등에 대해 반응을 보이지 않는다. 이것은 종교적 삶에서도 마찬가지여서 내적으로 심오한 공허감을 가질 수 있다(박노권, 1998, 217).

영적인 개념으로 말하자면 무관심은 내면의 공간에서 아무것도 움직이지 않는다는 느낌이고, 하나님께서 우리에게 역사하심에 대해 아무것도 느끼지 못하는 것이다. 말 그대로 움직이지 않는 것이다.

무관심의 치명적인 영향력을 깨뜨리는 덕목은 돌봄이다. 결국 무관심과 우울을 극복하는 최선의 방법은 남을 배려하는 것이다. 자신의 것에 집착하지 않고 자신의 힘으로 다른 사람을 섬기는 사람이 아름답다. 중년기의 에너지를 다른 사람을 위해 사용하는 사람은 우울에서 벗어날 수 있게 된다.

아동기는 삶을 준비하는 시기며, 청소년기는 자신의 정체성을 찾아 삶을 형성해 나가는 시기고, 청년기는 삶을 실행하는 시기라면, 중년기는 중간 평가의 단계다.

평가의 내용은 일과 사랑이다. "나는 과연 나답게 생을 잘 살았는가?"를 평가하며 "나는 다른 사람과 사랑의 관계를 하고 있는가"를 평가하는 시기다.

청소년기 때는 '나는 누구인가?'를 생각하면서 시각을 내면으로 향하기 때문에 방황하게 된다. 중년기에도 삶을 평가하는 시기이기 때문에 관심이 내면으로 향하게 되어 방황하게 된다. 그래서 중년기를 '제 2의 사춘기' 또는 '사추기'라고 한다. 중년기에 자신을 잘 평가하지 못하면 노년기에 문제가 발생한다.

[표 14] 중년기(36-65세)의 발달과제

중요 대상	발달 성공	발달 실패	덕목	악덕
배우자	● 생산성(직업을 통해 비전을 세워가며 자식과 제자를 잘 키움. 생산성 평가는 일과 사랑) ● 나이듦을 인정하기 전에 한번 반항하는 시기	● 자기침체 (유사 친밀감으로 위장) ● 청소년기의 방황은 아름답지만 중년기의 방황은 미숙한 것	● 배려 (자신의 힘으로 다른 사람을 섬김)	● 나태함 (무관심,우울) ● 외도 및 각종 중독 ● 모래성처럼 삶이 무너짐

8) 노년기(66세~)

① 자아통합 대 절망

노년기는 인간의 모든 갈등이 조화롭게 통일되며 성숙한 경지에 도달하는 시기다. 노년기는 인간이 신체적인 발달을 멈추고 축소되어 가는 생물학적 퇴화기에 해당하는 시기다. 이러한 신체적 변화만이 아니라 심리적, 육체적 기능이 쇠퇴하고, 동시에 사회적인 면에서는 과거의 발달 단계에서 누렸던 사회적인 지위와 역할이 상실된다.

구체적으로 신체적인 퇴화의 경우, 시각과 청각능력이 상실되고, 신체의 민첩성이 느려지고, 자극에 대한 반응이 둔해지며, 면역성의 약화가 나타나게 된다.

심리적으로는 사회에서 누렸던 지위와 역할의 상실과 동시에 가족, 친지, 그리고 동료들의 죽음을 보게 되고 기존 사회로부터 소외를 느끼게 된다. 더구나 고령화되어 가고 먹고 살아가는 것이 바쁘고 여유가 없는 사회가 되면, 노인들은 각 가정에 경제적으로 부양의 짐이 된다는 점을 생각하기에 자신들의 가치에 대하여 회의를 가지고 우울증에 빠질 우려가 있다.

에릭슨은 노년시기의 심리사회적 양식은 살아온 삶의 과정을 통해서 성숙해질 수 있는 것으로 보았고, 긍정적인 결과를 통합으로 보았으며, 부정적인 결과를 절망으로 보았다(Capps, 1983, 38).

이 시기의 과제는 첫째, 자신의 삶 전체를 받아들이는 것이다. 이제까지도 받아들이고 죽음으로 끝나는 생애주기를 초월하려는 궁극적 관심까지도 갖게 한다.

둘째, 세대와 세대 간의 계속성에 참여하는 일이다. 전 단계의 생산성이 타자에 대한 돌봄을 말하는 것이었다면 자아통합은 이전 세대와 동지의식을 갖는 동시에 인간의 존엄과 사랑을 위해 시공을 달리해서 몸 바쳐 일한 사람들과 정서적으로 하나가 되는 것이다.

셋째, 유년기의 순진성을 회복하는 것이다. 젊은 날의 자만심이나 방어벽이 성숙함으로 흡수되어 거짓이나 위선이 '노숙한 순진성'으로 순화되는 것이다(Evans, 1981, 53-54). 이런 특징으로부터 지혜가 터져 나오고 만인을 공감케 하는 기지가 넘쳐 나오게 된다.

그러나 이런 통합과 성숙이 이루어지지 않을 때 나타나는 대극이 혐오감이나 절망감이다. 자신을 향해서는 지금까지 살아온 삶을 후회하거나 염세적인 태도를 취하게 되는 것이고, 타인을 향해서는 아무리 값진 일을 해낸 인물이라도 경멸하려 든다. 이것은 자신의 후회스러운 감정을 타인에게 투사하는 것이다. 자신의 삶을 보람 있게 평가할 수 없어서 타인을 수용하지 못하고 자신을 혐오하거나 절망감으로 보복하는 시기다.

노인들은 일련의 신체적·사회적 상실에 대처해야만 한다. 그들은 체력과 건강을 잃고, 퇴직으로 직업과 수입원을 잃을 뿐만 아니라, 시간의 흐름에 따라 배우자, 친구들까지 잃게 된다.

따라서 성공적인 노년은 신체적, 사회적 후퇴에 어떻게 적응해 나가는가에 달려 있다. 노년들은 또한 성숙과 지혜에 대한 잠재력을 갖기 위한 내적 투쟁을 하고 있다. 이 투쟁을 자아 통합이라고 부른다. 만약 자아 통합을 이루지 못하면, 노인들은 이미 살아온 생애가 후회스럽고 이제는 시간이 다 흘러가버려 다른 유형의 생을 선택할 수 없다는 절망감을 느끼게 된다. 종종 절망은 혐오감 뒤로 감추어진다. 많은 노인들이 사소한 일에서 혐오감을 느낀다. 그들은 다른 사람들의 잘못과 말썽을 참지 못한다. 하지만 이러한 혐오감은 스스로에 대한 경멸을 의미하는 경우가 많다.

유아기부터 시작하여 인생의 마지막 단계로 진입한 노년기는 더 이상의 성장이나 발전이 있기보다는 이제껏 살아온 인생을 뒤돌아보며 이것을 통합하여 볼 수 있는 회상의 시간을 가지면서 또 다른 세계의 진입을 준비하는 시기다. 한마디로 생의 마지막 기점에 서 있는 것이다. 통합은 유아부터 지금까지의 세월을 되돌아보면서 통합적인 관점에서 인생을 관조하고 회상해 보는 것이다.

예를 들어, 인생의 출발이 남들과 비교하여 어렵게 시작되었고, 여러 가지 고통스러운 사건들로 얽혀 있다 할지라도 통합적인 관점에서 그 모든 과거의 이야기들을 수용하고 통합하는 것이다. 열악한 조건임에는 틀림없으나 그러한 환경으로 인해 오늘의 내가 있다고 고백할 수 있다는 것이다. 다른 말로 인생은 결국 자신의 책임이라는 사실을 수용하는 것이다.

통합적인 관점에서 자신의 과거를 뒤돌아보는 노년은 두 가지의 중요한 의미를 함축하고 있다.

첫째, 이제껏 살아온 생에 대하여 만족을 보인다. 물론 완전한 만족은 아니지만 미소 지을 수 있는 만족을 자신과 타인에게 보여 줄 수 있다는 것이다.

둘째, 이웃과 타인이 자신을 평가하는 결과에 대해 긍정적이다. 즉 자신이 얼마나 공동체의 관계에서 책임감과 사회적인 역할을 수행하였는가라는 결과에 대한 관심이다. 노년들이 이러한 관점에서 자신들의 생애를 돌아보게 된다.

자기 통합의 과정은 자신의 '한'을 하나하나 풀어나가는 과정이다. 과거의 문제를 부정하고 '이것은 내가 살고 싶은 인생이 아니야' 라고 하면서 부정하면 이것은 분열된 인격이다. 그러나 자신의 과거를 인정하고 자신의 것으로 받아들이면 통합이다. 통합이 되지 않으면 절망하게 된다. 내 인생에서 후회되는 것, 바꾸고 싶은 것들이 많은데 그것을 바꿀 시간이 없다. 그래서 절망하게 된다. 노년기에는 과거를 회상하면서 이야기를 많이 한다. 자신의 과거 이야기를 많이 하는 이유는 한을 풀어 나가는 과정이다. 그러므로 노인들이 자신의 한을 스스로 풀어 나갈 수 있도록 계속 이야기 하게 해 주어야 한다.[50]

② 지혜 대 우울

통합적인 면에서 자신의 인생을 받아들이는 노년에게 생길 수 있는 미덕은 지혜다. 자신의 지혜를 가지고 타인에게 알려 주어야 할지 안할지를 아는 사람이 진짜 지혜 있는 사람이다. 지혜로운 척 하는 사람은 자신의 절망을 방어하기 위해 다른 사람들에게 자신의 지혜를 전달하려고 한다. 그래서 나이가 많아지면 '잔소리'가 많아진다. 그러나 진짜 지혜 있는 사람은 다른 사람에게 지혜를 전달할 이유가 없다. 왜냐하면 자신이 허무하지 않기 때문이다. 통합적인 관점에서 지혜란 생이 마지막이 된다는 사실, 이제 생의 결론을 맺

---

50) 남편 때문에 힘들게 살았던 할머니가 상담실에서 자신의 한을 다 말 한 후에 "그래도 그 영감이 풍채는 좋았어"라고 한다. 이것은 말을 통해 스스로 통합해가고 있음을 의미한다. 그러므로 이야기를 들어주고 그 마음을 헤아려 주는 것이 중요하다.

는다는 사실을 수용하는 것이다.

　오늘날의 세대는 과거 어느 시대에 비해 노년의 기간이 길기 때문에 노년에 더 많은 회상의 시간을 가지게 된다. 회상이 통합적인 관점에서는 의미를 더해 줄 수 있지만 절망에 있는 노년들에게는 좌절과 아픔을 더해 줄 수 있다. 즉 지나온 세월을 돌이켜 볼 때 자신의 삶에 대해 자신이 없고, 그리 많이 남지 않은 세월 속에서 무엇을 할 수 있을까 하는 회의감에 잠기는 것이다.

　시간의 끝에는 무엇이 나를 기다리고 있을 것인가 하는 두려운 마음이 든다. 이미 살아 버린 인생이고 돌이키기엔 너무나 짧은 세월만이 남았다. 이러한 절망 가운데 있는 노인들은 비생산적으로 시간을 보내고, 현실과의 접촉을 회피할 수 있다. 그리고 자신에 대한 평가와 미래에 대한 불확실성은 위기와 불안을 느끼게 되고 심지어 자살을 결심하게 한다. 이러한 관점에서 복합적으로 절망에 있는 노년의 시기에 겪게 되는 심리적인 증상은 우울증이다.

　자아통합이 잘 되지 못하여 후회와 절망이 인생 말년에 남게 되는데 절망에 이어 뒤따라 나오는 감정이 혐오감이다. 노인들은 사소한 일에도 혐오감을 느끼게 되고 우울한 마음을 가지게 된다. 우울증은 종종 고독감과 거부감으로 인해 세상에 대한 싫증을 갖게 된다. 또한 여러 가지 복합적인 감정이 동반되곤 하는데 여기에는 슬픔, 의기소침, 불신, 투정, 자기경멸, 그리고 타인에 대한 경멸이 포함된다. 우울증은 잃어버린 대상에 대하여 감정을 투자하던 것을 거두어들임으로 생겨난다.

　세상에 감정적으로 투자하던 것을 거두어들이고 대상을 싫어하게 될 때 악덕이 생겨난다. 바로 이러한 적대적인 행동으로 인해서 우울증은 악덕이 될 수 있다. 이전에 관심과 욕망의 대상이 되었던 세상(그리고 그 세상 속에 있는 사람과 사물들)은 이제 혐오의 대상이 된다. 잃어버린 대상에 대해 투자할 만한 가치가 없었다고 주장함으로써 상실에 대해 방어를 하게 된다.

이러한 우울증의 치명적인 영향력을 깨뜨릴 수 있는 덕목은 지혜다. 에릭
슨은 이것을 "죽음의 면전에서 삶 자체에 대해 갖는 초연한 관심"으로 정의
했다(Erikson, 1964, 133).

지혜가 생기면 이전의 욕망의 대상을 이제는 멀리서 사랑할 수 있는 것으
로 초연하게 바라볼 수 있다. 그러므로 지혜는 세상을 싫어하지 않으면서도
세상에 대한 투자를 포기하는 것이다. 지혜는 우울증의 슬픔을 인정하면서도
슬픔의 대상에 대해 방어적인 공격을 하지 않는다(Capps, 2001, 58-59).

노년기에는 궁극적인 타자를 만나야 한다. 여기에서 궁극적인 타자는 하
나님을 의미한다. 하나님을 만나야 인생이 완성된다. 하나님을 만나지 못하
면 죽음이나 삶을 바람직하게 마감하지 못하는 것이다.

교회는 노인들의 한을 잘 경청하고 수용하면서 하나님과의 만남 속에서
삶의 의미를 찾아가도록 도울 때, 회복의 길을 잘 걸을 수 있다. 이 과정에서
내면의 상처가 '하나님의 섭리'라는 깊은 하나님의 뜻을 발견할 때 하나님의
사랑이 확인되어지면서 상처가 풀어질 수 있다. 자신이 살아온 삶이 하나님
의 뜻이었다는 것을 깨닫게 되면 아픔 자체가 가지고 있는 의미가 달라진다.
노인들의 한이 풀어지도록 이야기를 들어주면서 그들의 마음을 열어 그 안
에 하나님을 만날 수 있는 공간이 생기도록 한다.

노년기에서 절망이 나오는데 절망의 반대는 소망이다. 발달 단계의 가장
첫 단계에서 기본적인 신뢰가 소망이었다. 그러므로 처음부터 소망을 갖지
못한 사람도 생을 마감하기 전에 하나님을 만나면 소망을 가질 수 있다.

[표 15] 노년기(66세 이상)의 발달과제

중요 대상	발달 성공	발달 실패	덕목	악덕
하나님 배우자 인류	● 자아통합(자신의 생을 받아들임) ● 공동체에서 책임감, 사회적 역할 수행	● 절망(인생을 후회) ● 혐오감(자신과 타인을 경멸) ● 지혜 있는 척함(잔소리)	● 지혜 (인생을 통합적 관점과 초월적 관점에서 보게 됨) ● 생애에 대해 만족 ● 인생은 자신의 책임임을 수용	● 우울 (비생산성) ● 현실과 접촉 회피 ● 생에 대한 부정적 평가로 위기, 불안, 자살결심

에릭슨의 사회심리적 발달이론에 따라 발달이 잘 이루어졌을 때와 그렇지 않을 때 어떤 성격이 되는지 요약, 정리하면 다음과 같다.

[표 16] 에릭슨 발달이론에 따른 성공과 실패시의 성격 비교

연령	중요 대상	중요 가치	필요 사항	성공시 자신에 대한 평가	덕목	실패시 자신에 대한 평가	악덕
영아	양육자	쾌감과 안정감	음식, 따뜻함, 안아주기	긍정적 존재로 인식	신뢰 (소망)	부정적 존재로 내면화, 안정감상실	불신 (폭식)
유아	양육자	분리 개별화, 첫 사회화	반항 수용해주기	독특한 인격체로 인식	자율성 (의지력)	낮은 자존감, 사회화에 저항	수치심 (외고집)
유치	양육자	자기가치 및 양심을 개발	부모의 인정, 일관성 있는 훈련	가치있는 존재	주도성 (목적의식)	무가치한 존재, 자기파괴적 감정	죄의식 (탐욕)
아동	양육자 친구 교사	독립심과 의존 (갈등)	인정, 사랑, 존중 등 정서적지원	자긍심 및 확신감	근면성 (유능감)	자신에 대한 거절감 및 위축	열등감 (질투)
청소년	친구	정체성 형성	무조건적 수용에서 오는 안정감	자기 인격에 대한 확신	정체성 (충실)	고립된 아이	역할혼미 (교만)
청년	이성 친구	내면의 안정감, 사랑	친밀감, 진실한 의사소통	능력에 대한 확신	친밀감 (사랑)	무능력한 사람	고립감 (소유욕)
중년	배우자	타인배려	돌봄	돌보고 따뜻한 존재	생산성 (배려)	자기침체 (유사친밀감)	자기침체 (나태)
노년	하나님 배우자 인류	초월적 시각, 지혜	자신의 인생수용, 사회적역할 수행	만족, 책임의식	자아통합 (지혜)	혐오	우울 불안 자살

프로이트와 에릭슨의 인간이해, 강조점, 발달관점 등 여러 영역에 있어 어떤 차이점이 있는지 비교해 보면 다음과 같다.

[표 17] 프로이트와 에릭슨 비교

주제	프로이트	에릭슨
인간이해	심리성적 이론 인간을 성적인 추동을 가진 존재로 봄	심리사회적 이론 원초아보다 자아를 더 강조-인간을 합리적, 논리적 존재로 봄
강조점	부모가 아동의 성격 발달에 결정적 역할	아동의 자아가 형성되는 심리사회적 환경 중요시
발달이해	초기 아동기의 경험이 중요하며 영향은 일생 동안 지속됨 - 초기 결정론적 입장	인간발달은 영아기부터 성인 후기까지 일생동안 계속 됨
관점	비관론적 입장	낙관적 입장
여성이해	여성에 대해 무시하는 시각	구체적 언급 없으나 긍정적 분위기
성격이해	인간의 성격을 이드(id, 원초아), 에고(ego, 자아), 슈퍼에고(superego, 양심) 세 가지로 설명하였다.	인간의 성격을 사회 문화적인 영향을 받는 것으로 설명하였다.
변화여부	생물학적인 부분을 강조하였기 때문에 남자나 여자가 그 자체로 변화가 없다.	사회 문화적인 영향을 강조하여 남성은 남성답게, 여성은 여성답게 교육시킨 결과로 변화 가능성을 주장했다.
종교	종교에 대해 배타적이며 관심이 없었다.	종교에 대해 관심을 많이 가졌다.

[요약]

1. 에릭슨은 자아가 주위의 환경과 어떠한 상호작용을 하는지를 중요하게 생각한 점에서 그의 이론을 심리사회적이론이라고 부른다. 에릭슨은 발달 단계에 있어 처음, 또는 이전 단계에서 부정적인 발달이 형성되었다고 해도 다음 단계에서 긍정적 발달로 나아갈 수 있다고 하였다.

2. 영아기의 발달과제는 기본적 신뢰 대 불신이며, 영아는 부모와의 관계에서 기본적 신뢰를 형성해야 할뿐 아니라, 자기 자신을 믿을 수 있게 되어야 한다.

3. 유아기의 발달과제는 자율성 대 수치심과 회의이며, 이 시기에 유아의 신체적 발달, 즉 '준비된 성장'이 갖추어지지 않은 상태에서의 강압적이거나 무리한 배변, 보행, 식사, 언어 훈련은 자율성 대신 수치심을 가지게 된다.

4. 유년기의 발달과제는 주도성 대 죄의식이며, 이 시기의 특징은 능동성과 주도성, 공격성이다.

5. 아동기는 초등학교시기로 근면성을 키워야 하는데, 근면이란 학업을 시작하면서 작업의 원칙을 익히고 기술을 습득하는 것이며, 이런 과정에서 쾌락이나 보람을 느끼고 성취감을 얻는다.

6. 청소년기의 중요한 발달 과제는 자아정체감을 확립하는 것이다. 자아정체감을 확립하는 것은 청소년기로부터 시작하여 그 이후 계속 되어야 하는 과정이다.

7. 청년기는 여태까지 키워온 자아정체를 기초로 가정의 테두리에서 벗어나 본격적으로 다른 사람들과 함께 사회생활을 시작하는 때이며 사회생활을 성공적으로 하는 데 가장 필수적인 심리적 조건은 친밀감이다.

8. 중년기는 이전까지 정립된 자아를 통해서 이웃과 세계를 위해 의미 있는 일을 실천하는 단계다. 생산성의 우선적인 관심은 자녀를 생산하고 잘 가르쳐서 다음 세대가 건전하게 발전할 수 있게 톱니바퀴의 역할을 훌륭하게 수행하는 것이다.

9. 노년기는 인간의 모든 갈등이 조화롭게 통일되며 성숙한 경지에 도달하는 시기이다.

6장

공감

PSYCHODYNAMIC
COUNSELING

1. 정신분석에서의 공감 이해

2. 치료동맹

3. 공감의 방법

4. 비효과적인 공감

6

공감

| 학습목표 |

정신역동에서 말하는 공감에 대하여 명확한 이해를 하도록 한다.

1. 정신분석에서의 공감 이해

정신분석의 입장에서 공감을 명쾌하게 정의하기는 쉽지 않다. 먼저 공감의 정의에 대해서 켐벨(Campbell)은 옥스퍼드대학에서 출판한 정신의학사전에서 이렇게 정의했다(Campbell, 1981, 215).

'공감이란 자신을 타인의 심리적 참조 체제(frame of reference)에 넣는 것이며 그 결과 타인의 생각이나 감정 및 행위를 이해하고, 어느 정도 예언할 수 있게 되는 것'이라고 정의하고 있다.[51]

코헛(Heinz Kohut)은 공감을 '내담자 내부의 삶 가운데 들어가며 그 사람을 느끼며 생각할 수 있는 능력'으로 보았다. 코헛은 정신분석에 있어서 가장 핵심이 되는 것이 공감과 통찰이라고 주장하였다(Kohut, 1978, 208-210).

---

51) Empathy(공감)라는 용어는 테오도르 립스(Theodor Lipps)가 1903년 '지각자가 자신을 지각의 대상 속으로 투사하는 경향성'을 기술하기 위하여 독일어 Einfuhlung이라는 용어를 사용하는 것에서 유래되었다. 영어로는 'feel into' 및 'feel within'에 해당한다. 이를 티케너 (Titchener)가 그리스어 어원에서 새롭게 영어로 만든 것이 Empathy다. 국내에서는 이 용어를 공감 또는 감정이입으로 번역해 왔으며 현재는 대부분의 경우 공감으로 번역하고 있다(배정규, 1995, 323)

프로이트는 공감을 비중 있게 논의하지는 않았으나 '모방에 의한 동일시로부터 공감에 이르는 통로가 있고, 공감은 우리가 타인을 이해하는데 가장 중요한 역할을 하는 과정'이라고 하였다(박병탁, 1990, 17). 이 내용만 가지고는 프로이트가 공감을 어떻게 이해하였는지에 대해서 명확히 확인할 수 없다.

하지만 대표적인 정신분석학자 중 한사람인 오토 페니첼(Otto Fenichel)은 공감을 '자신의 외부에 존재하는 대상에 대한 직관적 몰입'이며, '공감은 동일시와 동일한 개념은 아니지만 유사한 개념'이라고 하였다(Fenichel, 1953, 11, 104).

따라서 정신분석상담에서 공감의 개념을 이해하기 위해서는, 먼저 동일시[52]의 개념을 이해해야만 한다.

옥스퍼드대학에서 출판된 정신의학사전은 동일시를 '자신을 대상(타인)의 정신적 세계 속으로 통합하고 그 대상이 생각하고, 느끼고, 행동하리라고 자신이 이해한 방식대로 생각하며 느끼고 행동할 때, 이 과정을 동일시'라고 하였다(Campbell, 1981, 304).

이러한 동일시에 대한 정의를 공감에 대한 정의와 비교해 보면, 양자는 '대상에의 직관적인 몰입'이라는 점에서 공통점이 있음을 알 수 있다. 이 외에도 이 둘은 '대부분 무의식적인 과정'이며(Campbell, 1981, 304), 쾌락원리를 따른다는 공통점이 있다.

요약하면 공감과 동일시는 '무의식적으로 이루어지는 일차과정으로의 퇴행현상으로서, 자신과 대상의 차이를 구분하지 못하고 대상에 대한 직관적 몰입'이라는 점에서 유사하다(배정규, 1995, 327).

---

52) 프로이트는 동일시를 자기애적 동일시와 히스테리적 동일시로 나누었는데, 공감은 두 가지 중에서 자기애적 동일시와 유사하다(Fenichel, 1953, 104). 자기애적 동일시란 총체적인 동일시며, 히스테리적 동일시란 부분적인 동일시다(Fenichel, 1953, 105). 따라서 공감이 자기애적 동일시와 유사하다는 것은 '대상에 대한 직관적 몰입이 부분적인 것이 아니라 총체적인 것'이라는 의미가 된다.

그렇다면 공감과 동일시의 차이점은 무엇인가?

공감은 동일시에 비하여 '보다 더 일시적인 것'(Dewald, 1978, 60)이며, 공감은 상담을 촉진시키지만 동일시는 상담을 마비시킨다는 것이다(Tarachow, 1963, 308). 공감이 동일시와 매우 유사하면서도 다소 다른 개념이라는 점은 많은 연구자들에 의하여 확인되었다. 따라서 공감을 '일시적 동일시', '시행적 동일시', '부분적 동일시' 등으로 명명하였다(박병탁, 1990, 18).

이처럼 정신분석에서 사용하는 공감이라는 개념은 주로 '상담자가 일시적으로 퇴행되어 자신과 대상의 구분을 잊어버리고, 총체적으로 대상에 몰입되는 것'을 의미하는 용어로 사용되어 왔음을 알 수 있다. 어떤 학자는 프로이트가 '공감을 임상작업의 중심이라고 하였으며(박병탁, 1990, 16), 공감을 정신분석 작업을 위해 가장 중요한 것이라고 생각했다(허찬희, 1991, 12)'고 말하고 있다.[53]

그러나 프로이트가 상담자의 객관성과 중립성을 매우 강조하였기 때문에 공감을 중요한 요소로 보았을 것이라는 점에 대해 동의하기란 쉽지 않다.[54] 하지만 영국의 대상관계학파, 코헛의 자기심리학 등은 상담에 있어서 상담자의 공감능력이 중요하다고 하였다.

각 분파들 간에는 지금까지도 공감이 상담에 방해가 되는 것인지 또는 도움이 되는 것인지에 관한 논쟁이 계속되고 있다. 상담에 방해가 된다는 주장은 하트만(Hartmann), 브레너(Brenner), 샤피로(Shapiro), 쉐브린(Shevrin) 등이 대표적이며, 그들은 상담에 있어서 상담자의 객관적이고 중립적인 태도가 중요한데 공감은 그것을 방해할 수 있다고 주장한다.

반면, 공감을 중요하게 생각하는 분파들은 상담자가 참여-관찰자의 입장을 견지함으로써 그러한 위험을 피할 수 있다고 주장한다. 참여-관찰이라는

---

53) 이에 대한 근거로 프로이트의 다음 문헌을 제시하고 있다. "Group Psychology and the Analysis of the Ego"(Standard Edition, 1921, 18, 67-143)

54) 정신분석에서 상담자의 중립적인 태도는 흔히 바위 또는 거울에 비유되곤 한다.

개념에 대하여 드월드(Dewald)는 다음과 같이 명쾌하게 설명을 하고 있다.

> '공감하는 상담자는 지금 당장은 자기 자신의 반응을 중지시키고, 자기를 환자의 입장에 놓이게 한다. 일단 내담자가 무엇을 느끼고 있는지 경험하고 난 후에 상담자 자신의 정서조직과 성격조직으로 되돌아 와서, 바로 전에 잠깐 자기가 내담자인 양 느끼려고 했을 동안 자기가 느꼈던 것이 과연 무엇이었느냐 하는 것을 돌이켜 생각해 본다'(Dewald, 1978, 60).

정리하면 정신분석상담에서 공감이라는 개념의 출발점은 동일시다. 동일시란 자신과 대상 간의 구분을 상실하는 것을 의미한다. 물론 일부 분파에서 공감을 상담자에게 요구되는 중요한 자질로 간주하고 참여-관찰이라는 개념을 이용하여 참여(몰입: 자신과 대상과의 구분을 상실)와 관찰(객관성 유지)을 병행함으로써, 현실왜곡을 방지할 수 있다고 주장한다. 그러나 이러한 경우에도 참여-관찰은 시간적으로 동시에 일어나는 것이 아니라 교대로 일어나는 것으로 기술되고 있다(Dewald, 1971, 60).

공감을 상담자에게 필요한 가장 중요한 요소로 본 인간중심 상담에서 공감은 '내담자의 현상학적 세계에 대한 이해'다. 즉 '상담자가 내담자의 현상학적 세계에서의 경험을 상담자 자신의 주관적인 현상학적 세계에서의 경험으로 체험하고 그것을 다시 내담자가 체험하는 것'이다.

인간중심상담은 인간은 누구나 객관적인 세계에 사는 것이 아니라, 자신의 주관적인 현상학적 세계 속에 살고 있다고 본다. 그러므로 타인을 이해하기 위해서는 그 사람의 주관적인 현상학적 세계를 자신의 주관적인 현상학적 세계 속에서 체험할 수 있어야 한다고 가정한다. 정신분석상담과는 정반대로 공감은 현실왜곡을 가져오는 것이 아니라 현실왜곡을 방지할 수 있는 최선의 방법인 것이다.

따라서 인간중심상담자는 감수성이 예민하고 감정표현이 풍부한 상담자로 간주할 수 있으며, 정신분석상담자는 최소한 외견상으로는 정서적 자극에 대하여 초연한 입장을 견지하는 상담자로 간주할 수 있다(배정규, 1995, 333). 이처럼 두 상담기법 간에 공감을 이해하는데 있어서 출발점이 서로 다르기 때문에 인간중심상담의 경우 공감은 매우 중요하게 취급되고 있는데 비하여 정신분석상담에서 공감은 상대적으로 미미하게 취급되고 있음을 알 수 있다.

2. 치료동맹

내담자의 호소 문제해결을 위해 내담자의 건강한 자아와 상담자의 건강한 자아가 동맹을 맺는 것을 치료동맹이라고 한다. 내담자가 상담자와의 사이에서 치료동맹이 이루어지면 내담자가 자신의 문제를 객관적으로 볼 수 있는 수준이 되면서 자신의 문제와 자아를 분리하게 된다. 그때 상담자의 도와주려는 측면이 수용되어 내담자와 상담자의 마음이 하나가 된다. 치료에 있어서 상담자와 내담자 간의 친밀한 정서적 결속 관계가 중요한 이유는 인간은 관계 속에서 성장할 뿐만 아니라 변화를 위해서도 관계가 필요한 사회적 존재이기 때문이다.

내담자가 상담자에게 어떻게 반응하는지를 보면 치료동맹이 이루어졌는지의 여부를 알 수 있다. 내담자가 상담자에 의해서 도움을 받았다고 느낀다면 동맹은 형성된 것이다. 특히 내담자가 공동의 상담 목표를 추구하기 위해 상담자가 협력하고 있다고 느낀다면 치료동맹은 형성된 것이다.

상담자는 치료동맹의 증진을 위해 처음 회기부터 내담자의 도움을 구체적으로 요구해야 한다. 치료 과정 동안 내담자는 자신에 대한 이해와 숙고에 관심을 가지고 상담자의 노력에 동조하도록 요구받는다. 상담자들은 반드시 내담자에게 호기심을 제공해 주어야 한다. 상담의 처음 한 두 회기에서 중요한 부분은 양자가 적당한 상담 목표를 확인하기 위해서 협력하는 것이다. 이러한 목표에 대한 체계적인 논의는 치료동맹을 굳건하게 만들어 준다 (Gabbard, 2007, 76-77).

내담자와 상담자 간의 동맹이 상담 효과에 강력한 영향을 미친다는 결과는 여러 경험적 연구에 의해서 지지되고 있다. 상담초보자들은 치료동맹을 먼저 확고하게 형성하지 않고 '상담하려는' 실수를 자주 범하곤 한다(McWilliams, 2007, 111).

치료동맹이 이루어졌다고 해서 상담자가 내담자의 의존 욕구를 무조건 받아주게 되면 이것은 잘못된 것이다. 이렇게 관계하면 상담자는 무조건적으로 돌봄 받고 싶은 자신의 무의식을 내담자에게 투사하여 그의 병을 더 키울 수도 있다. 치료동맹은 내담자를 무조건적으로 지지해 주거나 헌신적으로 돌보는 것이 아니다. 치료동맹은 내담자가 자신의 문제를 객관적으로 볼 수 있도록 도와주는 것이다.

따라서 치료동맹이 이루어지고 있다는 것은 상담자가 자신의 감정이나 생각에 지배받지 않고 내담자의 내면 그대로를 받아줄 수 있는 객관적인 태도가 유지되고 있다는 것을 의미한다. 아주 극단적인 경우를 제외하고는 상담자는 자신의 표현을 극도로 절제한 채 내담자의 의존욕구에 대하여 반응하지 않는 입장을 견지해야 한다. 치료동맹은 이런 점에서 상담자의 중립적 태도가 더 많이 요구되는 기술이다.

치료동맹은 상담과정에서 나타나는 내담자의 퇴행을 생산적인 수준으로 유지시켜 주는 기능을 한다. 내담자는 상담을 하는 동안에 건설적인 퇴행을 통해 유아기 갈등을 다시 드러내고, 그것을 재작업하고 재조직하여 갈등에 대한 통제력을 키워 나간다. 내담자의 방어를 부드럽게 무력화시킴에 따라 무의식적 충동은 그 초점을 점점 더 상담자에게 맞추게 된다. 이때 내담자는 퇴행이 일어난다. 내담자가 퇴행할 때는 무의식적인 여러 감정들이 표면으로 올라오기도 하는데 이때 부정적인 감정을 표출하기 위해서는 상담자와의 치료동맹이 견고해야 한다. 내담자는 상담자와 굳건한 동맹이 있을 때에만 무의식적 갈등을 파헤치는 위험을 감수하려 할 것이다(Bauer, 2007, 146-147).

상담을 촉진시키는 상담자-내담자 관계는 치료동맹 외에도 전이가 있다. 치료동맹은 상담자와 내담자의 건강한 부분이 상호 협력하는 현실적인 관계이며, 전이관계는 내담자가 자신의 과거의 경험을 상담자에게 투사하는 왜곡된 관계이다.

정신역동에서는 긍정적인 치료동맹은 증상의 변화를 가져오는 중요한 매개체며 무의식적인 갈등을 효과적으로 해석할 때 필요한 근원이 된다고 본다. 그렇다 하더라도 치료동맹은 상담을 위한 기본조건일 뿐이며, 치료동맹만으로는 실질적인 상담효과가 생기지 않는다. 따라서 상담자는 치료동맹의 바탕 위에서 일관성 있게 중립적인 태도를 유지함으로써 전이관계를 허락하는 것이다. 그 결과 내담자는 전이왜곡을 통하여 자신의 갈등에 직면하게 되고 결국 통찰에 이르게 된다.

3. 공감의 방법

상담자의 공감능력은 어떠한 심리치료법에서든 필수적인 요소다. 그 이유는 상담자-내담자 관계형성이 심리치료의 출발점이 되기 때문이다. 기독교적 관점에서 공감은 '즐거워하는 자들로 함께 즐거워하고 우는 자들로 함께 우는(롬12:15) 것'이다. 이것은 말하는 사람과 듣는 사람이 같은 수준에서 느끼는 것을 의미한다. 즉 상대방의 눈으로 보고 그가 느끼는 대로 느끼며 그 사람 속으로 들어가 그의 생각이나 말하는 구조로 세계를 보는 것이다. 뿐만 아니라 그가 깨달은 대로 이해할 수 있는 의사소통 방법이며 그의 감정과 행동을 알게 되는 능력이다(심수명, 2009, 27).

이러한 공감은 '남의 신을 신고 걸어본다'는 의미를 가지고 있다. 남의 신을 신고 걸어 보기 위해서는 우선 자신의 신발을 벗어야 한다. 즉 자신의 입장, 고집, 편견을 벗어버린다. 이렇게 내담자의 상황 속으로 들어가서 내담자의 눈으로 세상을 보면서 상담에 임하는 것이 바로 공감의 자세다. 이때 내담자가 상담자로 인해 존엄을 느끼게 된다. 내담자가 상담자로부터 인격을 존중받을 때 비로소 돌봄과 성취라는 체험을 하게 된다. 이러한 존엄성을 바탕으로 한 체험이 공감인 것이다.

공감은 인간 생존을 위한 심리적 영양소이며 심리적 산소로서(Kohut, 1978, 705), 사람은 공감이 있는 곳에서 자유롭게 숨 쉴 수 있다. 코헛의 자기심리학에서는 공감을 인간의 정신을 치유할 수 있는 가장 중요한 요인으로 보았다.
공감의 가장 근본적인 형태는 아마도 갓난 아기를 돌보는 엄마의 자세를 연상하면 될 것이다. 위니캇(Winnicott)은 이런 어머니의 상황을 유아의 모든 것을 수용할 수 있도록 안아 주는 환경으로서의 '충분히 좋은 어머니'라고 불렀다. 공감은 어머니가 유아를 돌보듯이 아기의 모든 입장을 동일시하여, 마치 자기가 아기인 양 아기의 상태를 충분히 이해하고 받아 주고 만족시켜 주는 것이라고 할 수 있다.

상담자가 공감을 하려면 퇴행이 필수적이다. 여기서 '퇴행한다'는 것은 상담자가 잠시 자신의 관찰자아의 작용을 유보시키고 자아의 경계를 허문 채 내담자가 하는 이야기에 빨려 들어가 온몸으로 느끼면서 귀 기울이는 것을 말한다. 즉 상담자의 경험자아가 전면에 나서서 내담자의 입장이 되어 그의 생각과 느낌을 비판 없이 함께 느끼고 따라가는 것이다(이만홍, 황지연, 2007, 165-166).

상담자는 내담자의 증상을 나름대로 최선을 다해 왔던 타협으로 인정해 주고 공감해 주려는 자세를 가지고 상담에 임해야 한다. 상담자는 공감하기 위하여 자기 스스로 자아의 경계를 허물고 퇴행하여 내담자와 함께 미숙해지는 경험을 해야 한다. 즉 자신의 냉철한 이성과 논리적인 자세를 접어둔 채 마음을 열고 되도록 내담자의 입장이 되어 보는 것이다.

상담자가 관찰자아의 활동을 잠시 멈추어 둔 채, 자신을 경험자아에 맡김으로써 내담자의 경험을 자신의 경험과 자아의 경계 안으로 받아들여 함께 느낄 때 상담은 보다 효과적이 된다. 이런 과정이 없다면 상담자가 내담자의 아픔을 자신의 아픔으로 공감하지 못하고 내담자의 문제를 단지 지적으로만 평가하게 된다. 상담자가 마음 문을 열고 자신의 경험자아로 함께 느끼고 공감해 나가게 될 때 비로소 움츠려 들었던 내담자의 (관찰)자아가 자신의 퇴행을 되돌아 볼 수 있는 여유를 갖게 된다.

가만히 듣는 것은 내담자의 고통을 보다 정확하게 이해하기 위해서다. 내담자의 고민을 들으면서 비판이나 충고 또는 즉각적인 해결책을 제시하고 싶은 마음이 들 수 있지만, 그렇게 하다 보면 내담자의 문제를 정확하게 이해하지 못하게 되며, 내담자도 이해받지 못한다는 느낌을 가지게 된다(김환, 이장호, 2008, 16-17).

예를 들어, 친구에게 고민을 이야기할 때 어떤 친구들은 "그것은 이렇게 하면 되잖아."라는 식으로 즉각적인 해결책을 제시한다든지 "네가 이런 성격을 갖고 있기 때문에 이런 문제가 벌어지는 거야."라고 비판 섞인 설명을 해 줄 수 있는데, 이럴 때 내담자는 "너는 나를 이해하지 못해."라는 감정을 가지게 된다.

상담자의 퇴행은 내담자의 그것과는 달리 자유로운 전환이 가능하다. 그러므로 어느 정도 경험자아가 역할을 수행했다 싶을 때는 퇴행을 멈추고 상담자의 관찰자아가 다시 냉정한 현실적인 평가와 판단을 수행하여 내담자를 이끌어 가는 것이 바람직하다. 상담자의 관찰자아와 경험자아의 균형 있는 활동을 통해서 내담자의 미숙한 방어기제는 비로소 성숙을 향하여 변화를 시작하게 된다(이만홍, 황지연, 2007, 71).

내담자가 자신의 내면을 통찰할 수 있도록 내담자의 감정과 마음을 따라가며 돕는 것이 효과적인 공감인데, 다음의 예를 살펴보자.

> 내1 : 3, 4살이었는데, 마루에서 어머니께서 저의 귀를 후벼주셨어요. 그런데 너무 아픈 거예요. 그래서 너무 아프다고 그만 하라고, 아파 아파 그만해, 그래도 계속하시는 거예요. 참다가 참다가 너무 아파서 그만 좀 하라고 했는데, 엄마가 나를 확 잡아당기면서, "아프긴 뭐가 아파! 좀 참아, 가만 있어!" 하고, 갑작스럽게 화를 버럭 내시면서 저를 꼼짝못하게 하는 거예요. 너무 갑작스럽게 나를 야단치니까, 놀래가지구, 그래서 그 때 내 생각이 너무 무섭게 내게 화를 내시니까, "내가 이렇게 말하는 게 잘못된 건가? 참을 수 있는 건데, 내가 엄살을 떠는 건가? 엄마가 야단치는 이게 맞는 건지, 내가 아프다고 하는 게 맞는 건지, 엄마 말이 맞는 건지, 내가 아픈 게 맞는 건지 헷갈리는 거예요. 그래서 더 이상 아프다고 할 수

가 없어서, 그냥 꾹 참았는데, 정말 죽을 것 같았어요. 이제는 더 이상 참을 수 없을 것 같은 고통이 느껴지고, 너무 아파서 이러다가는 정말 죽을 것 같다는 느낌이 드는데, 그 때, 엄마가 탁 놔주시더라구요."(울음)

상1 : 아, 그 어린 애가 너무 아파서 꼼짝도 못하고 아무 말도 못하고…, 아픈데도 아프다고 말도 못하고……. 얼마나 무섭고 놀랐을지…….

내2 : 엄마에 대한 나의 지배적인 생각은 엄마하고는 말이 안 통해, 엄마한테 뭐 말하고 싶어도 말하는 걸 아예 포기해버린 거예요. 말하려고 시도도 안하고, 아무리 억울하게 나를 대하고, 말도 안 되게 나를 야단쳐도 그냥 내 선에서 말아버리고 참아버려요. 엄마란 존재를 아예 내 안에서 이렇게 제쳐 논 사람이라고 할까요.

상2 : 어린애가 아파서 "엄마 그만해." 그랬단 말이예요. "엄마, 아파, 아파." 했으면 엄마가 "아프구나", 하고 살살 파든지 그랬으면 좋았겠는데, 세상에 귀 파다가 죽을 것 같은 고통을 느낄 정도였다니……. 내가 정말 아픈데도 불구하고, 엄마가 내 아픈 것을 몰라주니 '엄마를 믿으면 안돼' 이런 생각이 들었겠어요. 내가 아프다는데, 엄마가 아프긴 뭐가 아파 하니까 내 생각은 그렇지 않은데도, 그냥 엄마 말대로 해 버렸지만, 내 생각과 감정을 포기해 버리는 순간, 엄마도 제쳐놓게 되었네요.

내3 : 그래요, 내가 속으로는 이게 아니야. 동의하지 않아, 내가 맞아, 그런데도 파워 앞에서는 내가 더 이상은 나가 봤자 안 되겠다. 그래서 그만 두죠. 그리고 속상하죠.

상3 : 그랬구나, 차라리 엄마를 미워하고 엄마 하지 마, 그랬으면 좋겠는데, 엄마 말을 듣지 않으면 더 무섭게 야단맞을 것 같아서 실제로는 아프고, 무섭고, 귀파기 싫은데, 아프다고 하면 안 되겠구나 하면서 자신의 생각을 포기해 버렸으니…… 이런 생각이 든 내 자신이 한없이 연약해보이겠네요.

내4 : 네, 나를 너무나 갑작스럽게 느닷없이 확 밀어버리니까, 무서운 마음, 더 이상 내 아픈 걸 말하면 더 크게 혼날 것 같아서 그냥 이제 죽는구나 까지

가는데도....아휴 참, 힘 앞에서 약한 이런 내가 느껴져요. 그냥 나 아파, 그
만 좀 해줘, 있다가 할래. 차라리 내가 할래, 이렇게 말해도 되는 것을……

상4 : 그래요, 그렇죠.

내5 : 내가 아픈 것조차도 '내가 맞나?' 이렇게 내 자신을 믿지 못하게 된 거 같아요.
이젠 아픈 건 아프다고 말해야겠어요. 내 느낌, 내 생각들을 존중해주고 말
하고 믿어주고 싶어요.

상5 : 그래서 ***님이 원하는 것은 "나를 힘으로 누르지 마." "내가 하는 말을 들
어줘." "싫은 것은 싫다고 말할 거야." 이렇게 내가 내 주장을 하는 것, 이
런 거죠.

내6 : 그래요, 상황이 내가 뒤로 물러나고, 내 주장을 하지 않는 것이 더 현명한
상황도 있지요. 그럴 때 내가 힘에 밀려서 내 주장, 내 생각을 접은 것이 아
니라, 그 상황에서 객관적으로 나의 합리적인 상황 판단에 의해서 뒤로 물
러서는 게 더 현명한, 이런 상황도 있는 거죠. … 앞으로는 이렇게 나의 선
택에 의해서 내가 주장을 할 것인지 아닌지 선택하고, 그 선택을 합리적인
것이라고 나를 지지하고, 이렇게 나가고 싶어요.

상6 : 그런 열망이 얼마나 많은지 느껴져요. 자기를 믿고 지지하고 내 생각대로
살아가고 싶은 그 열망, 그 열망이 이루어졌으면 좋겠네요.

내7 : 할 수 있을 것 같고요, 이제 알았으니까 나를 잘 지키고, 관계에서 당당해
질 수 있겠다 생각되네요.

내담자의 내면 깊은 곳에 있는 감정에 들어가서 그의 문제 상황에 주의를
집중하고, 그 상황과 관련된 경험, 감정, 행동을 구체적으로 이해해줄 때 진
정한 공감이 일어난다. 이것이 바로 상담자가 지녀야 하는 공감적 이해의 능
력이다. 공감적 이해를 통하여 내담자의 문제 상황을 명료화하면 할수록 상
담자는 내담자의 필요에 어떻게 대처할 것인지 더 분명하게 파악할 수 있게
된다(오성춘, 1993, 385).

4. 비효과적인 공감(동감)

공감은 서로 대화하는 그 순간에 상대방의 입장이 되어주면서도 상담자가 자기를 지킬 수 있는 조절능력을 가지고 있어야 한다. 공감이 너무 주관적이 되어버리면 공감은 내담자를 돕지 못하게 되어 버리는데 이것을 상담에서 바람직한 공감과 구분하기 위하여 동정 또는 동감(sympathy)으로 표현하기도 한다. 동감은 상대방과 자신이 완전히 동화된 상태를 의미한다. 상담자가 내담자와 완전히 동화가 되어버리면 내담자의 정서적 고통에 빠져서 그를 도울 힘까지 상실할 수 있게 된다. 결과적으로 동감은 객관성을 잃어버려 내담자를 돕지 못하게 된다.

저자의 경우에도 오래 전에 여러 가지 상황 때문에 너무 힘들어하는 내담자의 상황과 감정에 푹 빠져서 내담자와 동화가 되어 이렇게 말했다.
"얼마나 힘드시겠어요? 어떤 소망이나 기대도 다 무너졌겠네요?"
저자는 힘든 마음과 측은지심의 감정이 가득해서 내담자를 바라본 것이었다.
이때 내담자가 갑자기 저자를 걱정하면서(실은 자신이 걱정이 되어 하는 말이었지만) "선생님은 그래도 그렇게 힘들어하시면 안 되죠? 제 문제잖아요? 선생님이 힘들어하시는 것을 보니 제가 염려가 되고 기운이 빠져요."라면서 상담자인 나를 직면한 적이 있었다.

이처럼 객관적이고 중립적인 관찰자아를 완전히 잊어버리는 것은 내담자에게 도움이 안 된다. 효과적인 공감과 비효과적인 동감을 정리하면 다음과 같다(심수명, 2009, 29).

[표 18] 동감과 공감의 차이

동감	공감
객관적인 통찰 없이 상대방 속에 감정적으로 몰입되어 방향 없이 함께 울고 웃으며 그의 세계 속에 깊이 빠져 버리는 것이다.	자기 안에 있는 자아의 객관적 기능과 주관적 기능을 잘 구분하여, 객관적 기능은 자기와 상대방의 감정을 통찰하고 분별하여 치료적 방향으로 이끌어 주고, 주관적 기능은 상대방의 마음속에 들어가서 함께 울고 웃는 것이다.
내담자를 단순히 불쌍히 여기는 것, 상담자가 내담자의 감정과 일시하여 자기의 감정을 조절할 수 없다.	다른 사람이나 사건을 거론해도 내담자의 심정에만 관심을 가진다.
대화 중 거론되는 사람이나 사건에 초점을 두어 그를 비난하거나 두둔함으로 내담자의 마음을 만나지 못한다.	내담자와 깊은 만남이 일어나며 치료적 관계뿐 아니라 문제해결이 일어난다.

때로 상담자의 침묵은 내담자에게 매우 깊은 중요한 의미를 지닐 수 있다. 내담자들은 상담자가 자신의 감정을 이해하기 위해서 침묵할 때에 자신이 깊이 이해받고, 공감받고 있다고 느낀다. 또한 진정으로 존중해 주고 있다고 느끼거나, 재촉하지 않는 느낌 가운데에 깊은 생각에 잠길 수 있도록 침묵해 주는 것을 고맙게 느끼기도 한다.

그러나 상담 초기의 침묵은 내담자를 쓸데없이 불안하게 만들 뿐이다 (McWillams, 2007, 193). 그러므로 내담자의 힘든 마음을 깊이 공감하기 위해서 때로 침묵하면서 내담자의 마음을 따라가고 싶은 마음이 있더라도 상담 초기에는 침묵이 길어지거나 반복되는 것은 피하는 것이 좋다.

[요약]

1. 정신분석상담에서 공감이라는 개념의 출발점은 동일시이다. 정신분석에서 사용하는 공감이라는 개념은 주로 '상담자가 일시적으로 퇴행되어 자신과 대상의 구분을 잊어버리고, 총체적으로 대상에 몰입되는 것'을 의미하는 용어로 사용되어 왔다.

2. 문제해결을 위해 내담자의 건강한 자아와 상담자의 건강한 자아가 동맹을 맺는 것을 치료동맹이라고 한다. 내담자가 공동의 상담 목표를 추구하기 위해 상담자가 협력하고 있다고 느낀다면 치료동맹은 형성된 것이다.

3. 공감하기 위하여 상담자는 자기 스스로 자아의 경계를 허물고 퇴행하여 내담자와 함께 미숙해지는 경험을 해야 한다. 즉 자신의 냉철한 이성과 논리적인 자세를 접어둔 채 마음을 열고 되도록 내담자의 입장이 되어 보는 것이다.

4. 공감이 너무 주관적이 되어버리면 공감은 내담자를 돕지 못하게 되는데 이것을 상담에서 바람직한 공감과 구분하기 위하여 동정 또는 동감으로 표현한다.

7장

저항

PSYCHODYNAMIC
COUNSELING

1. 저항의 의미

2. 저항과 무의식

3. 저항의 원인

4. 저항의 종류

5. 저항을 다루는 방법

7

저항

| 학습목표 |

저항의 의미와 원인에 대해 알아보고 저항을 어떻게 처리하는 것이 좋은지
배우도록 한다.

1. 저항의 의미

의식적으로는 자신의 문제를 해결하기 원하면서도 해결하는 과정에서 일
어나는 부담감으로 인해 무의식중에 상담의 진행과 문제해결에 대한 노력을
피하려는 내담자의 행동을 저항이라고 한다. 내담자의 저항은 초기 상담의
시작부터 상담의 목표를 달성하여 종결하는 단계까지 언제든지 나타날 수 있
다. 상담자는 이러한 저항을 인식하고 내담자가 그것을 잘 극복하면서 상담
이 진행되어 갈 수 있도록 시종일관 그에 대해 각별한 관심을 가져야 한다(이
만홍, 황지연, 2007, 185-186).

저항은 내담자로 하여금 무의식의 역동성에 대한 통찰을 방해하게 한다.
저항은 여러 가지 형태를 취할 수 있으며, 상담과정을 방해하는 수많은 방법
과 기회가 있다. 내담자는 이를 실행에 옮기기 위해 다양한 의식적, 무의식적
방법을 사용할 수 있다.

내담자는 상담 시간을 잊어버릴 수도 있고 의도적으로 빼먹을 수도 있으
며 늦게 올 수도 있다. 내담자는 의식적으로 상담 내용을 검열할 수도 있고,

강박적으로 숙고하면서 중요한 대화를 피할 수도 있다. 상담자의 질문이나 반응에 대해 거부할 수도 있고, 현재 행동의 의미나 과거 경험의 중요성에 대해 살펴보기를 꺼릴 수도 있다.

심지어 저항은 아주 교묘하게 나타나기도 하는데, 성실하고 좋은 내담자가 되려고 매우 열심히 노력하는 모습으로 변장해서 나타날 수도 있다. 이런 내담자는 상담자가 관심을 가지는 듯한 모든 생각과 감정을 충실하게 보고하고, 상담자가 말하는 모든 것에 신중하게 주의를 기울일지도 모른다. 이것은 안전감을 느끼기 위해 권위적 인물을 기쁘게 하려는 소망과 같은 자신의 진정한 문제에 대한 작업을 회피하게 할 수 있다. 모든 생각과 감정, 그리고 행동은 방어적이거나 저항적인 요소를 가질 수 있다(Bauer, 2007, 46-47).

저항은 상담이 진행되는 과정에서 내담자의 무의식에 도사리고 있는 갈등의 요소들이 발생하는 것을 의미한다. 특히 위협적인 재료들을 노출시키지 못하도록 하고 자기탐색, 정서표현, 상담자와 의미 있는 상호작용 등의 상담적 과정을 방해하여 상담의 효과적인 진행을 막는다.

저항의 양상들은 자유연상이나 꿈의 해석을 해나가는 동안에 내담자가 어떠한 감정이나 경험들을 이야기하려 하지 않는 모습들이다. 결국 저항은 상담에 방해가 되는 것이다. 정신분석가들은 자유 연상을 회로에서 전자들의 흐름에 비유했다. 그래서 이 비유에 따라 전자의 흐름을 방해하는 모든 것을 저항이라고 하였다(Cabaniss, 2015, 337).
저항은 이처럼 위협적인 재료들의 표출을 가로막는 것이므로 상담자는 그것을 찾아내야 한다. 그리고 내담자에게 저항의 마음이 누구에게나 있을 수 있다고 알려주고, 저항하고 싶을 때는 그 상황 자체를 솔직하게 이야기하는 것이 상담에 도움이 됨을 이야기해주는 것이 좋다.

그러나 자기심리학자인 코헛은 저항을 전혀 다르게 보았다. 그는 상담자가 저항을 성적, 공격적 욕동의 파생물이나 그것에 대한 방어로 보아서는 안 된다고 하였다. 방어를 해석하거나 직면시키는 대신, 저항을 내담자가 자신의 최소한의 핵심 자기를 구하려는 시도이며, 심리적인 생존을 위한 처리 방법으로 이해해야 한다고 하였다. 따라서 내담자가 자신을 방어하려는 것을 존중해야 하며, 그들의 방어에 도전하지 말아야 한다고 하였다(Gabbard, 2007, 163).

2. 저항과 무의식

저항이 무의식적이라는 말은 내담자가 자신이 저항하고 있다는 사실을 모른다는 것이다. 내담자는 상담에 오지만 상담으로 인해 변화되기 싫은 마음이 자기에게 있다는 것을 막연히 느낄 뿐 분명하게는 모르고 있다(이만홍, 황지연, 2007, 189). 자신의 문제를 드러내지 않으려는 내담자의 무의식적 저항이란 내담자가 자기 자신을 보호하기 위해 마련했던 장치인데, 상담에 와서 자신과 문제를 드러내야 할 필요가 있을 때조차도 무의식중에 자신을 드러내기를 주저한다는 것이다.

이때 상담자는 내담자가 자발적으로 그것을 제거하도록 공감적이고 수용적인 입장에서(비록 상담자의 직면이 필요한 상황에서도) 그 과정을 도와줘야 한다. 왜냐하면 내담자가 지금까지 자신도 모르는 방식으로 보호장치를 사용하던 것을 갑자기 벗기려 하면 저항이 더 강해진다. 그리고 이제는 의식적으로 자신을 숨기려 할 수 있다. 그러므로 어릴 적의 상처를 한꺼번에 드러내도록 하는 것은 위험한 방법이다(이만홍, 황지연, 2007, 192-193).

내담자가 자신에게 고통을 주고 있는 문제에 매달리며 그것을 버리려 하지 않는 것은 그것을 버릴 때 안전하다는 느낌과 생각을 아직 의식화하지 못했기 때문이다. 그래서 자신의 원래의 삶의 방식을 포기하는 것에 대해 자주 강한 저항감을 보인다. 특히 무엇인지 알 수 없지만, 위험하거나 불안하다는 느낌이 들면 종종 저항을 하게 된다.

3. 저항의 원인

내담자가 저항을 할 때, 왜 그것을 사용하는지 알게 된다면 내담자를 이해하는데 도움이 되므로 상담자는 저항하는 여러 다양한 이유에 대해서 알아야 할 것이다.

저항을 하는 데에는 여러 가지 이유가 있는데, 프로이트는 억압된 심리내적 갈등을 밝혀내는 일이 가져올 불안을 회피하기 위해 내담자가 상담과정에 저항한다고 가정하였다. 이런 점에서 저항은 일종의 자기 보호 기능인 셈이다.

불안감 외에도 내담자가 안전감 상실을 피하기 위해, 즉 여태까지 살면서 적응해 온 것들을 놓아주기를 꺼려서 저항하기도 한다. 비록 내담자가 신경증의 고통과 결손에서 벗어나기를 바란다 하더라도, 그 신경증은 심리적 갈등을 해결하기 위한 자신의 노력을 나타내며 자신의 힘으로 성취할 수 있었던 최상의 적응 수준을 반영하는 것이기 때문에 그 자체를 포기하고 싶어 하지 않는다(Bauer, 2007, 49).

예를 들어, 아버지에 대한 증오심이 있는 내담자의 경우, 아버지를 '죽이고 싶다.'고 생각하는 마음속에 '살의'가 있다는 것을 인정하기란 쉽지 않다. 그리고 과거의 것을 들춰내는 것은 상처를 생각나게 하는 것이므로 그것을 회피하고 자신의 방식을 그대로 유지하는 것이 더 안전해 보이기 때문에 내담자는 변화에 저항할 수밖에 없을 것이다.

죄책감이나 수치심을 회피하기 위한 방식으로 저항을 할 수도 있다(Sandler & Holder, 1973, 71-83). 상담자가 위축된 내담자에게 자신의 능력을 더 키워보라는 권면을 하자, 자신은 그런 능력이 없다고 완강히 저항하는 경우가 있었다. 이 내담자는 어린 시절 다른 형제들에 비해서 뛰어난 능력을 가지고 있었는데, 자신 때문에 형제들이 위축되고 열등감을 가지고 있는 것을 보면서 죄책감을 가지고 있어서 저항을 했던 것이다.

또한 자신의 무의식적인 욕구를 인식했을 때 수치심을 느끼는 경우, 이러한 느낌을 피하기 위해서 저항하기도 한다. 이처럼 내담자가 저항하는 이유는 자신이 받아들일 수 없는 것, 그것이 부정적 감정이든 변화에 대한 저항이든 간에, 자기 자신만의 이유가 숨겨져 있다.

이 외에도 상담자가 실수를 했다고 느끼는 경우, 상담자가 자신을 오해하거나, 공감해 주지 않고 충분한 관심을 보이지 않으면 내담자는 의식적, 무의식적으로 상담자의 도움에 저항할 수 있다.

예를 들어, 상담자가 늦게 온 경우, 내담자가 침묵을 하거나 짜증을 낸다면 상담자가 지각한 것 때문에 거절감이나 무시감을 느껴 저항할 수도 있음을 고려해 볼 수 있다(Cabaniss, 2015, 343).

이처럼 저항의 원인은 개인의 심리가 다른 만큼 다양할 수밖에 없지만 저항의 핵심은 두려움이다. 내담자는 과거의 방식이 고통스럽고 불편했다 하더라도 익숙한 방식이었는데 이것을 버리고 새로운 방식으로 변화를 해야 한다는 것이 두렵다. 사람은 모르는 길을 갈 때 두려워하게 된다. 그래서 모르는 길을 가기 보다는 괴롭지만 아는 길을 그냥 가고 싶은데 상담자가 새로운 방식으로 가자고 하는 것 같을 때 저항을 하게 된다.

그리고 자신의 무의식적인 욕구나 생각이 바람직하지 않았다는 것을 알게 될 때 수치심을 느끼게 되는데 이것을 인정하는 것이 두려워서 저항을 한다. 사람은 자신이 괜찮은 사람이고 싶은데 자신의 모습 속에 살인 충동이나 공격심, 시기심, 그리고 성적 충동과 같은 욕구가 있다는 것이 드러날 때 이것을 숨기고 싶은 본성이 있다. 그래서 아직 이것을 받아들일 준비가 되어 있지 않은데, 자신의 모습이 드러나면 저항을 하게 된다.

또한 변화를 하게 되면 자신의 삶을 책임지고 살아야 하는데 그럴 자신이 없을 때 저항이 일어난다. 내담자는 자기 자신과 자신의 상호작용 방식을 알게 될수록 자기 인생이 자신의 책임이라는 사실과 그 인생을 어떻게 살아왔는지를 더 잘 알게 된다. 이렇게 책임을 수용하는 것은 그 자체가 더 많은 불안을 유발하기 때문에 저항이 많아질 수밖에 없다(Bauer, 2007, 50-51).

4. 저항의 종류

일반적으로 상담현장에서 자주 일어나는 저항의 양상으로는 다음과 같은
것이 있다.

① 침묵

이야기를 하다가 머뭇거리며 눈치를 살핀다. 침묵은 가장 자주 나타나는
저항의 한 형태다. 침묵을 하는 이유는 상담자에게 화가 났을 때, 상담자를
곤란하게 하고 싶을 때, 무슨 말을 어떻게 해야 할지 모를 때, 혼자서 너무 많
은 말을 하면 비난받는 사회적 인습을 가지고 있을 때, 또한 상담에 아직 익
숙하지 않아서 일 때도 있다. 불안하거나 우울한 내담자들은 상담 초기에 침
묵에 잘 빠진다.

이때 상담자는 참을성을 가지고 기다릴 수 있어야 하고, 말로 생각을 표현
하라고 격려해 주어야 한다(이무석, 2003, 259). 그리고 너무 오랫동안 침묵이
흐를 때는 내담자를 도와주어야 한다.

"오늘은 말씀하기 어려운 것처럼 보입니다. 지금 무슨 생각을 하고 있는
지 말씀해주시겠습니까?"라고 질문하거나, "아무 생각도 떠오르지 않는 것
은 생각을 방해하는 어떤 것이 있기 때문일 것이라는 추측이 듭니다. 그게 뭘
까요?"라고 말하는 것이 도움이 될 수 있다(이무석, 2003, 259).

② 화제를 바꿈

뭔가를 진지하게 이야기하다가 갑자기 딴 짓을 하는 것도 저항의 일종이
다. 그때 말을 중단시키고 왜 그런지, 무슨 일이 있는지 물어보고 왜 그 이야기
를 하고 싶지 않은지 물어보도록 한다. 그리고 이야기하고 싶지 않으면 안 해
도 되며, 나중에 이야기하고 싶을 때 해도 된다고 말해주면 저항이 줄어든다.

③ 편집(짜 맞추기)

내담자가 감정을 억압한 채 자기 자신에 관한 이야기들의 조각조각들을 자신에게 유리한 내용으로 이야기 하는 것이다.

어린 시절의 사건들이 거의 기억이 나지 않아 상담을 해서 도움을 받고 싶어도 기억 자체가 안 나서 힘들다는 내담자가 있었다. 그는 자신의 이야기들을 조각조각 기억할 뿐 그 당시의 느낌이나 생각, 중요한 사람과의 관계 등에 대해서는 거의 기억이 나지 않는다고 하였다.

"이렇게 기억력이 안 좋은 것을 이야기해봐야 저한테 좋을 것은 없는데, 상담받고 싶은 마음에 내어놓고는 있지만, 저에게 소중한 것들을 잘 기억을 해야 하는 건데, 제 스스로가 제 기억에 대한 자신감이 사라져 가니까 저한테는 조금 부끄럽지만 내어놓지 않으면 안 될 것 같은 마음이 있어서... 사실을 드러내야 하는데, 기억이 안나니, 그게 그냥 다른 사람(가족이나 친구들)이 말한 것을 그대로 가져오자니, 그 사람의 기억일 수도 있고... 제 입장에서는 사실도 아니고, 뭔가 기억이 나는 것도 아니고, 그런데 이것 때문에 나는 불이익을 당하고 있고……. 그러니까 그것은 좀 억울하죠."

자신의 이야기와 사건 자체를 다른 사람의 이야기를 통해 들어야 한다는 것이 억울하고 답답한 내담자는 기억을 조각조각 기억해내고 있다. 이러한 현상 자체가 바로 자신의 무의식을 드러내고 싶어하지 않는 저항이다.

④ 일반화

"사람이 누구나 그렇지 않습니까?"라고 말하면서 자신의 문제 상황을 인정하지 않고 대부분의 사람이 다 그렇다고 하면서 자신의 문제를 넘어가려고 하는 것이다. 지금 말한 내용이 다른 사람도 그럴 수 있는 일이기도 하겠지만 그래도 구체적으로 한번 말해보도록 권면하는 것이 필요하다. 그래도 말하기 싫어한다면 왜 그 일이 말하기 싫은지 탐색해 볼 필요가 있다.

⑤ 행동화

지각하거나 상담에 오지 않는 것, 또는 상담 중 딴 짓을 하면서 산만한 행동을 하는 것 등을 말한다. 상담 안에서 행동화하는 것은 상담자에게 자신의 감정을 말로 표현하지 않고 직접 폭발하는 것과 같다. 상담 밖에서의 행동화로는 상담자와의 관계에서 느껴진 감정들을 상담자에게 직접 표출하지 않고 밖에 나가서 다른 대상에게 표출하는 경우가 있다. 때로는 상담자에게 표현해야 하는 어린 시절의 아버지에 대한 분노를 제대로 표현하지 못하면 집에 돌아가서 남편이나 아내에게 폭발하는 경우도 있다(Gabbard, 2007, 163-164).[55]

⑥ 어느 한 부분에만 몰두하고 감정을 억압하거나 과장함

어느 한 사건, 한 부분에만 몰두해서 말하는 사람은 이것이 중요한 것이라고 생각해서 끈질기게 집착하는 경향성이 있다. 이런 경우에도 상담이 잘 진행되지 않는다. 또한 이와 비슷한 경우로서 지나치게 감정적이거나 지나치게 감정을 억압하는 것도 저항의 일종으로 볼 수 있다. 많이 우는 것이나 상담 중에 과장된 감정을 표현하는 것은 여기에 집중하도록 해서 자신의 진짜 모습을 보지 못하도록 방해하는 고도의 방법일 수 있다. 어떤 사람은 상담을 시작하면 처음부터 손수건이나 휴지를 준비해 놓고 상담 내내 계속 우는 경우가 있다. 감정을 격렬하게 표현하는 것은 자기를 되돌아보지 않으려는 것이다.

⑦ 지각

상담이 제대로 되면 그 시간을 중요하게 생각하고 상담자를 중요한 사람

---

55) 위험한 섹스에 빠져 들거나 운전하면서 술을 마시는 것과 같은 상담실 밖에서의 행동화는 내담자의 삶이 위협을 받을 수 있으므로 엄격하게 직면시켜야 한다. 회기 중 자해하거나 약을 먹는 경우에는 행동에 제한을 하고 직면시켜야 한다(Gabbard, 2007, 163-164).

으로 느끼며 미리 와서 대기한다. 한 두 번은 이해가 될 수 있으나 약속시간에 계속 늦거나 상담 시간을 자꾸 변경하는 것은 상담을 하기 싫은 것으로 해석할 수 있다. 왜 그런지 물어보아야 한다.

⑧ 눈치 봄
상담자에게 사랑을 받고자 하는 마음으로 눈치를 보면서 이야기하는 경우에는 반복해서 이야기해도 상담이 되지 않는다. 이것은 상담자의 사랑을 얻고 싶어서 말하기 때문이다. 이런 경우 자기 마음이나 감정과의 만남이 이루어지지 않는다.

⑨ 사적인 교제를 원함
상담자의 개인적인 사항에 대해 질문하거나, '더 이상 상담하고 싶지 않다. 이제는 인간적으로 사귀고 싶다.'라고 제안하기도 한다. 지지상담에는 문제없지만, 통찰상담에는 사적인 교제가 상담에 방해가 된다. 상담자는 내담자의 유익을 위해서만 존재하고 행동해야 한다.

5. 저항을 다루는 방법

내담자가 저항을 할 때 그것을 극복하기 위한 방법으로 이솝우화에 나오는 북풍과 해님의 '나그네 옷 벗기기'에 나오는 해님의 방법이 바람직하다. 해님은 몰아치지도 않고 뭐라고 말하지도 않는다. 그냥 온화함이나 따뜻함으로 수용한다.

저항하는 이유는 앞에서도 언급했듯이 자신의 내면세계를 내보이는 것이 두렵고 수치스럽고 불안해서 그렇다. 그러므로 상담자는 공격적이거나 비판하는 듯한 모습으로 비춰지지 않도록 조심스럽게 접근해야 한다(Cabaniss, 2015, 340). 즉 내담자는 상담자가 자신에 대하여 뭐라고 하거나 처벌할지도 모른다고 오해하거나 두려움을 갖게 된다.

그러므로 상담자는 내담자가 저항을 할 때 저항할 수밖에 없는 내담자의 마음을 이해하고 수용하면서 기다려 주면 내담자의 마음이 부드러워진다. 이렇게 사랑의 마음으로 인내하면 내담자가 저항을 벗고 상담자에게 다가오게 되어 있다.

저항의 양상은 반복해서 자주 나타난다. 상담자는 반복적으로 나타나는 저항의 양상을 염두에 두었다가 상황에 맞게 저항을 다룰 수 있어야 할 것이다. 저항을 다루는 방법에 대해서는 이론가마다 다양한 방법을 제시하고 있다.

드보라 카바니스(Deborah L. Cabaniss)는 저항을 다루는 기법에 대하여 먼저, 연상의 흐름에 따라 듣고, 연상의 흐름이 언제 끊기는지, 그리고 또 다른 저항은 언제 사용하는지 주의해서 귀 기울이라고 하였다. 주의 깊은 경청으로 저항을 확인했으면 그것에 대하여 깊이 숙고한 다음에, 내담자가 저항에 대하여 볼 준비가 되었을 때 개입하라고 하였다. 개입의 방법으로는 교육, 질문, 설명, 공감, 제안, 직면, 명료화, 해석 등의 방법을 제시하였다.[56]

56) 자세한 내용을 알고 싶으면 Deborah L. Cabaniss의 정신역동적 정신치료- 임상적 매

카바니스는 저항에 대하여 깊이 경청하고, 숙고한 다음, 저항을 처리하는 과정에 대하여 '저항에 대해 알아 가고, 이를 존중하고, 이것과 함께 살아가는 것'이라고 표현하였다. 저항을 할 때 상담자의 의무는 저항 그 자체를 알아 가는 것이다. 내담자가 저항하는 특유의 방법을 이해하는 것은 내담자를 알아 가는 좋은 방법이다. 상담자는 저항을 없애려는 목표를 갖기보다 저항을 가지고 내담자를 이해하는 방식으로 사용하는 것이 좋다(Cabaniss, 2015, 340).

예를 들어, 내담자가 상담 시간에 늦었다면, 상담자는 내담자가 상담 시간에 맞추어 오게 하는 것이 아니라 왜 늦었는지를 이해하는 것이다. 이를 위해서 상담자는 이러한 일이 상담 시간에 반복해서 일어나는 것을 알아차리게 될 때 까지, 그리고 내담자가 이를 먼저 언급할 때 까지 기다리는 것이 필요하다.

뿐만 아니라 내담자의 역전이를 점검할 수 있는 시간을 상담자 스스로에게 줄 필요가 있다. 예를 들어, 내담자가 늦을 경우, 신경에 거슬리는 것은 당연한 일이다. 그러나 그때가 내담자에게 지각하는 것을 언급하기에 최적의 시간은 아니다.

저항을 다룰 때는 저항의 내용에 초점을 두기보다 저항을 먼저 분석하는 것이 바람직하다(이무석, 2003, 268). 예를 들어, 내담자가 상담에 자꾸만 늦게 오는 경우, 늦게 오는 것에 대하여 언급하기보다 "상담에 자꾸 늦게 오시는 것이 상담을 하고 싶지 않은 것처럼 보이는데 어떻게 생각하시는지요?"라고 늦게 오는 이유에 대하여 분석적으로 다루는 것이 좋다.

또한 수치심이나 죄책감 등 피하고 싶어 하는 것에 대해서는 그냥 넘어가고 내담자의 생각에 초점을 두는 것이 좋다. 예를 들어, 수치심에 대해 말하

뉴얼-을 참조하기 바란다. 카바니스는 내담자의 저항을 알아차린 다음에는 왜 내담자가 저항을 하는 지에 대해 생각하는 것이 도움이 된다고 하였다. 내담자가 저항을 할 때, 무엇을 생각하는지, 또는 어떻게 느끼는지 직접 물어보거나 부드럽게 설명하는 것이 좋다(Cabaniss, 2015, 345).

기 어려워하는 경우, "수치심을 느끼고 있는 것 같으신데요."라고 말하기보다 "뭔가 말씀하기 어려운 것이 있는 듯합니다."라고 하는 것이 저항을 줄이게 해 준다.

저항이 있을 때 상담자는 그가 왜 저항을 하는지 그 이유를 설명해 줌으로써 내담자가 그에 대처할 수 있게 해야 한다. 저항을 해석할 때 내담자로 하여금 자신의 행동을 객관적으로 볼 수 있게 하는 것이다. 그래서 저항은 일상생활에서도 어떻게 나타나는지, 얼마나 많이 나타나는지 보게 하고, 내담자의 만족스러운 삶과 가능성을 침해하는 부정적 요소가 된다는 것을 깨닫게 해야 한다(박윤수, 1994, 128-129).

이상의 방법을 참조하여 저항을 처리하되 저항의 양상, 저항하는 내담자의 상태, 상담자와 내담자의 신뢰정도, 내담자의 자아 강도 등 전체 상황을 고려하면서 저항을 다룬다면 저항은 내담자를 이해하고 상담하는 데 많은 도움을 줄 수 있다.

실존적 심리치료가인 얄롬(Yalom)은 내담자가 변화에 대한 저항을 극복하도록 하는 데 다음의 사항을 염두에 두라고 하였다. 정신역동적 상담 기법은 아니지만 효과적인 저항 처리에 도움이 될 것이기에 여기에 추가하였다.

① 책임을 질 수 있도록 한다.

자신의 삶에 어떤 변화를 원한다면 반드시 그에 대한 책임을 수용해야 하도록 돕는다. 내담자에게 다른 사람이 그를 위해 변하지는 않을 것이라는 점, 변화가 저절로 일어나지는 않을 것이라는 점, 그리고 자신의 미래를 위해 선택한 것에 전적으로 자신에게 책임이 있다는 점을 알려주어야 한다.

② 변화의 위험성을 명료화한다.

변화에 대한 두려움을 살펴보는 것은 생산적인 일이다. 내담자는 변화를 두려워하는 경향성이 있다. 상담자는 내담자의 두려움을 명료화하고 그것을 완화시킨다. 우선, 내담자의 이성과 인지적 능력에 호소할 수 있을 것이다.

③ 진정으로 바라는지를 확인하도록 한다.

내담자는 진정으로 원하는 것을 얻기 위해서는 자신이 변해야 한다는 것을 깨달아야 한다. 죽도록 원한다면 결국에는 이룰 수 있다. 자신이 원하는 것이 이루어지지 않는 경우는, 말로만 원할 뿐 죽도록 원하지 않을 때는 이루어질 수 없음을 알게 한다.

④ 유능감을 가지도록 돕는다.

변화할 수 있으며, 자신이 그것을 해낼 능력이 있다는 느낌을 가질 수 있도록 내담자를 도와야 한다(Bauer, 2007, 215-216). 내담자는 변화를 두려워하는 경향이 강하다. 상담자는 이러한 내담자에게 직면보다는 내담자의 이성과 인지적 능력에 호소하여 내담자가 자신의 두려움을 서서히 찾아가도록 돕는 것이 좋은 방법이다.

[요약]

1. 의식적으로는 자신의 문제를 해결하기 원하면서도 해결하는 과정에서 일어나는 부담감으로 인해 무의식중에 상담의 진행과 문제해결에 대한 노력을 피하려는 내담자의 행동을 저항이라고 한다.

2. 저항은 상담이 진행되는 과정에서 내담자의 무의식에 도사리고 있는 갈등의 요소들 특히 위협적인 재료들을 노출시키지 못하도록 하고 자기탐색, 정서표현, 상담자와 의미 있는 상호작용 등의 상담적 과정을 방해하여 상담의 효과적인 진행을 막는다. 저항이 무의식적이라는 말은 내담자가 자신이 저항하고 있다는 사실을 모른다는 것이다.

3. 저항을 하는 이유에 대해서 프로이트는 억압된 심리내적 갈등을 밝혀내는 일이 가져올 불안을 회피하기 위한 것이라고 하였다.

4. 저항의 종류는 다양한 방식으로 나타나기 때문에 상담자는 내담자의 저항을 효과적으로 처리하는 방법을 잘 배우고 수련할 때 효과적인 상담을 할 수 있다.

5. 상담자는 내담자가 저항을 할 때 저항할 수밖에 없는 마음을 이해하고 수용하면서 기다려 주면 내담자의 마음이 부드러워진다. 이렇게 사랑의 마음으로 인내하면 내담자가 저항을 벗게 된다.

8장

방어기제

PSYCHODYNAMIC
COUNSELING

1. 자아와 방어기제

2. 불안과 방어기제

3. 방어기제의 종류

4. 방어기제를 다루는 방법

방어기제

| 학습목표 |

방어기제는 왜 하는지, 불안과 어떤 관계가 있는 지 살펴보고 방어기제의 종류와
방어기제를 다루는 법에 대해 배우도록 한다.

1. 자아와 방어기제

자아심리학을 최초로 주장한 사람은 지그문트 프로이트의 딸 안나 프로이
트(Anna Freud, 1895-1982)다. 안나는 자아가 환경을 능숙하게 다루기 위한 수
단으로 방어기제를 사용한다고 제안하였다. 즉 방어기제는 자아가 환경과 원
초아의 충동에 대응하기 위해 이용할 수 있는 주요 수단이다.

자아가 발달하는 과정에서 방어들의 역할은 고통과 좌절을 최소화시키고,
원초아적 소망을 만족시킨다. 그 이후 과정에서는 원초아가 현실과 초자아와
일으키는 갈등을 담아내고 길들여 해결하는 것이다. 그러나 방어기제를 본
래의 기능대로만 사용하면 방어기제의 목적인 불안은 감소하고 적응에 도움
이 될 수 있지만 방어기제를 너무 많이 사용하면 본래의 기능은 상실하고 방
어가 성격이 되어버린다.

예를 들어 힘이 없는 아이가 부모와 동일시하는 방어기제를 사용하면서
부모의 힘을 자신의 것으로 만들면, 점차 자아가 강해지면서 동일시를 덜 해

도 살아갈 수 있는 적응력이 생기게 된다. 그러나 동일시를 과도하게 사용하다 보면 본래의 목적인 힘을 얻으려는 것이 자신의 성격이 되어버려서 항상 힘이 있는 사람으로 보이려고 하는 거짓 성격, 즉 방어적 성격으로 굳어버리게 되는 위험성을 가지게 된다.

안나는 방어기제들이 도처에 풍부하게 존재한다고 하면서 상담자들이 자아 구조 내에서 방어기제들이 기능하는 역동적 과정을 확인해야 한다고 지적했다. 그러나 그녀는 실제 분석에 있어서는 원초아에 대한 분석을 자아에 대한 분석보다 더 중요하게 여겼다. 그녀가 제시한 방어기제, 즉 억압, 억제, 부인, 반동형성, 취소, 합리화, 주지화, 승화, 전치 등과 같은 방어기제는 아직도 표준적으로 사용되고 있다(Bienenfield, 2009, 89-90).

2. 불안과 방어기제

인간은 삶의 순간들에서 마음의 평정을 깨뜨리는 사건들이 일어나게 되면 불안해진다. 특히, 사회적 도덕적으로 용납되지 못하는 충동이나 공격적 욕구, 미움, 원한 등은 위험과 불안을 일으키는데, 이 불안은 본능적 욕구에 대항하는 초자아의 위협이 원인이다. 이때 자아는 마음의 평정을 회복하려고 노력하는데, 이것이 방어기제다(이무석, 2003, 160).

불안은 하나의 경고신호다. 즉 속히 적절한 조치를 취하지 않으면 자아가 커다란 위험에 빠질 수밖에 없는 어떤 위협적인 것이 원초아로부터 돌출하고 있다는 경보다. 자아는 최선을 다하여 원초아와 현실, 그리고 초자아간의 적절한 중재를 통하여 원초아의 원초적 욕구도 채워주면서 한편으로는 현실을 고려해야 하고 또한 초자아의 도덕적 이상에 의한 제한도 받아들여야 한다. 그런데 원초아로부터 일어난 강력한 공격적, 성적 충동들을 자아의 힘으로 적절하게 해결할 수 없다고 판단될 때 일종의 불안을 경험하게 된다.

실제적 불안은 현실적 근거가 있는 불안으로 외부세계에 어떠한 불안이 있느냐에 따라 그 강도가 달라진다. 신경증적 불안은 그 불안의 원인을 알지 못하는 불안으로서 어릴 때부터 학습되어 내면화된 불안이다. '나는 벌 받게 될 것이다.', '벌 받아 마땅한 일을 저지르게 될 것이다.'는 등의 무의식적 경고가 발동할 때 불안을 느끼는 것이다.

도덕적 불안은 자신이 알고 있는 윤리나 도덕 그리고 신앙에 위배되는 일을 하거나, 그 일을 하고 싶은 생각을 할 때 죄의식을 느끼며 불안을 경험한다. 즉 양심의 심판으로부터 오는 두려움이다.

어떤 불안이든 간에 불안은 개인에게 닥쳐오는 절박한 위험을 경고하는 기능을 가지고 있으며, 이것을 통하여 개인은 위험한 상황에 적절한 방법으로 반응할 수 있게 되는 것이다.

프로이트의 불안(anxiety)에 대한 이론은 점진적으로 발달하였다. 정신분석 이론의 초기에 프로이트는 불안을 신경증의 핵심으로 생각해서, 견딜 수 없는 욕동과 그와 연관된 생각들이 불안을 유발한다고 주장하였다. 즉 풍선에 공기가 가득 들어찬 것처럼 리비도가 정상적인 성적 표현 속에서 출구를 찾을 수 없을 때 불안으로 변화된다고 보았다.[57] 이러한 신호 불안(signal anxiety)에 의해 자아는 처리되지 못한 갈등과 그에 뒤따르는 임박한 위험을 감지하고 방어기제를 사용하게 된다(최영민, 2010, 144).

[그림 기은 방어기제의 사용에 따라 신경증적 증상이 어떻게 달리 표현되는가를 도식화한 것이다. 갈등을 일차 방어를 통하여 성공적으로 처리하지

---

57) 이후에 프로이트가 구조이론을 발표하면서 내면의 심리 상태를 원초아와 자아 그리고 초자아 사이의 투쟁으로 간주하였다. 그래서 각 심리 구조 간에 갈등이 생겼을 때 불안이 생긴다고 생각하였다. 그래서 1926년에 프로이트는 불안을 '위험이 임박했다고 자아에 의해 제공되는 신호'라는 개념으로 새롭게 발표하였다(최영민, 2010, 144).

못하면 불안이 생기는데, 이때 불안을 처리하기 위해 이차 방어기제들이 동원된다. 만약 전환(conversion) 방어기제를 사용하여 불안을 처리하면 불안이 사라지는 대신 전환 증상이 나타나게 된다.

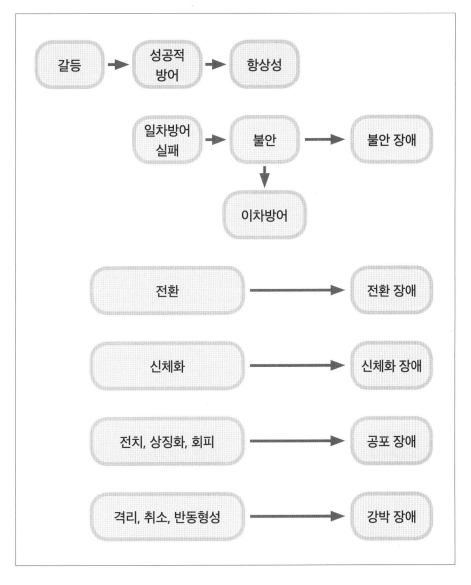

[그림 7] 갈등, 불안, 방어기제 및 증상 형성의 관계 (최영민, 2010, 188)

예를 들어 아버지에 대한 공격성을 말에게 전치하여 말을 아버지 상징물로 삼은 다음, 말을 두려워하여 피하면 말 공포증이 된다. 격리, 취소, 반동형성의 방어기제를 주로 써서 불안을 처리하게 되면 강박 증상이 나타난다. 이와 같이 어떤 방어기제를 사용하여 갈등과 불안을 처리하는가에 따라 여러 가지 신경증 증상이 나타나게 된다(최영민, 2010, 188-189).

3. 방어기제의 종류

방어기제는 원초아의 충동과 초자아의 압력으로부터 자아를 보호하기 위한 전략이라 할 수 있다. 모든 방어기제는 두 가지 공통적인 특성을 지니고 있는데, 첫째는 사실을 거부하거나 왜곡하는 것이고, 둘째는 무의식적으로 작용하기 때문에 본인은 알지 못하고 있다는 것이다. 개인이 불안에 대처하여 자신을 보호하려는 방어기제는 여러 가지가 있다. 그런데 여러 가지 방어기제를 사용하는 것을 꼭 병적인 것으로 볼 수는 없으며, 습관적으로만 사용하지 않는다면 오히려 적응에 도움을 줄 수도 있다고 보는 학자도 있다(Bradshaw, 2004, 113).[58]

방어는 얼마나 적응적이냐에 따라 몇 가지로 구분된다. 예를 들어, 자신의 문제에 대하여 책을 읽는 것이 그 문제를 무시하는 것 보다 더 적응적이라고 할 수 있다. 적응적인 방어일수록 억압(repression)에 기반을 두고 덜 적응적인 방어일수록 분열(splitting)에 기반을 둔다. 방어의 주요한 기반이 억압

---

58) 현실이 너무 힘들어 견딜 수 없을 때, 여러 가지 자아방어기제를 통해서 고통에 대해 무감각 해지려고 한다. 가장 보편적인 방어기제는 부정(denial), 억압(repression), 분리(isolation), 투사(projection)이다. 역기능적인 가족의 규칙들 중 하나는 '느끼지 말라'다. 이 규칙은 내면 아이가 무엇을 느끼지 못하도록 금지시킨다. 또 다른 규칙은 '말하지 말라'다. 이것 역시 감정 표현을 금지하는 것이다. 어떤 경우에는 특별한 감정만 표현하도록 하는데 가족마다 다양한 말하기 금지 규칙들을 가지고 있다(Bradshaw, 2004, 113, 115-116).

인지 분열인지는 개인이 대상항상성(object constancy)을 성취했는지의 여부에 따른다.[59]

만약 내담자가 좋고 나쁜 느낌이 자신과 남들 안에 공존할 수 있다는 생각을 견뎌내면 그는 고통스럽거나 불안을 일으키는 생각과 감정을 무의식으로 만들어 자신의 내부에 가두는 방법으로 다룰 수 있다(억압). 하지만 어떠한 나쁜 것이 좋은 사람 안에 존재하거나 또는 그와 반대로 나쁜 사람에게도 좋은 것이 존재한다는 생각을 견딜 수 없다면, 그 내담자는 좋은 것을 나쁜 것으로부터 분리할 필요가 있다. 이것이 가능하려면 자신의 느낌 중 몇 가지가 마치 자신의 외부로부터 오는 것처럼 경험해야 한다(분열). 발달적으로 볼 때 분열은 어린 아이들에게 일어나는 정상적인 과정이지만, 성인이 되어서도 학대하거나 방임하는 부모의 선한 이미지를 보호하려는 사람에게는 분열이 지속되어 대상항상성 결여로 이어질 수 있다(Cabaniss, 2015, 66).

1) 원시적 방어기제(primitive defenses)

분열을 기반으로 하는 방어는 부정적 느낌과 생각으로부터 사람을 보호하기 위해 매우 큰 희생을 치르기 때문에 덜 적응적이다. 이 방어기제는 좋은 느낌을 유지하도록 도울 수는 있지만, 자신과 타인을 바라보는 삼차원적인 관점을 공고히 하는 것을 희생시키는 대가를 치러야 한다. 분열을 기반으로 하는 방어가 지배적이라는 말은 곧 약한 자아를 가리키며 타인과 건강한 관계를 맺는 면에서 그 사람에게 장애를 남긴다(Cabaniss, 2015, 66).

분열을 기반으로 하는 방어를 미성숙, 원시적, 경계성이라고 부르는데 일반적으로 다음과 같다. 이러한 방어기제는 생의 초기에는 정상적인 것이었으나 성인기에 이르러 여러 성격 장애의 특성이 된다.

---

59) 대상영속성(object permanence)은 무언가가 시야에 없어도 여전히 존재함을 아는 것이고, 대상항상성(object constancy)은 한 사람 안에 선과 악이 공존할 수 있음을 아는 것이다 (Cabaniss, 2015, 66).

[표 19] 원시적 방어기제

종류	설명	예
분열 (splitting)	타인이나 자기를 모두 좋거나 모두 나쁜 것으로 지각하는 것이다. 즉, 좋기도 하고 나쁘기도 한 양가감정을 견디지 못하고 아주 좋은 사람과 아주 나쁜 사람으로 나누는 극단적인 이분법적 사고를 갖는 것이다.	아이는 좋은 엄마가 자신에게 젖을 주지도 않고 고통스러워도 돌봐주지도 않는 엄마임을 받아들일 수 없어서 그 엄마를 나쁜 엄마라고 분리해버리는 경우
투사적 동일시 (projective identification	자신의 특징이나 내적 대상을 투사하여 상대방으로 하여금 받아들이도록 미묘한 압력을 가한다. 투사의 대상이 된 사람은 투사 받은 대로 느끼고 생각하고 행동하게 된다.	아이가 자신의 고통을 엄마에게 느끼도록 하여 자신과 똑같은 정서를 느끼도록 울어버리는 경우
투사 (projection)	투사는 대인관계에서 오는 어려움을 자아가 극복하기 위해 사용하는 방어기제이다. 내가 가지고 있는 정서를 다른 사람이 가지고 있는 것으로 생각한다. 받아들일 수 없는 내적충동과, 부산물을 마치 자신의 밖에 존재하는 것처럼 생각하고 반응하는 것이다.	자신에게 성적 충동이 있는데 그것을 모르고, 성적 욕구가 많아 보이는 남성을 섹스중독자로 치부하면서 자신은 문제가 없고 그 사람이 문제가 있다고 생각하는 경우
부정 (denial)	참을 수 없는 현실을 부인하여 불안을 회피하고 편안한 상태를 유지하려는 것이다. 억압과는 달리 부정은 자아 기능을 분리시킴으로써 소망과 사고의 표현을 차단하는 것이므로 심각한 부적응을 초래한다.	암 선고를 받은 사람이 자신에게 병이 없다고 생각하는 경우
해리 (dissociation)	인격의 여러 요소들을 통합·조정하는 기능이 상실되어 인격의 한 면이 전체로부터 떨어져 나오게 되는 것이다.	해리성 기억상실이나 다중인격, 몽유병, 심한 건망증

종류	설명	예
고착 (fixation)	발달의 한 단계에서 욕구의 지나친 충족이나 지나친 부족을 경험할 경우 다음 단계로 성숙하지 못한 채 특정 발달 단계 및 양식에 머물러 있는 것이다.	대인관계에서 어린 아이처럼 상대방에게 의존적으로 행동하는 경우
퇴행 (regression)	어떤 어려움이나 스트레스에 처했을 때 안전하고 즐거웠던 지난 시간으로 후퇴함으로써 불안을 완화하려는 것이다.	소변을 잘 가리던 5세 아이가 동생이 태어나자 자다가 소변을 싸거나, 말도 아기처럼 하는 경우
망상, 백일몽 (day-dream)	현실에 충족되지 않은 욕구를 공상의 세계에서 만족해함으로써 긴장을 해소하려는 것이다. 공상이라고도 하며 특징은 현실과 자기가 만든 망상(자신이 보고 싶은 심리적 욕망)을 구분하지 못한다.	능력이 없는 남성이 언젠가는 훌륭하게 될 날만을 꿈꾸는 경우
내사 (introjection)	원시적인 수준의 병적 동일시로서 자신과 타인을 막연히 구분하는 중에 대상의 특질을 자기 것으로 만드는 것이다.	아이가 자기에 대한 어머니의 반응을 보고 그대로 자기 것으로 만드는 것
병적 이상화와 평가절하 (pathological idealization and devalua-tion)	어떤 힘이 있는 인물과 자신을 동일시하면서 힘이 있다고 생각하는 사람들을 아무 생각없이 모방하는 것이다. 병적 이상화는 상대방의 힘이 없어졌다고 생각하면 이상화가 순식간에 사라지고 쉽게 평가 절하해버린다.	학대받고 자란 사람이 성장한 후 공격자를 동일시하면서 무의식중에 폭력적인 행동을 따라하는 경우

2) 신경증적 방어기제(neurotic defenses)

원시적 방어기제 보다 더 적응적인 방어기제는 억압을 기반으로 하는데 이것은 받아들일 수 없는 생각 또는 느낌을 모두 또는 부분적으로 무의식화하거나 무의식에 가둔다. 신경증적 방어기제는 보편적으로 아동 중기, 청소년기에 나타난다. 그러나 이 방어기제가 너무 강해지면 성인기에 범불안장애, 단순 공포증, 그리고 기분부전과 같은 장애를 가질 수 있다(Bienenfield, 2009, 106).

[표 20] 신경증적 방어기제

종류	설명	예
보상 (compensa- tion)	심리적으로 어떤 약점이나 제한점이 있는 사람이 자신의 결함을 어떤 다른 현실적이거나 상상적인 방식으로 처리하는 것이다.	자신이 이루지 못한 특정 직업을 자녀에게 강요하는 부모, '작은 고추가 맵다.'는 속담처럼 자신의 열등감을 다른 것으로 바꾸려고 하는 경우
상환 (restitution)	죄책감에서 벗어나려고 사회적으로 선하다고 용인되는 행위를 통해 자신의 잘못을 상쇄시키려는 것이다.	죄책감이 있는데 끊임없이 계속적으로 자선 행위를 하는 경우
동일시 (identifica- tion)	남의 성격이나 역할을 본 따서 자기의 일부로 삼아 우월감이나 안정감을 가지려는 것이다. 적당한 동일시는 인간에게 이상, 야망, 포부를 심어주지만, 지나치면 망상에 사로잡혀 부적응 행동을 일으킨다. 이는 발달과정에서 반드시 나타나는 중요한 기제이기도 하다.	자녀가 부모를 닮아가려 하고, 제자는 스승을 흉내 내면서 닮아가며, 청소년들의 연예인 따라하기 등의 경우
전치 (displace- ment)	'전치'는 대상을 바꾸는 것이다. 본능적 충동의 표현을 재조정하여 위협이 덜 되는 상대에게 방향을 전환함으로써 불안을 줄이는 것이다.	애꿎은 대상에게 화풀이하는 경우나 자신을 향해 학대하는 경우

종류	설명	예
이지화 (intellectual-ization)	불안이나 긴장을 수반하는 불쾌한 상황이나 경험에서 감정을 억압 하고 그 상황이나 경험을 지적으로 객관화함으로써 정서적인 혼란 상태에 빠지지 않고자 하는 것이다.	내담자가 상담에서 과거의 상당히 감정적인 사건을 내용만 논리적인 입장에서 차분히 설명하는 경우
분리 (isolation of affect)	감정 분리라고도 하며 과거의 고통스러운 기억과 연관된 감정을 의식으로부터 떼어 내어 격리시키는 것이다.	사랑하는 사람이 죽었는데 슬퍼하지도 않고 오히려 친구들과 웃고 떠드는 경우
합리화 (rationaliza-tion)	흔히 사용되는 방어기제로 용납될 수 없는 충동이나 어떤 행동에 대해 사회적으로 용납될 만한 이유를 가지고 자신을 정당화하여 자존심을 보호하려는 것이다. 이런 과정은 무의식적으로 이루어지므로 거짓말을 하는 것과는 다르다.	이솝우화에서 너무 높이 달린 포도를 보며 여우가 '신 포도' 라서 먹을 수 없다고 말하는 경우
반동형성 (reaction formation)	억압된 충동이나 욕구에 대해 겉으로는 반대되는 행동을 함으로써 금지된 충동이 표출되는 것으로부터 자신을 조절하거나 방어하는 것이다. 이타주의도 반동형성의 하나로, 받고 싶은 자기 본능의 충족을 포기하고 다른 사람을 잘 도와줌으로써 대리만족을 하는 것이다.	부양이 부담되는 노모에 대한 지나친 정성, 지나치게 금욕주의적인 신앙, 미운 사람에게 더 잘해주는 경우 등
억압 (repression)	어떤 감정을 무의식에 감추어 두는 것이다. 억압은 우리 마음 속에 있는 양심과 본능 사이의 갈등을 해결하기 위한 것이다. 양심이 너무 강해서 본능을 누르면 감정이 무의식으로 들어가는데 무의식에 들어간 감정을 의식하지 못하는 것이다.	성적 욕망이 있을 때 이것을 의식에 떠오르지 못하게 눌러 버리는 경우

종류	설명	예
취소 (undoing)	지나간 행동이나 감정, 생각을 특정한 행위나 의식적(ritual) 태도를 통해 없었던 것으로 처리하려는 것이다. 여기에는 마술적 사고(magical thinking)가 작용한다.	죄책감이 있을 때 반복적으로 손을 씻는 것, 어쩌다 불경스런 단어를 말한 경우 그것을 지우기 위해 다시 성스럽다고 여겨지는 단어를 말해야만 하는 강박증 내담자의 경우 등
상징화 (symbolization)	무의식적인 욕구와 감정, 생각을 있는 그대로 표출하지 않고 특정한 상징을 통해 발산하는 것이다.	다양한 꿈 내용들, 담배가 단순히 담배가 아닌 빨기를 대신하는 경우

3) 성숙한 방어기제(mature defenses)

가장 적응적인 방어는 고통스러운 감정, 생각, 공상을 처리할 때 여러 다양한 방법을 사용하여 자기존중감을 높이도록 도우며 감정을 포용한다. 이 방법들은 의식적일 수도 또는 아닐 수도 있는데, 여기에 해당하는 방어기제는 모두 고전적으로 말하는 방어기제는 아니다. 성숙한 방어기제는 건강한 성인의 특징이다.

[표 21] 성숙한 방어기제

종류	설명	예
유머 (humor)	어려운 상황에서 불쾌한 감정이나 불편한 마음을 줄이기 위해 재미있거나 아이러니한 요소를 찾아내는 것이다. 이것은 사건으로부터 어느 정도 거리감과 객관성을 주어 개인으로 하여금 무슨 일이 일어나는지 생각해 볼 수 있게 한다.	서먹하거나 불편한 상황에서 재미있는 이야기로 불편함을 없애려고 시도하는 경우

종류	설명	예
억제 (suppression)	억압과는 달리 받아들이고 싶지 않은 불쾌하거나 부담스러운 충동, 감정 혹은 생각을 의도적으로 또는 반무의식적으로 연기하는 것이다. 이때 불편함은 의식되지만 최소화 된다.	먹고 싶은 음식을 체중조절 때문에 참는 경우
금욕주의 (asceticism)	즐거움으로 유발되는 내적인 갈등 때문에 경험의 즐거운 측면을 없애려고 하는 것이다.	종교적 독신생활. 초월이나 영적인 목적을 위해 욕구를 참는 경우 등
이타주의 (altruism)	다른 사람의 필요를 위해 자신을 희생한다. 이타적인 행동은 위대한 업적이나 사회를 위한 건설적 기여의 원천이 되기도 한다.	자신이 이루고 싶은 소원을 다른 사람이 이루도록 돕거나, 그 사람이 성공했을 때 내 일처럼 기뻐하는 경우
예견 (anticipation)	미래의 성공과 성취를 고려하고 계획하기 위하여 당장의 만족을 지연시키는 것이다.	공부가 힘들지만 미래를 위해 참고 열심히 하는 경우
승화 (sublimation)	성적, 공격적 충동을 사회적으로 용납된 생각이나 행동으로 표현함으로써 적절히 전환하는 것이다. '승화'는 가장 바람직한 것으로, 양심에 거스르지 않는 방향으로 욕구를 충족시켜 나가는 것이다.	성적 욕망을 승화하여 '사랑'의 행위를 하고, 공격욕을 승화하여 직업(권투 등)이나 운동에 몰두하는 경우
대치 (substitution)	욕구 불만으로 생긴 긴장을 감소시키기 위해 원래의 대상과 비슷한, 용납되는 다른 대상으로 만족하는 것이다.	우리 속담의 "꿩 대신 닭!"

이 외에도 다양한 종류의 방어기제가 있다. 모든 사람은 어느 때든지 불안의 발생을 최소화하기 위해 위협적이거나 죄책감이 담겨 있는 욕구를 방어할 수 있다면 무엇이든지 사용하게 된다. 어떤 상황에서 욕동을 실행하고 본

능적 만족을 증진시키는 역할을 하는 자아 기능이 동시에 다른 상황에서는 방어적인 역할을 하기도 한다.

4. 방어기제를 다루는 방법

사람이 방어기제를 쓰는 가장 큰 이유는 기본적으로 자신을 보호하기 위한 것이다. 자아는 원초아와 초자아 사이에서, 그리고 받아들일 수 없거나 받아들이기 싫은 현실 사이에서, 그리고 대상과의 관계에서 불안이나 위험을 느끼면 자기도 모르게, 때로는 어느 정도는 알면서 자기를 방어한다. 이러한 기능이 자아의 기능 중 하나이기에 방어기제를 자아방어기제라고 부르는 것이다. 그러므로 상담자는 방어기제의 메카니즘을 알고 있어야 한다.

내담자가 버리기 싫어하는 미숙한 방어기제는 나름대로 오랜 세월 그 사람이 쌓아 온 하나의 타협이다. 그 사람이 현재 가지고 있는 강박증이나 우울증은 그들 나름대로의 최선의 선택이자 타협인 것이다. 이러한 것들은 무의식적으로 이루어지기 때문에 자신이 어떤 방어기제를 사용하는지 모르는 경우가 대부분이다. 프로이트는 무의식 속에 감춰진 것을 깨닫고 의식화할 수 있을 때 무의식에서 벗어날 수 있다고 하였다. 사람이 본능적인 욕구를 의식하지 못하고 무의식 속에 집어넣고 꺼내지 못하는 이유는, 그것이 부정적인 요소이고 그로 인한 처벌의 두려움 때문이다(이만홍, 황지연, 2007, 68).

상담자는 내담자가 방어기제를 사용할 때 자기도 모르게 무의식적으로 사용한다는 것을 알고 내담자를 바라봐야 한다. 즉 방어기제는 자기를 보호하려는 의식적, 무의식적 활동이므로 내담자가 방어기제를 발동하고 있다면 그 순간에 내담자가 불안이나 위험을 느끼고 있다는 증거이다. 그러므로 어떤 순간에 방어기제가 발동하는지 구체적이면서도 세심하게 관찰하고 있어야 한다.

또한 위에 열거한 방어기제의 종류와 수준에 대해서도 분명하게 이해하고 있어야 한다. 그래야만 내담자의 자아 수준이 어느 정도인지 이해할 수 있다. 만약에 내담자가 사용하는 방어기제가 원시적, 신경증적, 그리고 성숙한 방어기제를 골고루 사용하고 있다면, 이 내담자는 자아 기능이 웬만큼 잘 기능하고 있다고 평가해도 무방할 것이다. 인간의 심층심리에는 퇴행의 욕구가 있는 반면, 성숙하고자 하는 욕구가 있기 때문이다.

그러나 만약에 원시적 방어기제가 우세하고 신경증적 방어기제는 조금 사용하는데 성숙한 방어기제를 거의 쓰지 않는다면 이 내담자는 자아의 기능이 제대로 작동하고 있지 않거나, 자아 기능이 약하지는 않은지 고려하면서 내담자를 면밀히 검토할 필요가 있다.

그리고 일반적으로 방어기제를 자신을 방어하는 목적으로 사용하지만, 다른 목적으로 사용하는 방어기제도 있다는 것에 대해서도 알고 있어야 한다. 즉 자아 기능은 여러 다양한 목적으로 다 사용될 수 있다. 본능적 만족을 중재하기도 하고 저지하기도 한다. 초자아로부터의 금지와 요구를 막기도 하고 강화시키기도 하며, 심리적 의미에서 자신의 환경에 적응할 수 있도록 한다. 요약하면 방어라는 것은 어떤 실체가 아니며, 하나의 정신 자세인 것이다 (Brenner, 1993, 85-86).

[요약]

1. 자아심리학을 최초로 주장한 사람은 프로이트의 딸 안나인데, 안나는 자아가 환경을 능숙하게 다루기 위한 수단으로 방어기제를 사용한다고 제안하였다. 방어기제는 자아가 환경과 원초아의 충동에 대응하기 위해 이용할 수 있는 주요 수단이다.

2. 개인은 불안이나 위험한 상황에 적절한 방법으로 반응하는데 적절한 방법으로 대응할 수 없을 때 비현실적인 수단에 의지하게 된다. 이때 사용하는 것이 방어기제다.

3. 방어기제는 성숙 수준에 따라 원시적 방어기제(primitive defenses), 신경증적 방어기제(neurotic defenses), 성숙한 방어기제(mature defenses)로 나눌 수 있다.

4. 방어기제는 오랜 세월 그 사람이 쌓아 온 하나의 타협이자 최선의 선택이다. 보통 자신이 어떤 방어기제를 사용하는지 모르는 경우가 대부분인데 프로이트는 무의식 속에 감춰진 것을 깨닫고 의식화 할 때 무의식에서 벗어날 수 있다고 하였다.

5. 상담자는 내담자가 방어기제를 사용할 때 자기도 모르게 무의식적으로 사용한다는 것, 그리고 내담자가 방어기제를 발동하고 있다면 그 순간에 불안이나 위험을 느끼고 있다는 것을 알고 접근해야 한다.

9장

전이

PSYCHODYNAMIC
COUNSELING

1. 전이의 의미

2. 전이의 종류

3. 전이의 발달과 해결

4. 지금-여기의 전이의 중요성

5. 전이에 대한 상담자의 자세

9

전이

| 학습목표 |

상담 과정에서 생기는 전이의 개념을 충분히 이해하며

그것을 해석하고 처리하는 방법을 배운다.

1. 전이의 의미

전이(transference)라는 말의 뜻은 '옮겨 넣는다'는 의미이다. 정신분석에서 전이는 내담자의 본능에 근거한 소망이나 충동을 재연하려는 것이다. 즉 내담자가 어린 시절의 경험 중에 어떤 특정인(특히 중요한 타인)에게 가졌던 충동, 바람, 느낌 등을 무의식중에 상담자에게 표현하는 일종의 전치 작용이다.[60]

프로이트는 내담자들을 치료하는 과정에서 내담자들이 의사인 자기를, 그들의 과거에 중요한 의미를 주었던 인물로 착각하고 있다는 사실을 발견하였다. 즉 갑자기 사랑을 고백하기도 하고, 독재적이고 권위주의적이라고 비난하며 고함을 지르기도 하는 것이었다.

---

60) 심지어 상담에서 이야기하는 것 자체도 상담자가 어떤 자료를 원하느냐에 따라(물론 내담자의 추측에 따른 것이지만) 이야기를 하고 싶어 하고, 자신에게 절실한 문제가 있는데도 그 문제는 미뤄 두고 상담자가 원한다고 생각하는 것을 이야기하기도 한다. 또는 상담자를 권위자로 생각하기 때문에 상벌을 주는 사람이라고 생각하면서 혹시 실수하거나 잘못할까봐 전전긍긍하며, 상담자의 인정을 받기 위해 애를 쓰고 상담자가 하는 말에 공손히 복종하며 상담자의 견해를 비판 없이 그대로 받아들인다. 그리고 이상적인 본보기로 생각하기 때문에 상담자를 동일시하여 상담자와 똑같이 행동하려고 한다(이만홍, 황지연, 2007, 218).

프로이트는 이러한 현상을 연구한 결과, 자신에 대한 현재의 감정이 아니라 내담자가 과거에 감정적으로 중요한 의미를 가지고 있었던 사람들, 특히 부모와의 사이에 해결되지 않고 억압되어 있던 감정들이 치료과정에서 되살아나, 그 감정을 치료하는 의사에게 전가시키는 것이라는 사실을 밝혀냈다.

정신분석에서의 전이는 내담자의 본능에 근거한 소망이나 충동을 재연하려는 것이다. 즉 전이는 정신분석 상황에서 내담자가 자신에 대하여 객관적으로 생각하지 않고 자기도 모르는 새에 상담자와 강렬한 관계에 들어가 자신의 욕동을 충족시키려는 것이다. 상담자와의 관계는 일차적으로 오이디푸스 갈등을 중심으로 형성된다. 오이디푸스 갈등을 가진 아이가 다른 성을 가진 부모에게 이끌리듯 내담자는 상담자에게 끌리는 것이다(최영민, 2010, 196).

예를 들면, 내담자가 동성 부모에 대한 억압된 분노, 적개심 등을 상담자에 대한 분노, 적개심 등으로 전이시켜 표현할 수 있다. 이때 표현되는 감정은 무절제하고 부적절한 방법으로 표현되는 것이 보통이다. 즉 어린 시절 충족되지 못한 이상적인 부모상을 지금-여기에서 또 다른 방법으로 추구해보고자 하는 수단으로서 내담자의 부모에 대한 감정이 상담자에게로 옮겨진 것이다. 내담자의 밑바닥의 감정, 어린 시절에 정서적으로 자기 자신에게 중요했던 대상에 대한 감정이 현재 이 시점에서 상담자에게로 옮겨져서 표현되는 것이다. 이것은 인간의 마음속 깊이 묻혀있던 감정으로서 가장 원초적인 감정이다.

전이는 과거에는 타당했을지 모르나 현재의 상황에는 적절하지 않은 퇴행된 반응이라고 할 수 있다. 상담자와 내담자 관계 안에서 이루어지는 전이는 상담자-내담자라는 현실적인 관계 안에서 형성된 관계가 아니다. 전이관계는 주로 내담자가 상담자에 대해 애정을 주는 사람, 강력한 권위자, 이상적인 전능자, 경쟁자 등으로 왜곡되게 느끼고 반응하게끔 하는 현상이다.

전이반응으로서 상담자를 애정을 주는 사람으로 생각한다는 것은 내담자의 의존욕구를 충족시켜 주고 사랑으로 돌봐주는 사람이라고 생각한다는 것이다. 그래서 상담자가 미소만 지어도 행복하고, 격려해주면 기뻐하고 행복감에 젖어들며, 상담자가 말이 없거나 침묵만 해도 자신을 거부하는 것이라고 받아들여서 불안해한다. 이러한 애정에 대한 욕구가 심하게 증폭될 경우, 때로는 상담자를 성적으로 유혹하기도 한다.

상담자에 대한 내담자의 전이현상에는 두 가지 왜곡이 있다. 하나는 시점의 왜곡이고, 다른 하나는 대상의 왜곡이다. 시점의 왜곡이란 내담자가 상담자에게 경험하고 있는 감정은 현재의 감정이 아니라 과거에 경험했던 감정의 재현인데, 현재시점으로 왜곡하는 것을 말한다. 내담자는 현 시점에서 그 감정을 느끼지만 실제로 그 감정은 과거의 것인 셈이다. 따라서 내담자는 현재에 살지만 실은 과거에 살고 있다.

대상의 왜곡이란 상담자에 대한 내담자의 감정은 실제로 상담자를 향한 것이 아니라는 것이다. 비록 상담자에 대해 어떤 감정을 경험했다 해도 그 감정은 다른 인물, 즉 내담자의 삶 속에서 중요한 의미를 차지했던 인물을 향한 감정이다. 이런 점에서 내담자는 현실 속에서 상담자를 만나고 있지만 무의식적으로는 다른 사람을 만나고 있는 셈이다(이장호, 정남운, 조성호, 2006, 83-84).

2. 전이의 종류

1915년에 프로이트는 내담자가 다른 권위적 인물과의 긍정적인 경험을 통해서 상담자에 대해 적절한 신뢰감을 지니는 것이 좋은 치료적 성과를 거두기 위한 필수조건이라고 지적한 바 있다. 그는 이러한 현상을 '긍정적 전이'라고 명명하면서, 치료에 핵심적인 이러한 협동적 태도가 상담 과정에서 흔히 표면적으로 나타나는 다른 전이와 다르다고 하였다(McWillams, 2007, 109).

프로이트는 내담자와 상담자 간의 튼튼한 관계가 치료에 결정적이며, 사실 그런 관계야말로 치료 성공의 매개체라고 보았다. 긍정적 전이는 내담자와 상담자 사이에 라포를 촉진한다. 이것은 부정적이고 적대적인 충동의 전이와 억압된 성애적 충동의 전이와는 구별되는 것이다. 적대적 전이와 성애적 전이는 치료과정의 방해물로 간주되고 분석의 대상이 되었다. 반면, 긍정적 전이는 장려되었으며 분석의 진행을 돕는 정서적 유대로 간주되었다.

긍정적 전이를 강조하는 것은 또한 공격적 충동과 관련된 상담자 자신의 갈등 때문일 수 있다. 상담자 본인의 공격적 소망뿐만 아니라 내담자의 분노까지 견뎌야 하는 상황이 힘들게 느껴질 때, 상담자는 반동형성의 색채를 지닌 방어에 의지하기 쉽다. 그 결과 상담자는 지나치게 온정적이고 치료적인 인물인듯한 인상을 준다. 이런 상담자는 내담자의 비위를 맞추는 행동에 치우쳐서 필요할 때 확고한 한계를 긋는 일이 매우 힘들다(Bauer, 2007, 151).

내담자의 욕구를 충족시키는 상담자는 대부분 내담자로부터 감사하는 태도를 불러일으킨다. 그러나 그런 행동은 이후의 전이 발달, 특히 적대감이나 분노 감정의 발달을 방해한다. 상담자가 과도하게 만족을 주고 친절하기만 하면 불쾌한 내사를 상담자에게 투사할 수 있는 내담자의 능력이 저해되어 그런 감정을 확인하고 탐색하기가 어려워진다. 그 결과 공격성을 둘러싼 내담자의 갈등을 다룰 수 없다. 내담자의 공격성이 억제되면 그런 감정은 치료 밖에서 행동화되기 쉽다. 또한 공격성 억제는 과도한 의존적 전이를 가져올 수도 있다. 이 경우 내담자는 끈덕지게 매달리는 관계 특성을 통해서 자신의 적개심을 표현하는 동시에, 상담자에 대해 의식적으로 가지고 있는 긍정적 감정이라는 수단을 통해서 이 적개심을 방어한다.

분노는 상담자 혹은 어머니에게서 분리되게 하는, 발달적으로 적절한 추진력의 일부가 된다. 그래서 내담자의 분노가 억제되면 심리적 분리의 점진적 획득이 어려워진다. 그러므로 내담자를 대할 때 '전적으로 좋기만 한' 이상화된 역할에 빠지지 않도록 조심해야 한다. 온유한 상담자와 접촉함으로써 내담자의 초자아에 어느 정도 변화가 생길 수 있지만, 그 실질적 변화는 자신의 충동, 불안, 갈등에 대해 훈습함으로써 얻는다. 이렇게 되지 않으면 내담자의 무의식 속에서는 친절한 상담자의 이상화된 이미지와 자신의 원래 부모의 이미지와 관련된 가학적 감정이 계속 교차할 것이다. 그럴 때 내담자의 초자아는 구원자 아니면 악마가 되어 지나치게 관대하거나 가혹해진다 (Bauer, 2007, 148-149).

긍정적 전이가 발생했을 때와 부정적 전이가 발생했을 때의 내담자의 행동이 달라지는데, 이러한 행동을 전이의 징조라고 한다. 긍정적 전이의 대상으로 상담자를 보게 되면, 내담자는 상담 시간 전에 미리 도착하고, 옷차림이나 외모에 신경 쓰게 되고, 상담실 환경에도 관심을 가지게 된다. 또한 꿈의 내용이 상담자와 관련된 내용이 많아지고, 상담효과가 좋다는 말을 하게 된다. 그리고 상담자의 신상에 대한 궁금증이 많아지면서 결혼은 했는지, 나이는 어떤지, 무엇을 좋아하는 지 등에 대한 관심이 커진다(이무석, 2003, 272).

긍정적 전이가 생기면 내담자들은 상담자를 좋아하는 감정이 생기고, 부정적 전이가 생기면 상담자를 미워하는 감정을 갖는다. 전이가 긍정적일 때는 상담에 큰 도움이 된다. 그러나 이것이 지나치면 상담자의 마음에 들려고만 하고 사랑받으려고만 하여, 상담이 정상적으로 진행이 되지 못한다(Freud, 1938; 이무석, 2003, 271-272).

부정적 전이의 경우는 상담 때문에 불편을 겪고 있다는 말을 자주 한다. 예를 들어, 상담실 환경이 마음에 안 들거나 주차장이 불편해서 오기가 힘들었다고 하거나, 상담에 오느라고 여러 가지로 곤란한 경우(비용부담, 아이들 맡기는 문제, 오고 가는데 시간이 많이 드는 경우 등)를 말하곤 한다. 또한 상담에 대하여 부정적인 예를 들어서 상담자를 난처하게 만드는 경우도 있다.

"책에서 읽었는데 상담을 해 봤자 별로 소용이 없다고 하던데요……."

이 외에도 상담자가 무섭다는 표현을 하거나 상담자가 많이 피곤해보여서 걱정이 된다는 등의 이야기를 하기도 한다. 상담자는 내담자가 이 시점에 왜 이 이야기를 하는지 생각해야 하고, '지금 내담자에게 나는 누구일까? 내면의 어머니일까, 아버지일까, 혹은 또 다른 사람일까, 혹은 ......?' 등을 생각해야 한다. 이런 질문을 하다보면 내담자의 전이 대상으로 있게 된 상담자 자신을 볼 수 있을 것이며, 내담자가 상담자를 과거의 누구와 연관시키고 있는지 볼 수 있고 적합한 해석을 해 줄 수 있다면 부정적 전이도 상담에 많은 도움이 될 수 있다(이무석, 2003, 272).

한 상담자의 사례다.

20대 중반의 수준 있는 대학원생인 내담자가 상담을 3회기 정도 잘 하고 있었는데, 하루는 상담자가 10분 정도 늦는 일이 발생했다.

그런데 내담자가 접수받는 직원에게 "저번에는 상담자가 상담을 좀 일찍 끝냈는데, 이번에는 10분이나 늦는다구요? 그게 말이 돼요?"라고 하면서 화를 냈다는 말을 전해 듣고 상담에 들어가게 되었다고 한다. 그 상담자는 2번은 상담을 길게 했고, 상담시간에 내담자가 만족하면서 가곤 했는데 왜 저렇게 까칠하게 굴까? 그 이유가 내담자의 과거와 무슨 연관이 있나 생각하면서 상담에 임했다고 한다.

그래서 상담을 하면서 말할 여건이 되면 내담자가 화난 것에 대해 이야기할 생각을 가지고 있었는데, 마침 그 내담자가 상담 주제로 꺼내놓은 것이 대학원 동료 중에 늦게 오는 사람이 너무 싫은 주제를 꺼내기에 "제가 늦어서 화가 났다는 것을 들었는데, 늦는 사람을 보면 유난히 싫으신가 봐요." 하면서 자신의 생각과 감정을 개방하였다고 한다.

그러자 그 내담자는 어린 시절, 엄마가 얼마나 까칠하고 까다로웠는지, 조금이라도 숙제를 늦게 하거나 학교에 절대 지각하면 안 된다고 강조해서 자신은 어린 시절 엄마같은 사람이 너무나 싫고, 난 크면 저렇게 되지 말아야지 하면서 자라왔는데, 지금 상담자의 말을 듣고 보니 자신이 엄마와 꼭 닮은 사람이 되어 있었다고 하면서 자신의 과거 이야기를 하였다.

이 내담자는 상담자에게 화를 낸 것이 아니라, 과거 어린 시절(과거 시점), 엄마(과거 대상)에게 꼭 화를 내고 싶었는데, 그러지 못했었던 어린 아이가 있었음을 통찰하게 되었다.

3. 전이의 발달과 해결

정신분석상담은 일반적으로 초기 단계, 전이의 발달, 훈습, 전이의 해결, 4단계로 구분할 수 있다. 정신분석상담 과정은 한 마디로 전이가 발달되어 해결되는 과정이라고도 볼 수 있다. 여기에서는 정신분석상담 과정에서 전이가 어떻게 발달하여 해결되는지, 전이의 발달과 전이의 해결을 중심으로 살펴보고자 한다.

상담자와 내담자간의 상담관계가 잘 발전되어 개별적인 친밀관계가 형성되면 내담자는 자신의 무의식 속에 있는 억압과 갈등의 문제들을 표출하게 된다. 이것이 전이의 발달이다. 전이는 내담자가 과거에 자기에게 있어 중요한 의미를 가졌던 어떤 사람과의 사이에서 해결되지 않은 채 그대로 남아있는 감정을 상담자에게 투사하는 것이다.[61]

상담이 진행되어 가면서 내담자는 감정 면에서 과거로 되돌아가게 되고, 그 감정들 속에 억압되어 있던 신뢰와 불신, 사랑과 미움, 적대감과 분노, 성욕과 불안들이 현재의 상황에서 재구성되면서 그러한 갈등을 상담자에게 전가시킬 때 전이의 감정이 일어난다.

이것은 마음속 깊이 숨겨져 있던 미숙하며 퇴행적인 감정이다. 사람들은 누구나 부모에 대하여 이상화된 부모상을 가지고 있다. 즉 나는 약하지만 부모는 전능한 존재-나의 부족한 것을 다 채워줄 존재-라는 환상이 있다. 이러한 환상이 크면 클수록 의존욕구가 끝없이 펼쳐진다(예: 학생-교사·교수, 성도-목사, 도움 받는자-도움 주는 자의 관계). 이상화된 부모상이 원만하게 해결된 사람은 전이가 급격하게 일어나지 않으며 믿음의 관계가 점진적이고 현실적으로 발전한다. 그러나 이것이 잘 해결되지 않은 사람은 전이가 급격하게 발생한다.

---

61) 클라인 학파와 대상관계 이론가들은 전이의 개념을 투사적 동일시의 개념을 통해 확장시켰다(Gabbard, 2007, 24-26).

이 외에도 특별한 이유 없이 그냥 싫거나 좋은 편견 등도 이상적 부모상으로부터 영향 받은 것인데 이때는 이상적 부모에게 느꼈던 그 감정을 전이감정을 느끼는 상대방에게 그대로 느낀다. 미숙한 사람은 이상적 부모상(긍정적)과 그 반대의 부모상(부정적)이 극단적으로 대립되곤 한다.

이때는 이야기하는 것 자체로서 만족하고 자기를 돌아보려는 마음은 아니기 때문에 상담이 잘 되지 않는다. 자신이 원하는 대로 되지 않으면 갑자기 화를 내고 원망하곤 하는데 이것은 합리적인 화가 아니다.

상담초기에서 중기로 넘어갈 때의 전환점은 내담자의 마음속에서 치료적 분리가 일어나는 것으로 구분된다. 내담자가 처음에 오면 자기 문제를 잘 파악하지 못한다. 그에게 문제는 외부적인 것이며 같이 생활하는 다른 사람의 탓이지 자기가 문제가 있는 것은 아니라고 생각한다. 그러나 상담자가 공감을 하며 내담자의 감정을 충분히 표현하도록 도와주면 나중에는 내담자의 자아가 자기 안에서 어떤 모순을 발견하게 된다(이만홍, 황지연, 2007, 119-120). 이것이 치료적 분리다. 이런 치료적 분리와 동맹은 상담 및 상담자와 내담자의 관계가 어느 정도 궤도에 올랐을 때 가능하며 그것을 기점으로 그 이후를 상담의 중기라고 본다.[62]

내담자의 심층심리와 전이가 가장 잘 표현될 수 있도록 하는 기법 중 하나가 상담자의 중립성과 절제를 지키는 것이다.

상담자의 중립성(neutrality)이란 내담자의 갈등에 대해 판단하지 않는 태도를 말한다. 즉 상담자가 자신의 가치관이나 종교관 혹은 자신이 선호하는 것으로 내담자를 판단하지 않는 가치관의 중립성을 의미한다. 의사들이 하는 선서 중 '환자가 어떠한 사람인지 판단하지 않고 그가 환자이면 무조건 치료

---

62) 상담 중기는 전이를 주로 다루는 것이라고 할 수 있다.

한다'는 원리와 같은 것이다. 중립성에는 대개 내담자에 대한 감정을 이야기하지 않고, 상담자 자신에 대한 정보를 제공하지 않는 것(익명성)이 포함된다. 상담자가 중립성을 지키면 내담자는 상담자의 반응에 관심을 갖지 않고 자신의 무의식적인 주제에 집중할 수 있게 된다(최영민, 2010, 107).

상담자가 절제를 해야 하는 이유는 내담자의 증상은 만족을 추구하고자 하는 욕동에서 비롯되기 때문에 이 욕동을 박탈시킬 필요가 있는 상황에서 만족을 주고자 하는 것을 절제하라는 것이다. 즉 내담자의 어떤 행동이나 습관은 그 행동을 함으로써 무엇인가 유익이 있는 것이다. 내담자는 분석 상황에서 전이 만족이 일어나면 상담을 지속할 동기를 잃게 된다. 그렇기에 내담자의 욕동 만족은 절제되어야 하고 상담자는 내담자의 전이를 만족시켜 주지 않아야 한다는 것이 절제의 규칙이다.

중립성을 지키고 절제의 태도를 보일 때, 상담자는 내담자가 자신의 무의식적 내용들을 마음껏 투사할 수 있는 텅 빈 스크린의 역할을 하게 된다. 즉 상담자는 내담자의 깊은 심리가 제한 없이 있는 그대로 전이되는 대상이 될 수 있다. 궁극적으로 상담자의 절제와 중립성의 태도는 내담자의 자아가 무의식적 갈등을 이해하는데 몰입할 수 있게 만들어준다(최영민, 2010, 108).

전이감정을 표현할 때 상담자가 변하지 않는 일관성으로 대해 주면 내담자는 자신의 전이 감정을 알게 되어 치유될 뿐 아니라 인격적인 관계, 인격적인 만남이 무엇인지 알게 된다. 따라서 전이를 표현할 때 같은 사랑, 같은 감정, 같은 태도로 일관성 있게 대하고 해석해주면 내담자의 변화가 일어난다. 즉 화내고, 욕도 하고, 고마움도 표현하는 등 온갖 행동을 다해도 변함없이 일관성 있게 대해주면 된다.

전이관계가 잘 발달되었으면 그것을 해결하고 처리해야 한다. 그런데 정신분석상담에서 전이의 처리는 상담의 종결단계를 의미한다. 전이의 처리는 상담자에 대한 내담자의 무의식적이고 신경증적인 애착이나 적대감을 해결하는 것이다. 이 단계에서는 극적인 현상들이 나타나는데, 전이의 처리와 함께 상담을 하게 된 원인이었던 증상들이 갑자기 없어지거나 현저히 약화된 현상을 보이는 것과, 지금까지 억압되었던 기억들이 나타나서 상담의 초기에 행해졌던 상담자의 해석이나 재구성을 확실히 입증시켜 주는 것이다(박윤수, 1994, 122-125).

전이는 억압되고 감춰진 갈등을 의식으로 떠오르게 해 주고, 그 갈등의 해결을 모색할 수 있는 자리를 마련하는 데 중심적인 역할을 한다. 전이 분석은 다음의 세 가지 관계 상황에 대한 해석적 초점을 포함한다.

첫째, 과거 어린 시절의 관계
둘째, 분석 당시 대상과의 현재 관계
셋째, 내담자와 상담자 사이의 지금-여기에서의 즉시적 관계

전이의 분석을 통해 내담자는 현실과 환상, 과거와 현재를 구분할 수 있게 되며 아동기의 환상적 소망이 얼마나 영속적인가를 깨닫게 된다. 결국 내담자는 자신의 무의식적 환상에 무의식적으로 반응하는 대신에 자신의 충동과 불안이 갖는 비현실적 특성을 평가하게 되고, 보다 성숙되고 현실적인 결정을 하게 된다.

전이가 효과적으로 분석이 된다면 상담에 많은 도움이 되지만, 위험성도 그만큼 크다. 프로이트는 전이의 위험에 대하여 다음과 같이 표현하였다(Freud, 1938; 이무석, 2003, 274-275).

"전이의 위험은 내담자가 전이를 과거의 반복으로 믿으려 하지 않고 실제 경험이라고 믿는 것이다. 판단력이 없는 어린아이처럼 맹목적으로 믿어 버린다. 에로틱한 감정을 느끼게 되면 자신이 열정적인 사랑에 빠진 것이라고 믿는다. 그러나 사랑이 거부당하고 부정적 전이로 돌아서면 모욕감을 느낀 나머지 분석가를 적으로 보고 증오한다. 그리고 분석을 포기하려고 한다. 치료 초기에 맺었던 약속은 사라져버리고 공동의 동맹도 어려워진다.

때문에 상담자는 내담자가 이런 상태에 빠지기 전에 미리 그런 낌새가 보이는 환상에서 벗어나게 해 주어야 한다. 실제라고 믿고 있는 전이감정이 과거의 반복이라는 것을 계속 되풀이해서 제시해 줄 필요가 있다. 내담자의 사랑이나 적대감이 극단적인 상태까지 가지 않도록 조심해야 한다. 극단적인 상태까지 가면 내담자는 여러 가지 근거를 제시해도 도무지 받아들이지 않는다. 따라서 조기에 가능성을 발견하고 대비하는 것이 좋다. 이런 징후가 최초로 나타날 때 파악해야 한다."

전이현상을 성공적으로 분석하고 나면 과거의 사건에 대한 기억이 촉진되며, 이러한 촉진된 기억으로 인해 전이의 본질을 더욱 분명히 알 수 있게 된다. 전이의 이해와 기억 간의 이러한 상호작용은 통찰을 더욱 공고히 하며 해석에 대한 확신을 강하게 해준다.

전이 분석은 과거의 경험이 전이와 역전이에 남겨 놓은 앙금을 제거하는 점진적이고 힘든 경험이다. 그러므로 분석이 성공적이면 상담자와 내담자는 마침내 마음으로 대면하여 만나게 되고, 개별적인 존재로서 서로를 알게 되었음을 깨닫는다. 이것은 인격적인 사랑으로 만나는 치유적 관계다.

지금-여기에서의 작업은 새로운 관계 경험을 촉진하려는 시도다. 이것은 교정적인 정서 체험을 하도록 전이를 조작해서 되는 것이 아니다. 전이 자료를 체계적으로 훈습하고 해소하여 자기와 타인에 대해 새로운 경험을 하도록 돕는 일이다. 전이 왜곡과 그에 따른 대인관계 갈등을 확인하고 훈습하면, 상담자는 이제 새로운 방식으로 관계를 맺도록 내담자를 이끄는 새로운 대상이 된다.

이 과정에서 내담자가 이전과는 다른 방식으로 관계를 경험하도록 북돋는 상담자의 능력이 중요하다. 내담자는 새로운 대상을 발견하는 것이 아니라 기존의 대상을 새롭게 발견한다. 내담자는 전이적 태도에서 비롯된 왜곡을 이해하고 훈습하면서 상담자를 출발점으로 하여 타인을 새롭게 보기 시작한다.

상담자가 가진 목표는 내담자가 상담자를 투사의 산물이 아니라 그 나름의 장점과 약점을 가진 한 인간으로 보도록 돕는 것이다(Bauer, 2007, 219-220). 지금-여기에서의 작업의 목표는 먼저 상담자와, 그 다음에는 다른 사람과 보다 현실적인 대상관계를 형성하는 것이다.

전이가 지각적, 정서적 편견이라면, 전이의 해소는 치료 상황을 보는 방식에 융통성을 더하고 좁은 안목을 넓히도록 돕는다. 상담자와 내담자는 과거로부터 물려받은 과도한 유산이 제거된, 현실을 반영하는 새로운 관계를 만들어 나간다(Bauer, 2007, 221). 내담자는 모든 것을 다 아는 누군가에게서 해결책을 얻기를 원하였으나, 가장 효과적인 해결책은 자신의 내부에서 나온다는 것을 배우게 된다.

이러한 배움의 경험은 일종의 상실이자 자기애적 타격이 된다. 내담자는 모든 것을 올바르게 잡아 줄 부모상이 존재한다는 환상을 잃고 상담자는 그런 존재가 될 수 있는 기회를 잃는다. 이러한 상실은 큰 고통을 준다. 그래서 내담자와 상담자 모두에게 저항을 가져올 수 있다(Bauer, 2007, 224-225).

4. 지금-여기의 전이의 중요성

전이현상의 발견은 프로이트의 가장 위대한 발견 중 하나로 꼽히고 있다.[63] 내담자는 전이현상을 통하여 망각하고 있던 과거의 기억들과 억압된 무의식 속의 문제들을 상담 장면에서 재연하게 된다. 이러한 전이의 분석은 정신분석상담의 초석이 되는 것이다.

내담자는 이를 통하여 과거와 현재, 환상과 현실을 분별하게 되고, 자신을 괴롭히고 있는 문제의 근원을 현실적으로 이해하게 된다. 그리하여 과거 경험에 대한 자신의 잘못된 지각, 잘못된 해석, 잘못된 반응을 깨닫게 되어 비현실적인 충동과 불안에서 벗어나 현실적인 수준에서 합리적인 결정을 할 수 있게 된다. 즉 전이의 분석은 내담자가 겪고 있는 갈등의 성질에 대한 통찰을 가져온다. 따라서 정신분석상담의 절정은 전이다. 상담관계를 발전시키는데 가장 중요한 기능 중 하나가 바로 전이의 해결이다.

정신분석에서는 왜 상담자-내담자 관계에서 전이관계를 중요시 여기는 것일까? 심리치료는 치료환경과 치료과정의 두 가지 요소로 구성되어 있다. 여기서 치료환경은 내담자 요인, 상담자 요인, 상담자-내담자 요인, 사회문화적 요인, 영적요인 등으로 구성되어 있으며 치료과정은 치료전략 및 치료적 사건들로 구성되어 있다(Korchin & Sands, 1983, 274).

결국 치료동맹은 치료환경에, 전이관계는 치료과정에서 중요한 요인이 된다. 따라서 정신분석치료에서 전이관계를 매우 중요시한다는 것은 치료과정(치료전략 및 기법)을 매우 중요시한다는 것을 의미한다.

---

63) 전이는 정신분석에 가장 큰 장애물로 알려져 있지만, 만약 매 순간 전이의 존재를 알아차리고 내담자에게 설명할 수만 있다면 정신분석의 가장 강력한 아군이 된다(Freud, 1905, 117). 전이 현상이 정신분석에 가장 큰 어려움을 가져다준다는 사실은 재론의 여지가 없다. 그렇다고 내담자의 숨겨지고 잊힌 성애적 충동을 현재에 드러나게 하는 데 전이가 더없이 중요한 역할을 한다는 점을 잊어서는 안된다. 왜냐하면 궁극적으로 무엇인가를 없애기 위해서는 그 대상이 여기 없거나 단지 형상으로만 존재해서는 안 되기 때문이다

　　지금-여기에 초점을 맞추는 접근은 전이 신경증을 의도적으로 촉진하여 퇴행적 유아기 갈등에 접근해 가는 것을 강조하지 않는다. 그보다 자기 패배적이고 부적응적인 특정한 관계 양식을 탐색하고 훈습하는 것을 더 강조한다.

　　상담자는 전이 신경증을 촉진하기 위해 절제의 원칙을 지키기보다, 내담자-상담자 상호작용을 적극적으로 탐색함으로써 내담자가 자신의 대인관계 양식이 어떻게 발달했고 유지되며 어떤 의미를 갖는지 이해하도록 돕는다(Bauer, 2007, 21).

　　지금-여기에서의 전이 분석 과정에서는 전이 이외의 것에 대한 해석(즉 내담자의 전이 경험과 관련이 없는 과거나 현재의 삶에 대한 해석)보다 전이 해석이 앞선다. 전이 해석은 비전이 해석보다 더 효과적이며 위험도 적은 편이기 때문이다. 전이 해석이 더 효과적일 수 있는 것은 그것이 정서적으로 즉시성을 가지기 때문이다. 전이 해석은 현재 눈앞에 존재하는 사람에게 느끼고 표현하는 충동을 다룬다.

　　반대로 비전이 해석은 시간적으로나 공간적으로 멀리 떨어져 있는 충동을 다루는 경향이 있다. 따라서 비전이 해석에서는 즉시적인 에너지가 희박해지기 쉽다. 전이 해석이 덜 위험하고 정확성이 더 높을 수 있는 것은 지금-여기에서의 전이 해석에서 탐색되는 사건을(발생 기원적이든 현재의 것이든) 비전이 해석에서 탐색되는 사건보다 더 잘 알 수 있기 때문이다.

　　지금-여기에 초점을 맞추면 과거나 현재의 삶에 대한 내담자의 말에서 얻을 수 있는 것보다 좀 더 신뢰할 만한 자료를 얻을 수 있다(Bauer, 2007, 34-35). 예를 들어 중요한 타인에게 사랑받고 싶은 내담자라면 상담자한테서도 같은 관계를 맺을 가능성이 상당히 높을 것이다. 상담자는 이러한 치료 밖의 관계 패턴을 지금-여기의 상담 현장에서 자료로 가져와 두 사람의 관계를 좀 더 정확히 이해하는 데 활용할 수 있다.

과거에 내담자에게 강렬한 영향을 주었던 감정이 심층 깊숙이 억압되어 있다가 무의식의 의식화 과정에서, 과거의 감정을 지금 이 순간에 재경험 하게 된다. 그때 이 감정은 마치 내담자의 내부에서 생겨나는 것처럼 착각하게 되고 상담자에게 그 감정의 원인을 돌리게 되는 것이다. 이때 내담자는 과거와 현재를 혼동하며, 상담자는 내담자에게 의미 있었던 과거의 인물의 대용품이 된다.[64] 그래서 전이의 분석이야말로 정신치료의 절대적인 요소이며, 정신분석적 접근의 성패는 주로 전이관계의 발전과 그 처리에 달려있다 해도 과언이 아니다(박윤수, 1994, 128-129).

5. 전이에 대한 상담자의 자세

사람의 핵심역동은 반복적이며 강박적인 경향이 있다. 인간에게는 원초적인 욕구가 반복된다. 아주 어린 시절부터 억압된 인정받고 싶은 욕구, 이것이 항상 묻어있어서 이러한 기본역동이 상담자에게 전이된다. 따라서 자신의 전이 감정을 잘 보면 핵심 역동을 금방 알 수 있으며, 전이가 발생하면 핵심 역동을 치유할 수 있는 기회가 된다.

전이는 엄청난 가치를 가진 치료의 보조 도구가 되는 만큼, 심각한 위험이 되기도 한다. 그러므로 상담자는 전이를 잘 인식할 필요가 있다. 내담자의 전이에 의한 미움, 분노, 사랑, 비난에 당황하지 말고 이런 감정과 행동이 갖는 무의식적 의미를 발견해야 한다. 이를 위해서는 전이의 징조를 알고 있어야 한다.

상담현장에서 가장 보편적이고 일반적으로 나타나는 전이감정은 의존욕

---

64) 이러한 전이감정을 제대로 이해하지 못하는 상담자는 감정에 동요를 일으켜 내담자에게 감정적인 반응을 보이게 된다. 이러한 현상을 역전이라고 하는 것이다.

구에서 시작된다. 기독상담에서도 전이가 일어나면 하나님과의 관계를 떠나 목사 혹은 전도사 등 신앙적인 권위에게 사랑과 인정을 받으려는 쪽으로 향하게 된다. 그렇게 되면 처음에는 목회자를 아주 완벽하고 신비하게 보며 그에게 온갖 사랑과 존경, 기대와 환상을 투사하게 된다. 이것은 전적으로 유아기적인 감정으로서 목회자의 모든 것이 최상의 선이라고 생각하는 기대인 것이다. 한 인간으로서 목회자는 계속 그것을 충족시켜 줄 수 없다(이만홍, 황지연, 2007, 242).

기독상담은 내담자의 전이감정을 인간에게 표현하기보다 하나님께로 가져가도록 할 책임이 있다. 그렇지 않으면 주님께로 갈 마음을 상담자에게 향하도록 하는 우를 범할 수 있기 때문이다. 꼭 필요한 것 외에는 주님을 보도록 이끌어 주어야 한다. 상담자 역시 은혜 입은 죄인임을 인식하고 궁극적인 길잡이는 하나님이라는 것을 알게 한다.

아무리 위대한 신앙인이라도 그 사람이 하나님의 자리를 대신할 수 없다. 이러한 생각을 가지고 있다면 그것 자체가 우상이다. 그래서 우상을 버리고 변하지 않는 진리이신 예수를 만나도록 이끈다. 이와 같은 관점에서 본다면 전이의 해결이 궁극적으로 하나님 아버지에 대한 변함없는 사랑을 알게 되고 하나님만을 의지하게 되는 것이라고 할 수 있다.

이것을 위해서는 상담적인 방법이나 상담자에 대한 신뢰와 의존을 통해서는 궁극적인 문제가 해결될 수 없다는 사실을 받아들이도록 이끈다. 인간적인 방법이 별 것이 아니라는 깨달음이 일어날 때 하나님의 방법을 찾게 된다. 이 말은 인간적인 방법이 도움이 안 된다는 의미가 아니라 인간적인 방법에는 한계가 있으며 단편적인 해결책에 지나지 않는다는 것을 깨닫기 때문에 그것을 놓고 하나님께 나아가게 된다는 의미다.

[요약]

1. 전이란 내담자가 어린 시절의 경험 중에 어떤 특정인(특히 중요한 타인)에게 가졌던 충동, 바램, 느낌 등을 무의식중에 상담자에게 표현하는 일종의 전치 작용이며, 전이관계는 치료과정에서 중요한 요인이 된다.

2. 전이의 종류에는 긍정적 전이와 부정적 전이가 있는데 프로이트는 상담자에 대해 적절한 신뢰감을 지니는 것이 좋은 치료적 성과를 거두기 위한 필수조건이라고 지적하고 이를 '긍정적 전이'라고 하였다. 부정적 전이가 일어나면 내담자가 여러 다양한 이유를 들어 상담자를 힘들게 하므로 상담자는 이에 대한 자각과 통찰을 가지고 부정적 전이를 해결할 수 있어야 한다.

3. 정신분석상담은 일반적으로 초기 단계, 전이의 발달, 훈습, 전이의 해결로 구분할 수 있다. 이것은 정신분석상담에서 전이가 얼마나 중요한지 의미하는 것이므로 상담자는 전이가 어떻게 발달하여 해결되어 가는지 잘 알고 있어야 한다.

4. '지금-여기에서의 전이 분석'은 내담자와 상담자 사이의 지금-여기에서의 관계를 대인관계 갈등의 발생적 원인을 논의하기 위한 발판으로 사용하기보다는 그 갈등을 명료화하고, 탐색하고, 수정하기 위해서 활용하는 것을 강조한다.

5. 상담자는 내담자의 전이에 의한 미움, 분노, 사랑, 비난에 당황하지 말고 이런 감정과 행동이 갖는 무의식적 의미를 발견해야 한다. 그리고 전이의 징조를 알고 있어야 한다.

10장

역전이

PSYCHODYNAMIC
COUNSELING

1. 역전이의 의미

2. 역전이의 종류

3. 역전이 사례

4. 역전이에 대한 상담자의 자세

10

역전이

| 학습목표 |

상담 과정에서 생기는 역전이의 개념을 충분히 이해하며
그것을 해석하고 처리하는 방법을 배운다.

1. 역전이의 의미

　상담자가 내담자의 전이 감정에 대한 반응으로 상담자 자신이 자신의 어린 시절의 감정을 표현하는 것이 역전이다. 상담은 상담자와 내담자 사이의 특별한 관계를 통해서 이루어지는 것이기 때문에 상담자 입장에서 보면 내담자에 따라 여러 가지 다른 관계 양상과 감정을 경험하게 된다. 이 과정에서 상담자가 자신의 심리적인 문제를 의식화하지 못한다면 그것이 상담자에게 독특한 감정을 불러일으킬 수 있다.

　상담자는 어떤 내담자가 유난히 불편하게 느껴져서 상담을 하기 싫거나, 답답하고 부담스럽게 느끼거나, 얄미워서 안 와줬으면 하는 생각이 들기도 한다. 심지어는 상담을 포기하고 싶을 때도 있을 수 있다. 또한 어떤 경우에는 이성 내담자에게 호감이 생기거나 성적으로 흥분이 일어나는 경우 죄책감을 느낄 수도 있다.

　또한 반대로 참 귀엽고 좋거나, 유난히 흥미를 느끼게 되거나 해서 그 내담자와의 상담이 기다려지기도 한다. 때로는 상담이 끝나고 난 후에도 그 내담자 생각이 나면서 유난히 염려되고 그에 대한 꿈을 꾸기도 한다. 이러한 감정을 느끼는 것은 상담자도 한 인간이기 때문이다. 이렇게 상담과정에서 느끼게 되는 상담자의 다양한 감정적 반응들을 역전이라고 한다.

역전이는 상담자가 어떤 내담자에게서 자신의 어린 시절 정서적으로 중요하게 생각했던 사람에게서 느꼈던 감정을 느끼게 되는 것을 말한다(이만홍, 황지연, 2007, 325). 내담자들이 상담에게 전이를 느끼듯, 상담자들도 상담의 과정에서 자주 걸리는 역전이 패턴이 있을 수 있다.

예를 들어 어린 시절 어머니에게서 심한 학대와 무시를 받고 자라난 내담자(이 내담자의 내면에 어머니-자기 대상관계가 존재)가 상담하는 동안 상담자에게서 자기를 학대하거나 무시하는 표현이나 말투를 느끼고 상담자를 무서워할 수 있다. 이때 상담자도 내담자에게 화를 내거나 실제로 내담자를 학대하면서 무시와 거절을 줄 수도 있는데, 이런 역동에 휩싸이게 된다면 이것은 내담자가 상담자에게 화를 내도록 유도한 것일 수도 있지만 (이것이 바로 투사적 동일시), 반대로 상담자가 미처 해결하지 못한 자신의 심리 때문에 내담자에게 화를 내고 부정적이 될 수도 있다. 이러한 상황이 발생하는 경우, 상담자는 자신의 무의식 역전이가 상담 상황에서 영향을 주고 있는 것은 아닌지, 즉 내담자의 문제가 상담자의 문제와 혼재되어 나타나고 있는 것은 아닌지 자각하고 통찰하는 시간을 가져야 한다.

역전이는 상담에 심각한 걸림돌이 된다. 그러므로 상담자가 갑자기 당황하고 화가 나며 불편할 때는 왜 그럴까 생각해보아야 한다. 역전이는 전이와 맞물려 오는 경우가 많아서 혼란스러울 수 있다. 역전이가 발생하면 내담자가 상담자를 자기중심적으로 이용하거나 부정적 감정으로 이어질 수 있으므로 이럴 때는 상담관계를 포기해야 한다.

또한 역전이가 생기게 되면 내담자의 강한 감정표현, 즉 너무 부끄러워한다거나 심하게 화를 낸다거나 몹시 슬퍼하는 등의 상황에 함께 있는 것이 힘들어진다. 상담자가 역전이 상황에 놓이게 되면 내담자가 상담과정에서 관련된 누군가에 대해 얘기하면서 심하게 분노를 표현한다거나 서럽게 울며 애도의 감정을 표현하는 것을 상담자가 견디기 힘들어진다.

또 다른 역전이 양상은 상담이 진행되면서 내담자가 의존에서 벗어나 점점 독립해 가고 문제를 해결하는 능력이 생겨나 성공적으로 일을 수행할 때 상담자가 이를 기뻐하기보다 불편해하는 것이다(이만홍, 황지연, 2007, 328-329). 상담의 종결단계에서 상담자에게 흔히 나타나는 역전이 양상은 내담자와 헤어지는 것에 대한 힘든 감정이다.

2. 역전이의 종류

상담자가 내담자를 마치 자신의 내적 대상이라도 된 것처럼 착각하는 역전이를 일반적인 의미의 역전이로 보지만, 또 다른 종류의 역전이는 내담자가 자기 마음의 대상을 상담자에게 주어 상담자로 하여금 그 역할을 하게 하는 경우도 있다. 이러한 역전이는 역할반응이라고 하는데 여기에는 투사적 동일시 방어기제가 작용한다(이무석, 2003, 276).

1) 상담자가 일으키는 역전이

내담자에 대한 역전이의 반응은 의식영역의 반응과 무의식영역의 반응이 있다. 역전이가 무의식의 영역이라면, 의식 영역에서 일어나는 반응은 역반응(counter-reaction)이다. 상담자가 내담자에 대해 여러 감정-초조감, 조바심, 지루함, 기쁨, 만족, 호기심, 염려, 불신감, 자신감, 동정, 좌절감, 성취 등-을 느낄 수 있지만 이러한 감정이 내담자의 행동과 현실적인 관계에서 적절하며 상담 관계에 영향을 주지 않을 때는 역반응이라고 한다. 이러한 역반응을 가지고 내담자가 다른 사람에게도 이러한 반응을 불러일으킬 것이라는 예상을 할 수 있다(이무석, 2003, 277).

그러나 이와는 달리 무의식의 영역에서 일어나는 역전이는 일단 역전이에 빠진 다음에야 뒤늦게 깨닫는 것이 보통이다. 그래서 역전이의 징조들을 알아둘 필요가 있다. 역전이의 징조로는, 상담자가 내담자에게 자신을 의지해주기를 바라는 강한 욕구를 느끼는 전능의 욕구, 내담자를 마음대로 조종하고 싶은 욕구, 동성이나 이성에게 너무나 편한 경우, 자신의 호기심 충족으로 내담자의 사생활을 캐묻는 경우, 그리고 이와 반대로 정보 탐색이 부담스러운 경우도 역전이의 징조일 수 있다. 어떤 특정 내담자가 부담이 되는 경우, 말 실수하는 경우, 약속을 잊는 경우, 내담자에 대한 꿈을 꾸거나 생각이 많이 나는 경우, 내담자에 대한 분노, 죄책감, 과도한 동정심이나 걱정, 성적 관심 같은 강한 감정 반응 등도 역전이의 징조일 수 있다(이무석, 2003, 278).

상담자가 자신의 역전이를 발견하고 해결하기 위해서는 개인분석을 받거나 슈퍼비전을 받는 것이 도움이 된다. 그리고 믿을만한 자리에서 내담자에 대한 자신의 감정상태를 표현하다보면 무의식 속에 숨어 있던 역전이 반응이 자연스럽게 발견되기도 한다. 만약에 자신의 무의식적 역전이를 잘 모른다면 상담자가 내담자를 괴롭게 할 수도 있다. 내담자에게 너무 과하게 잘해준다거나, 성적인 갈등이나 상담자가 좋아하지 않는 주제를 꺼내놓을 경우 혐오감을 느낀다거나, 미처 문제를 보지 못하고 놓치는 등의 실수로 내담자에게 도움을 주지 못할 수도 있기 때문에 상담자는 자신의 역전이가 어떤 경우에 발생하는지 세심하게 자각하려는 노력이 필요하다.

2) 내담자가 일으키는 역전이 : 역할반응

프로이트는 역전이를 상담에 방해되는 것으로 보았지만, 하이만(Paula Heimann)이나, 산들러(Joseph Sandler) 등은 내담자를 이해하는 도구가 될 수 있다고 하였다. 산들러는 역전이 중에서 내담자가 준 역할을 상담자가 받아서 행동하는 역할 반응(role response)으로서의 역전이가 있다고 했다(이무석, 2003, 280).

한 사례에서 자신의 딸과 동일시 된 여성을 상담하게 된 경우, 어렸을 때 딸을 충분히 돌보아 주지 않았고, 좋은 어머니역할을 해주고 싶은 동일시 감정을 가지고 있었기에 내담자가 원하는 대상으로 있어준 사례를 제시해 주었다. 내담자가 상담자에게 자신이 원하는 대상으로 있어주기를 바라는 반응이 바로 역할반응 역전이다. 내담자는 자신의 어머니에게 원했던 대상을 상담자에게 바라고, 상담자는 그 역할을 아무런 갈등도 없이 해 주고 있다면, 이것이 바로 투사적 동일시 방어기제를 내담자가 사용하고 있는 격이 된다(이무석, 2003, 282).

죄책감이 많아서 처벌을 받고 싶은 내담자가 상담자에게 처벌자의 역할을 하도록 요구할 수 있다. 결과적으로 상담자는 내담자가 원하는 행동이 바로 무의식적 욕구(대상관계)에서 발현된 것임을 알고 분석할 수 있다면 상담은 더 깊은 수준으로 발전될 가능성이 높다. 그러므로 상담자는 내담자가 자신에게 어떤 역할을 해주기를 원하는지 파악할 수 있어야 한다.

3) 다양한 역전이 종류

이 외에도 상담자에게 일어날 수 있는 역전이로는 다음과 같은 것이 있다(Gabbard, 2007, 225-234).

① 구원자 역전이

상담자는 내담자를 도와주는 조력관계에 있기 때문에 내담자의 문제를 해결해 주려는 동기가 다른 사람들보다 좀 더 강한 경우가 많다. 이런 욕구가 강한 상담자가 의존욕구가 강한 내담자를 만나 상담하는 경우, 구원자가 되고 싶은 역전이가 일어날 수 있다. 특히 상담자에게 사사건건 자신의 힘든 상황을 알아주기를 바라는 경우 상담시간 외의 시간을 할애하여 돕거나, 반대로 너무 많은 문제를 가지고 수시로 도움을 요청하는 내담자가 부담스럽고 싫어질 수도 있다.

② 무력감 역전이

구원자 역전이와는 반대로 상담자로서 더 이상 내담자를 도울 수 없거나 전문가적인 역할을 할 능력이 없다고 느낄 때가 있다. 이것이 무력감 역전이다. 무력감 역전이가 일어나면 내담자의 핵심 주제가 무엇인지, 어떻게 도와야 할지 생각이 안 나고 의욕도 사라지게 된다. 이런 무능력한 순간은 여러 상황에서 일어날 수 있는데, 감정적, 사고적, 관계적, 신체적 무력감을 느낄 수 있다.

상담자가 신체적으로 무력감을 느끼거나 위협을 느낄 때는 "이런 방식으로 저를 위협하신다면, 저는 생각을 할 수가 없습니다. 상담을 계속해 나가기 위해서는 안전한 환경을 만들 필요가 있습니다."라고 말할 수도 있다.

③ 지루함(또는 졸음) 역전이

몇몇 내담자들은 그들의 특징상 모든 상담 환경을 지루하게 만들기도 한다. 예를 들어, 강박성 성격장애자는 일관성 없는 세부사항을 감정 없는 단조로운 어조로 매우 자세하게 늘어놓아 상담자로 하여금 견딜 수 없는 지루함을 느끼게 한다. 내담자들은 이렇게 상담자를 '마취'시키는 형식으로 상담시간을 조절함으로써 상담자가 할 모든 예상 밖의 상담적 접근을 막으려 하기도 한다.

반대로 자기애성 성격장애 내담자는 온통 자기도취에 빠져 있는 독백을 함으로써 상담자를 지루하게 만들기도 한다. 이런 내담자의 경우 상담자는 내담자의 삶에서 의미 있는 역할을 맡지 못하여 결국 어떤 상담자든지 지루함을 느끼게 만든다. 이런 따분한 내담자를 매혹적인 탐구 대상으로 바라보는 것이 바로 상담의 기술이다.

이런 경우 사용할 수 있는 몇 가지 예를 들어 보자.

"오늘 당신의 이야기는 당신도 별로 흥미가 없는 것 같이 느껴집니다. 이 이야기만으로 계속 진행이 된다면 그냥 시간만 보낼 것처럼 보이네요."

"당신이 오늘 이야기하시는 동안 저는 당신의 이야기에 대해서 제가 관심을 갖기를 원하지 않는 것 같다는 느낌을 받았습니다."

"지금 우리 사이에 어떤 상황이 진행되고 있다고 느끼시나요?"

이런 반응이나 질문들은 상담자와 내담자 사이에 일어나는 현재의 상황에 대해 탐색할 수 있도록 해주는 동시에, 각자가 서로에게 영향을 미치는 치료적인 환경이라는 것을 내담자에게 강조해 줄 것이다(Gabbard, 2007, 228-230).

④ 성애 역전이

내담자에게 성적인 감정이 느껴지는 것은 상담자에게 상당히 혼란스러운 문제가 될 수 있다. 초심 상담자라면 상담자의 성적인 감정을 내담자에게 투사해서, 마치 그런 유혹적인 감정이 내담자에게서 전적으로 나오는 것으로 생각하기도 한다. 이런 방어법은 여성 내담자를 치료하는 초보 남성 상담자에게서 특히 빈번하게 관찰되며 이 혼란스러운 성적인 감정을 다루기 위해서 남성 상담자는 여성 내담자가 '유혹적'으로 행동하고 있다고 생각하기도 한다. 이런 방식으로, 문제가 상담자 보다는 내담자에게 있다고 바라보는 것이다.

어떤 내담자들은 지나치게 유혹적이며 드러내 놓고 성적인 행동을 함으로써 상담자가 상담자의 역할을 할 수 없다고 느끼게 만들기도 한다.

예를 들어, 한 남성 상담자가 자신의 여성 내담자가 상의를 벗을 때 당황하여 아무 말도 못하고 있다가 결국 내담자가 자신의 가슴을 노출하는 단계까지 가게 되었다면, 그는 상담을 계속하기가 불가능하다고 느끼고 내담자에게 옷을 입고 자신의 자리로 돌아가라고 말할 것이다. 이런 순간에는 심사숙고하기보다 곧바로 직설적으로 말하는 것이 최선의 방법이라고 할 수 있다(Gabbard, 2007, 234).

일부 내담자들은 대단히 매력적이기 때문에 상담자가 객관적으로 생각하기 어렵고, 상담에 전심전력하기 어렵게 만든다(Gabbard, 2007, 230-233). 이런 경우에는 수퍼바이저에게 슈퍼비전을 받거나 동료상담자의 도움을 받는 것이 도움이 된다. 그러나 계속해서 문제가 지속된다면 다른 상담자에게 내담자를 의뢰하는 것이 좋다.

3. 역전이 사례

상담 현장에서 내담자는 자신의 감정과 생각에 아무런 비판 없이 온전히 몰입해주는 상담자에게 사랑을 느끼는 것은 어쩌면 자연스러운 인간의 감정일 것이다. 상담자 역시 자신의 사랑을 온전히 받아들이고 자신을 사랑해주는 내담자에게 긍정적인 감정을 느낄 수 있다. 이런 점에서 내담자의 전이감정과 상담자의 역전이감정은 인간이 느낄 수 있는 감정의 연결선상에서 이해될 수 있는 것이다. 다만 그 감정이 일시적인 것이고 서로가 책임져야 할 상황과 사람이 있다는 점에서 책임지지 못할 관계로까지는 이어지지 않도록 할 과제가 남아있는 것이다. 내담자의 전이와 상담자의 역전이가 서로 긍정적이지만 부적절한 감정으로 연결될 때 그러한 관계의 책임은 상담자에게 더 책임이 있다고 할 수 있다.

'사랑과 추억'이라는 영화는, 어린 시절 상처로 인해 상담을 시작하게 된 톰(닉 놀티)과 상담자 수잔(바브라 스트라이샌드)이 상담을 통해 서로가 호감을 가지게 되는, 전이와 역전이 관계가 아주 잘 드러난 영화다.

영화의 줄거리는 다음과 같다. 톰은 고등학교 미식축구 코치를 하다가 실업자가 된다. 그는 또한 아내와 대화가 단절되어 고통을 겪는다. 그러던 어느 날 톰은 어머니의 방문을 받고, 톰의 쌍둥이 여동생인 사바나(멜린다 딜론)가 뉴욕에서 자살을 시도했음을 알게 된다. 톰은 급히 뉴욕으로 가 여동생의 담당의사이며 상담자인 수잔을 만난다. 톰은 수잔과 상담을 하지만 무언가를 숨기려고 한다. 수잔은 사바나가 억압하고 있는 어린 시절의 기억을 복원하는 것이 상담의 첩경이라 판단한다.

상담을 하면서 톰은 고통스러운 어린 시절의 기억을 수잔에게 이야기한다. 수잔을 만나면서 톰은 차츰 굳게 닫혀있던 마음의 문을 열기 시작하며 끝내는 그 속박 속에서 탈출할 수 있게 된다. 한편 대화가 진행됨에 따라 톰은 상담자 수잔의 가정에도 문제가 있음을 알게 된다. 수잔과 톰은 점점 가까워지고 고향에 있는 톰의 아내도 다른 남자를 만나기 시작한다. 두 사람은 결국 사랑의 감정에 빠지게 된다. 식당에서 맛있는 음식을 먹고, 사랑의 감정을 나누고, 사랑의 대화 속에서 두 사람은 서로 닮아 있는 자신을 확인하게 된다. 그리고 각자의 배우자에게 소외되어 있던 그들은 서로에게 너무도 소중한 존재가 되어버린다. 이처럼 둘의 관계가 급속도로 가까워지게 된 것은 바로 상담 관계에서 전이와 역전이로 인한 감정의 몰입이 일어났기 때문이다. 하지만 둘은 헤어질 때가 왔음을 알고 각자의 위치로 돌아가기로 결심한다. 결국 전이와 역전이의 관계로 가정이 깨질 수도 있었지만 극적으로 그 관계를 극복하게 되는 것으로 결말이 난다.

4. 역전이에 대한 상담자의 자세

내담자는 반드시 상담자를 파괴해야 하고 상담자는 내담자의 공격에서 살아남아야 한다는 치료적 속설이 있다. 이것은 내담자가 상담자에게 강한 부정적 전이가 일어나고, 상담자는 부정적 역전이가 일어나 상담자가 내담자를 받아주지 않는 상황에서 일어난다. 이러한 강력한 부정적 역전이가 일어날 때 상담자는 내담자가 자신의 전이 감정에서 있었던 그 미움, 질투, 두려움을 극복할 수 있을 정도의 인내심이 있어야 한다. 상담자의 인내심은 치료적 변화를 일으키는 데 중요한 요소이다. 감내할 수 없으리라고 생각되던 내담자의 감정을 감내하는 상담자가 있을 때 내담자의 많은 문제들이 비로소 치료되어진다. 그런 후 그들이 감정과 표상을 다시 받아들일 때 그들은 그것들에 압도되지 않고 다시 자신의 것으로 소유할 수 있다(Gabbard, 2007, 217).

상담자는 내담자에게 도움을 주는 형식을 통해서 결국은 자신의 내적인 욕구를 충족시키려고 하는 것일 수 있다. 결국은 지배하고 우월감을 느끼며, 도움을 주고 가르치며, 충고하고 존경받으려는 욕구는, 의존하며 도움을 받고 양육을 받으며 인정을 받으려는 욕구의 다른 측면이라고 할 수 있다.

그 둘은 동전의 양면과 같이 서로 연관되어 있다. 지나친 의존이나 인정에 대한 욕구들과 같은 내담자의 문제가 사실은 상담자 자신이 갖고 있는 문제이기도 하다. 내담자 문제를 대하는 진정한 객관성 혹은 중립성을 위해서는 먼저 철저하게 이에 대한 인식이 있어야만 하는데 그것을 깨닫는 것이 쉬운 일이 아니다(이만홍, 황지연, 2007, 322-323).[65]

---

65) 정신분석으로 가장 명성 있고 평생을 그 분야에 종사한 분석가도 75%가 역전이 극복에 실패한다는 연구가 있다. 그러므로 역전이를 완전히 극복하기가 어렵다는 사실을 인정하고 오히려 더욱 철저하고 조심스럽게 상담자의 무의식적인 감정이 상담과정에 영향을 주고 있는 것은 아닌지 계속해서 객관적으로 볼 수 있어야 할 것이다. 그리고 역전이를 극복할 수 없어서 내담자에 대한 공감이나 안아주기 환경을 제공할 수 없다고 판단될 경우, 빨리 자신의 한계를 솔직히 인정하고 내담자를 다른 상담자에게 의뢰하는 것이 좋다. 물론 이런 경우 상담자는 내담자가 그것을 거절로 받아들이지 않도록 조심스러우면서도 진솔한 태도로 임하면서 의뢰에 대한 내담자의 동의를 구하도록 해야 한다(이만홍, 황지연, 2007, 338).

한번 형성된 무의식은 좀처럼 변하지 않는다. 따라서 상담자가 내담자가 쉽게 변화가 일어날 것이라고 속단하거나 인내심을 버릴 때, 내면적 변화를 이루어내는 깊은 수준의 결과를 기대할 수 없다. 그러므로 상담자는 산고의 세월을 견디고 아이를 키워내는 어머니의 심정으로 끊임없이 인내해야 한다. 또한 내담자에게도 인내의 시간이 필요함을 알려주어 변화가 더디 오거나 좌절이 올 때 인내함으로 이 모든 것을 견딜 수 있도록 도와주어야 한다 (유근준, 2008, 175).

그러므로 상담자들은 역전이가 발생할 수 있으며, 역전이를 극복하기 어렵다는 겸손한 자세를 가지고 자신의 한계를 인정해야 한다. 그리고 역전이 가운데 있는 자신에 대해 실망하거나 자책하기보다 하나님의 은혜를 구하며 올바른 선택을 할 수 있도록 최선을 다해야 한다.

[요약]

1. 상담자가 내담자의 전이 감정에 대한 반응으로 상담자 자신이 자신의 어린 시절의 감정을 표현하는 것이 역전이다. 자신감이 없고, 인정받고 싶은 욕구가 강할 때 내담자에게 더욱 더 잘해주게 되는데 이렇게 되면 역전이가 일어날 가능성이 많다.

2. 역전이가 발생하는 경우는 상담자가 내담자를 마치 자신의 내적 대상이라도 된 것처럼 착각하는 경우, 내담자가 자기 마음의 대상을 상담자에게 주어 상담자로 하여금 그 역할을 하게 하는 경우가 있으며 그 외에 여러 다양한 역전이가 있다.

3. 상담자의 역전이는 상담자 역시 인간이기에 내담자와 감정이 연결되어 있다는 점으로 이해할 수 있지만 그 감정 때문에 내담자를 책임지지 못할 관계까지 이어지지 않도록 할 과제는 상담자의 몫이다.

4. 역전이는 극복하기 어려운 것이므로 어려움을 만날 때 기독상담자들은 자신의 능력을 의지하는 것이 아니라 하나님의 능력을 의지하는 마음과 함께 상담의 결과까지도 온전히 하나님께 내어맡기는 자세가 필요하다.

11장

해석

PSYCHODYNAMIC
COUNSELING

1. 해석의 의미

2. 해석의 종류

3. 해석의 과정

4. 해석의 방법

5. 꿈 해석

6. 꿈 해석 사례

11

해석

| 학습목표 |

상담자로서 내담자의 문제를 적절한 시기에 효과적인 방법으로 해석할 수 있도록 한다.

1. 해석의 의미

해석은 내담자가 자신의 문제를 새로운 각도에서 이해하도록 그의 생활 경험과 행동의 의미를 설명하는 것이다(김환, 이장호, 2008, 107). 즉 해석은 경험을 설명하고 그것에 의미를 부여하는 일이다. 해석은 정신분석의 과정에서 자유연상, 꿈, 저항, 그리고 전이를 분석할 때 사용하는 기본적인 하나의 절차다. 이 절차를 통하여 상담자는 자유연상, 꿈, 저항, 그리고 상담과정에서 나타나는 행동의 근원적인 의미들을 내담자에게 설명해 주고 깨우쳐준다.

해석은 내담자에게 통찰을 제공하고 스스로를 이해할 수 있도록 도와주는 것이다. 해석은 때로 이전에 무의식적이었던 것이 의식적인 것이 되도록 하기도 하고, 내담자가 연결하지 못하고 있는 현상들을 서로 연결해 주기도 한다(Gabbard, 2007, 105). 해석은 내담자가 상담과정에서 나타나는 자료들을 그때그때 소화할 수 있게 하여 무의식의 재료들을 더욱 깊이 탐색해 내도록 가속화 시키는 작업이다. 해석이 이처럼 상담의 촉진기능을 가졌다 하여 이를 남용하면 오히려 좋지 않은 역효과를 초래할 수 있으므로 신중을 기해야 한다.

해석은 책임감과 자기 통제를 촉진하는 효과가 있다. '이 문제가 바로 그것 때문이었구나, 그래서 그랬구나.' 하면서 깨달음을 얻게 되면, 내담자는 현재의 문제에 대해서 다른 사람을 비난할 바가 아니라 결국 자신의 행동에 책임이 있었고 자신에게 원인이 있었음을 알게 된다. 즉 문제가 지속되는 상황에서 자신이 어떤 역할을 했음을 깨닫게 되는 것이다. 이런 것들이 결국 성격과 행동의 변화로 이어지고, 인간적 성숙의 밑거름이 된다(김환, 이장호, 2008, 107-108).

해석은 내담자의 내적 경험을 어둠에서 벗어나게 하고 거기에 형태를 부여하며 내담자가 적응하는데 자신의 인지적 능력을 사용할 수 있도록 돕는다. 상담자는 내담자 혼자서 인지할 수 없는 어떤 상태에 도달했다고 믿을 때 해석을 한다. 그러나 내담자가 자기 자신에 대해서 상담자에게 어려움 없이 잘 설명할 때는 해석이 필요 없다.

해석은 내적 구조를 세우고 통합하는 데 도움을 준다. 그러나 상담자가 수정 구슬을 마술의 힘으로 읽어서 무의식적인 기저의 의미를 해독한 후 내담자에게 전달하는 듯한 느낌을 주는 것은 적절치 않다. 그보다는 내담자의 심리내적이고 대인관계적인 과정에 대한 설명, 재구조화, 피드백을 통해 내담자의 자기 이해를 촉진하려는 시도로 협력적으로 하는 것이 좋다(Bauer, 2007, 195-196).

해석은 개인의 상황에 맞게 구체적이고 상세할 때 가장 효과적이다. 해석은 특별한 이유가 없다면, 단순하고 직접적이며 명쾌한 해석이 가장 좋다. 상담자가 어떻게 해서 그런 관찰에 도달하게 되었는지를 내담자가 이해할 수 있도록 도와주는 것이 바람직하다. 이렇게 하면 내담자는 자료에 대해 생각하는 방법을 배우고, 상담자에 대한 신비감을 줄이고, 자기 스스로 생각하는 힘을 촉진할 수 있다.

가장 좋은 해석은 강력한 지지 근거를 가지고 내담자의 참조 체계와 조화를 이루며 일반화가 가능한 해석이다. 해석은 경험적 관찰로 뒷받침된다. 해석하기 전에 상담자는 그 해석의 근거가 되는 정보가 합리적이고 타당한지를 판단해야 한다. 해석을 할 때는 상담자와 내담자 모두 구체적으로 무엇이 언급되고 있는지를 아는 것이 중요하다(Bauer, 2007, 197).

해석을 통해 얻고자 하는 것이 무엇인가를 마음에 되새길 필요가 있는데 이는 처음부터 확실히 마음속에 해석의 역할이 무엇인가를 정립하기 위함이다. 해석의 주된 목적은 내담자의 정신적 갈등에 대해서 알게 된 내용을 내담자에게 전달하는 것이다(Brenner, 1993, 56-57). 경험적으로 볼 때 해석은 점진적이며 오랜 시간이 걸려 이루어진다. 해석이 충분한 효과를 얻으려면 여러 방법으로, 여러 경우에, 반복해서 이야기를 해야 한다. 중요한 의미의 해석은 점진적으로 그리고 많은 반복이 있은 후에 충분한 효과를 나타낸다는 사실을 인식하면 상담의 성공을 위해서 해석 작업에 많은 시간과 노고를 들이는 것은 그리 아깝지 않을 것이다.

해석은 다음의 3가지 원칙에 입각하여 하는 것이 바람직하다.

첫째, 무의식에 잠재되어 있는 내용이 의식에 가까이 왔다고 판단될 때 해석해 준다. 이것은 상담자는 이미 알고 있는 것이라 하더라도 아직 내담자가 이를 자신의 것으로 받아들일 수 있는 자세가 갖추어져 있지 못한 경우에는 해석해 주지 말아야 한다는 것이다.

둘째, 해석은 항상 표면에서부터 시작하되 내담자가 그 상황을 감당할 수 있는 깊이까지만 해석한다. 즉 상담자는 내담자의 감정의 흐름에 민감하여 그가 감정적으로 아직 용납할 수 있는 범위를 넘어서는 해석은 안 된다는 것이다.

셋째, 저항이나 방어수단 밑에 깔려 있는 감정이나 갈등을 해석하고자 할 때에는 저항이나 방어수단을 먼저 해석해 준다. 즉 내담자가 이해하기 어려운 방어나 저항 행동의 무의식적 동기를 설명하기 보다는 우선 현재 표출되고 있는 방어행동을 지적해 줌으로써, 내담자의 위축을 막을 수 있고 자신을 통찰할 수 있는 기초를 마련할 수 있게 된다(박윤수, 1994, 126-127).

2. 해석의 종류

1) 꿈의 해석

프로이트의 정신분석이론에 따르면 무의식을 알아내기 위한 가장 좋은 방법은 꿈을 해석하는 것이라고 하였다. 꿈의 분석은 무의식적 자료를 드러내고 환자가 해결하지 못한 문제들을 통찰하도록 하는 중요한 절차다. 모든 꿈은 의미로 가득 차 있으며, 사람들의 현재 상태를 반영할 뿐 아니라 미래를 예견하는데 좋은 방법이다. 꿈은 잠재되었거나 억압된 무의식적인 과거의 경험에서 출발하며 충족되지 못한 소망과 충동의 실현을 내용으로 하고 있다.

프로이트는 꿈을, 금지되었거나 억압된 소망이 위장되어 나타나는 것이라고 말한다. 꿈을 분석할 때는 꿈의 내용이 갖는 상징들을 탐구하여 숨겨져 있는 의미를 파악한다. 꿈은 두 가지 수준의 내용들을 가지고 있다. 그 중 '잠재적 내용(latent contents)'은 너무나 고통스럽고 위협적인 것들로 가장되어 있으며 숨겨져 있고 상징적이다. 그리고 무의식적인 동기들로 구성되어 있다. '현시적 내용(manifest contents)'은 바로 꿈속에 나타나는 구체적인 꿈의 내용

들을 말한다.[66]

2) 저항의 해석

'저항'이란 불안으로부터 자신을 방어하려는 경향을 말한다. 정신분석 초기에 내담자는 억압된 감정이나 생각들을 회상할 수 없거나 혹은 그 표현을 주저하는 경향을 보인다. 상담자는 내담자의 주의를 집중하게 하고 저항들 가운데서도 가장 분명한 저항현상을 해석할 수 있어야 한다. 저항 해석의 목적은 내담자가 그 저항을 처리할 수 있도록 하기 위해서, 저항의 이유들을 각성할 수 있도록 도우려는 것이다.

3) 전이의 해석

'전이'란 내담자가 어릴 때 어떤 중요한 인물에 대하여 가졌던 사랑이나 증오의 감정을 상담자에게 전이시킬 때 나타나는 현상이다. 전이현상의 장면에서 상담자는 사랑의 대치 대상의 역할을 하게 된다. 전이는 직접 언어적인 의사소통으로 나타날 수도 있고, 자유연상이나 꿈의 내용으로 나타나기도 한다. 프로이트에 의하면 내담자가 상담자와의 전이관계의 참된 의미를 점차로 각성하게 됨에 따라 내담자들은 그들의 문제와 밀접하게 관련되어 있는 과거의 경험과 갈등들에 대한 통찰을 갖게 된다(김형태, 2003, 65).

---

66) 꿈 속에서 기억나지 않는 무의식적 내용을 '잠재몽(latent dream)'이라 하고, 꿈 내용이 기억나는 것을 '발현몽(manifest dream)'이라 하는데 이 부분은 꿈의 해석에서 좀 더 자세히 다루고자 한다.

3. 해석의 과정

　내담자가 해석을 긍정적으로 받아들이면 당연히 치료적 관계도 좋아지고 자기 자신에 대해서도 새로운 탐색을 할 수 있게 된다. 그렇지만 상담자가 권위적으로 해석을 제시하여 내담자가 억지로 받아들이게 되었다면 부정적인 결과를 낳게 된다. 내담자가 상담자의 해석이나 직면을 너무 부담스럽게 느낄 때는 바로 다음 상담시간에 나타나지 않을 수도 있다. 대개 이런 경우 내담자는 전화를 통해 "선생님 저 상담을 조금 쉬고 싶어요.", "오늘 아파서 못 갈 것 같아요."라고 말하기도 한다(김환, 이장호, 2008, 109-110).

　해석의 과정은 직면의 과정과 크게 다르지 않은데, 다음과 같이 세 단계로 나눌 수 있다.

　첫 번째 단계는 기초자료를 수집하는 단계다.
　이것은 멍석을 까는 작업이라 할 수 있다. 상담자는 내담자가 했던 말들을 하나씩 살펴보고 과거력을 살펴보면서 연결점을 찾아야 한다. 해석을 제시하기 전에 상담자는 자기 점검을 꼭 해 봐야 한다. 만약에 자신의 능력을 과시하려고 해석을 한다면 그것은 잘못된 시도일 것이다. 해석을 하기 전에 잠시 멈춰 서서 상담자 자신과 내담자에 대해서 생각해 보고, 이 해석을 왜 전달하려고 하는지 재점검해야 한다.

　두 번째 단계는 해석을 제시하는 것이다.
　협력적이고 부드러운 자세로 해석을 제시하며, 간혹 내담자에게 먼저 해석해 보라고 기회를 줄 수도 있다. "그것하고 이것의 관련성을 어떻게 생각하시나요?" 라든지, "지금 혼란스럽다고 하셨는데, OO님의 문제를 다른 관점에서 볼 수 있다는 건가요?"라고 말하여 내담자가 먼저 한 번 해석해 보도록 기회를 넘겨주는 것이다.

세 번째 단계는 해석을 한 후에 자신의 해석에 대해 스스로 통찰해보고, 내담자의 반응이 어떠한지 살피는 것이다.

해석이 잘 되었을 경우 내담자는 "아하!" 하고 통찰을 얻게 되고, 해석이 잘 안되었다면 부작용이 생길 수 있다. 그래서 해석을 제시한 후에, 해석을 철저히 규명하고 그 후속 반응을 관찰하는 것이 반드시 필요하다.

"제가 말씀드린 것을 어떻게 이해하셨는지 궁금하군요?" 라고 말하면서 해석에 대한 내담자의 반응을 살필 수 있다. 내담자는 상담자의 해석을 거부하면서 화를 내거나 못마땅해 할 수도 있고, 표정의 변화 없이 침묵을 지킬 수도 있다. 상담자는 이런 내담자의 반응에 주목하면서 내담자가 그 해석을 받아들인 이후에 느끼는 감정이나 생각들을 더 이해하고 싶다는 자세를 전달해 주어야 한다(김환, 이장호, 2008, 111-112).

4. 해석의 방법

1) 일반적 해석 방법

해석 기법은 상담자가 내담자의 성격 및 문제의 배경을 파헤쳐 새로운 통찰을 갖게 하는 신비적인 기술처럼 여겨져 왔다. 그러나 해석은 마법의 열쇠가 아니며, 내담자의 이해수준을 열어 다른 새로운 참조체제를 바라볼 수 있는 안목을 만들어 주는 것이다. 즉 사람은 자신의 행동과 생활방식에 대해 어떤 식으로든 이해하고 있는 바가 있는데, 상담자가 그와 다른 새로운 이해의 틀을 제공하는 것이다.

해석을 제시하는 방법은 크게 세 가지로 나누어 볼 수 있는데, 그것은 직접적인 진술, 가설적인 진술 그리고 질문을 통해서 전달하는 해석이다.

직접적인 진술로 해석하는 경우, "당신이 이런 증상을 느끼는 것은 아버지에 대한 죄책감 때문입니다."라고 말하는 것이다. 직접적인 해석은 굉장히 강한 느낌을 준다. 이것은 상담자의 말 한마디 한마디에 굉장한 권위가 들어 있는 인상을 전달한다.

부모님이 원하는 대로 좋은 대학에 합격하였으나 공허감이 드는 내담자의 사례를 보자. 그는 부모님의 조언을 따랐기 때문에 성공적인 인생을 살고 있다고 생각했다. 이것에 대해 상담자는 "당신은 부모님에게 중요한 인생의 선택을 맡긴 채 주체적인 삶을 살지 않으셨군요."라고 해석해 줄 수 있다.

직접적인 진술 방식으로 해석한다 해도 상담자의 입장이나 관심사에 따라 다른 양상이나 수준으로 제공할 수 있다.

예를 들면, 내담자가 "내가 심은 나무가 아주 크게 자랐는데, 이상하게도 잘려 버리는 꿈을 꾸었다."고 말했을 때 상담자에 따라 다음과 같이 여러 가지 다른 해석을 할 수 있다.

"당신이 공들여 왔던 어떤 것을 상실하였다는 의미기도 하지요."
"당신의 생활과정에 또 하나의 실망을 겪는다는 뜻일지 모르죠."
"당신이 하는 일을 아마 잘하지 못할 것 같은 심정이 있는 모양입니다."
"당신은 자신의 성기능이 끝장나는 게 아닌가 두려워하고 있는 것 같습니다."

가설적인 진술 방식으로 해석을 제시할 수도 있다.

예를 들어, "당신은 늘 실패할까 봐 두렵다고 하셨는데 이것은 어머니를 실망시키지 않고 기쁘게 해 드려야 하는 것과 어떤 연관성이 있는 것 같은데요." 와 같이 가설을 제시하듯이 말할 수 있다. 가설적인 방식으로 제시하는 것은 직접적인 방식보다 내담자에게 부담을 덜 줄 수 있다. 상담자가 자신의 참조체제를 강요하려는 느낌을 덜 주기 때문이다.

질문 형식으로 해석을 제시할 수도 있다. 확신에 찬 태도보다는 잠정적인 태도로 "이럴 가능성이 있을까요?", "이렇게 볼 수 있을까요?"와 같은 문장으로 시작하는 가설적인 성격을 띤 해석을 제시하는 것이다. 이러한 태도로 해석을 제시하면 내담자에게 그 자료를 숙고하게 하고 다른 시각으로 볼 마음을 준다. 내담자는 동의하거나 부정할 기회 혹은 수정하거나 추가하여 생각을 더 진전시킬 기회를 갖는다. 해석은 제안하는 것이지 강요하는 것이 아니다. 상담자는 내담자가 깊이 생각하고 호기심을 가지고 협력적인 탐색에 참여하도록 초청한다(Bauer, 2007, 201).

질문을 통한 해석의 예를 들면, "아버지와 사이가 좋지 않다는 것만으로 당신을 가치 있는 사람이 아니라고 생각하는 건 아닌가요?"와 같은 제시를 들 수 있다. 질문을 통한 해석은 가설적인 형식의 제시와 마찬가지로 내담자에게 부담을 덜 주며, 상담자가 제기한 해석에 대해 내담자가 한 번 더 생각해 볼 수 있게 유도한다. 해석은 어떤 형식이든 간에 내담자에게 새로운 측면을 바라보라고 주문하는 것이기 때문에 내담자가 부담을 많이 느낄 수 있다. 따라서 될 수 있으면 부드럽고 비위협적인 방식으로 제시하는 것이 좋다(김환, 이장호, 2008, 108-109).

2) 해석할 때 주의해야 할 점

해석을 할 때 해석의 타이밍이 중요하며, 성급한 해석이 가져다주는 위험성이 있기에 이 두 가지에 대해서 좀 더 부연 설명을 하고자 한다.

(1) 타이밍

해석의 타이밍은 역동적 기법의 핵심적 요소다. 프로이트는 내담자가 한 걸음만 더 내디디면 스스로 이해할 수 있을 정도로 가까이 다가가기 전에는 내담자에게 증상을 해석하거나 소망을 설명해 주지 말라고 경고하였다.

해석의 적절한 타이밍을 평가할 때는 현재의 내담자-상담자 관계를 고려해야 한다. 받아들이기 힘든 해석을 하기에 앞서 상담자는 내담자가 가진 신뢰와 믿음이 그런 긴장을 견딜 만큼 충분히 강한지 확인해 볼 필요가 있다. 해석은 강한 치료동맹이 있을 때 가장 잘 수용된다. 만성적이고 지속적인 부정적 전이의 틀 안에서 이뤄지는 해석은 수용되기 어렵다. 내담자가 상담자를 위협하고 벌주는 대상으로 경험하고 있을 때는 방어가 생길 것이다. 상담자가 실제로 내담자에게 화가 나 있을 때는 특히 그렇다. 그런 경우의 해석은 내담자를 공격하는 것처럼 느끼기 쉽고, 내담자는 상담자가 무슨 말을 하든지 화가 나서 하는 말이라고 정당화하면서 받아들이지 않을 것이다.

상담자가 너무 오래 해석을 유보하는 경우도 있다. 그래서 기회를 놓칠 수 있다. 내담자가 다른 주제로 넘어갈 수도 있고, 혹은 전이 해석에서 내담자의 감정(사랑이나 적개심)이 너무 쌓여, 상담자가 무슨 말을 해도 내담자가 더 이상 귀를 기울이지 않게 될 수도 있는 것이다. 반면에 내담자가 준비되기 전에 하는 성급한 해석은 자신의 신념을 고수하려는 내담자의 방어와 고집을 강화할 수 있다. 방어는 충분히 존중하면서 접근해야 하며 아무 생각 없이 벗겨 내서는 안 된다(Bauer, 2007, 202-203).

바른 해석을 찾아냈을 때에라도 성공을 어느 정도 기대하면서 내담자에게 해석해 줄 수 있는 적절한 순간을 기다려야 한다. 만약 해석을 찾아내자마자 내담자에게 던져준다면 이는 큰 실수를 하는 것이다. 해석은 지금 해석되고 있는 사건과 관련된 정서에서 내담자가 적절한 거리를 두고 있을 때 가장 잘 수용된다.

(2) 성급하고 빈번한 해석 주의

해석은 아끼고 절약해야 한다. 최적의 상황이라면 상담자는 내담자에게 꼭 필요한 최소한의 도움만을 줄 것이며, 자신의 에너지를 내담자를 놀라게 하는데 쓰기보다는 내담자 스스로 자기 행동의 의미를 발견하는 일에 관심을 갖도록 하는 것이 좋다.

해석은 내담자가 의미를 발견할 수 없을 때만 주어야 한다. 상담자의 궁극적인 과업은 부모 앞에서 아이가 놀 수 있게 하듯이, 선생님 앞에서 음악도가 연습하게 하듯이, 상담자 앞에서 내담자가 자기 자신을 치료할 수 있도록 허용하고 격려하는 것이다. 내담자가 치료를 자신의 것으로 볼 수 있다면 치료과정에 대한 저항을 줄이고 자신의 치료에서 궁극적으로 자신의 삶에서 일어나는 일에 대해 책임을 질 수 있게 된다.

해석을 아껴야 하는 또 다른 이유는, 상담자의 수많은 해석은 부적절하고 '뒤처진' 느낌을 가진 내담자로 하여금 모든 것을 아는 강력한 상담자 앞에서 더욱 주눅 들게 할 수 있다. 이때 '가진 자'와 '못 가진 자'와 관련된 감정이 생겨 강한 질투심이 유발된다. 이런 질투심은 저항과 방어가 증가하여 극단적인 경우는 치료를 파괴하고 망치는 형태로 나타날 수 있다. 상담자 개입의 가장 유용한 목표는 내담자가 현재 자신의 의식수준을 한 단계 넘어서서 통합할 수 있도록 돕는 것이다(Bauer, 2007, 199-200).

"너무 일찍 혹은 너무 성급하게 해석을 할 때는 내담자를 잃을 위험을 각오해야 한다. 좋은 해석은 불안을 해소하여 내담자가 처리할 수 없는 불안의 분출에 대처하도록 하는 것이다. 해석은 항상 의식에 떠오르는 바로 그 순간의 자료를 언급해야 한다. 가장 유용한 해석은 정말로 깊이 있는 해석이다(Strachey, 1934, 141-142)."

내담자가 투사한 감정을 상담자가 성급하게 해석하는 것은 그 투사가 휘저어 놓은 감정에 대한 방어일 수 있다. 상담자는 내담자의 투사에 따라, 그리고 투사된 그 속성을 상담자에게서 찾는 내담자의 반응에 따라 감정이 촉발된다. 이때 상담자는 그것을 담아 둘 수 없다고 느낀다.

예를 들어, 자신이 부적절하다고 느끼는 내담자가 그런 느낌을 투사하여 상담자에게 무능하고, 열등하고, 부적절하다고 비난할 때 상담자는 때로 그것을 견디기 어려울 수 있다. 상담자는 균형 감각과 치료적 안정감을 재정립하기 위해 내담자의 투사의 기원을 해석하고 제거하려는 충동을 느낀다. 그러한 시점에 상담자가 해석을 하는 행위는 원치 않는 투사를 추방하고자 하는 욕구와, 자신에게 그런 행동을 한 내담자를 공격하고자 하는 욕구를 무의식적으로 행동화하는 것이다(Bauer, 2007, 184-185).

성급한 투사 해석은 또 다른 종류의 상담자 불안을 해소하려는 시도로도 볼 수 있다. 투사를 다룰 때는 해석이 성장과 성숙을 촉진하는 수단인지, 아니면 상담자 자신의 불안과 불편감을 완화하는 수단인지 분명히 하는 것이 중요하다.

상담자가 너무 많은 해석을 주도적으로 사용하면 내담자의 내적 동기는 감소하고 수동성이 촉진된다. 내담자 입장에서는 상담자가 마치 신처럼 전지전능한 능력을 가진 것 같은 환상을 가질 수 있다. 그래서 내담자는 자신의 심리에 대해서, 생각이나 감정에 대해서, 애써 노력할 필요성을 덜 느끼고, 약화되어 위축되고 의존하고 싶게 될 수도 있다.

다음의 해석사례를 살펴보자.

> 내1: 잘 기억은 나지 않지만 누군가의 손에 이끌려 큰집에 간 일이에요. 가면서부터 왠지 불안하고 두렵고 무서운 마음이 들었어요. 큰집에 갔는데 큰엄마가 불러도 나오시지 않아 저희가 방안으로 들어갔어요. 신경질적이고 날카롭고 무섭게 생긴 큰엄마가 동네 아줌마들과 캄캄한 방에서 뜨개질을 하고 계시면서 나를 보고 귀찮고 반갑지 않은 듯이 저를 귀찮게 쳐다보았어요.
>
> 상1: 음.
>
> 내2: 어떻게 하나, 여기에서 큰 엄마와는 살 수 없을 것 같은 생각이 들었어요. 그리고 그때 공포, 불안, 두려움, 절망, 슬픔이 느껴졌어요. 아무 말도, 행동도 하지 못했어요.
>
> 상2: 얼어버렸네요!
>
> 내3: 어느 누구도 엄마가 재혼해서 볼 수 없다는 사실을 나에게 알려주지 않았지만 나는 이미 알았어요. 그때는 재혼이 무엇인지 잘 몰랐지만 엄마가 나를 바라보는 슬픈 눈빛과 정신 나간 사람처럼 한 숨 쉬며 멍하니 있는 모습에서 불길하고 끔찍한 일이 생길 것 같은 불안감과 두려움이 있었어요. 어린 나에게 가장 끔찍한 일은 엄마를 영원히 보지 못하는 일이었기에 이미 준비를 하고 있었던 것 같아요.
>
> 상3: 그렇군요.
>
> 내4: 그때 엄마의 모습 속에서 이미 알았던 것 같아요.
>
> 상4: 그게 무슨 의미지요? 좀 더 설명해 주시겠어요?
>
> 내5: 겨울날, 큰엄마가 너무 무섭고 불편해서 하루 종일 따뜻한 담 밑에서 움직이지 않고 앉아 있었어요. 햇볕이 드는 따뜻한 담 밑에서 하루 종일 움직이지 않고 앉아 있으면서 누군가가 나를 찾아와 무섭고 절망스럽고 어찌 할

바를 모르는 나를 구해 주기를 기다렸어요. 슬프고 막막하고 불안한 감정
이 들었어요.

상5: 음.

내6: 너무 무섭고 두렵고 어찌 할 바를 몰라 잘 먹지도 못하고 말도 하지 않고 잘
움직이지도 않는 나를 비쩍비쩍 말라가고 있는 것을 보면서 친척 어른들
이 키우기 힘들면 다른 집에 양녀로 보내 버리라고 말씀을 하시는 것을 우
연히 듣게 되었어요.

상6: 음.

내7: 그때 저는 내가 힘들고 무섭고 두려워도 표현하면 안 되는구나. 나를 버리
겠구나. 아무 일도 없는 것처럼 웃으면서 어른들이 원하는 대로 하지 않으
면 나는 또 버려지겠구나하는 생각이 들어 슬프고 막막했어요.

상7: 굉장히 힘들었겠네요.

내8: 큰집에서 잘 지냈어요. 큰엄마와 아빠가 착하고 좋은 분이셨어요. 그런데
큰엄마가 큰아빠에게 자신의 자식들보다 내가 공부를 잘 하는 것이 속상
하다고 말씀하시는 것을 우연히 듣게 되었어요. 그 때 저는 어쩔 수 없구나
큰엄마가 좋고 고마워서 훌륭한 사람이 되어 효도하고 싶어 열심히 공부
했는데 큰엄마도 별수 없구나, 내가 사촌 동생들보다 공부를 잘 하는 것이
속상할 정도로 싫구나 라는 생각이 들어 배신당한 마음과 속상함, 믿고 의
지할 만한 사람이 없구나 라는 절망에 빠졌어요. 그래서 그때부터 너무 잘
해도 안 되고 못해도 안 되고 그냥 적당히 하자. 그때부터 적당히 하면서
성적을 조절했어요. 그래서 현재에도 내가 맡은 일에 최선을 다 하지 못하
고 어느 정도까지 해야 하나 분위기를 살피고 일을 하면서도 꼼꼼하고 세
심하게 살피지 않고 일을 다 마치고 나서 평가하기 두려워하고, 일을 하는
도중 계속 다른 일을 맡아 몇 가지를 한꺼번에 진행하면서 나름대로 최선
이라고 합리화를 시키고 있지만 마음이 편하지 않아요.

상8: 정말 힘들었겠어요. 마음이 너무 힘들어도 힘들다는 말을 할 수 없는 그
마음, 내가 잘하면 싫어하니까 잘하지 못하고 적당히 조절하면서 살 수 밖
에 없는 그 마음, 어찌 보면 버림받지 않기 위한 몸부림이었네요. 엄마에게
매달려도 엄마가 갈 것이라는 것을 알았기 때문에 그렇게 하지도 않았어

요. ***님이 사태파악이 너무 빠르다보니 내가 아무리 매달려도 안 되는구나, 그래서 자기감정을 챙기지 못하는 거예요. 나 힘들어도 나 힘들다는 말을 안해요. 거의 다 죽어 갈 즈음, 그전까지는 힘들다는 말을 안 해요. 혼자서 고통을 다 감당하고 있을 뿐이지. 사랑하는 사람이 내가 이렇게 힘이 드는데 이렇게 몰라주네. 내가 이렇게 힘든데 그렇게 모르나 하면서 자신의 마음을 표현 안 하고 힘들어하는 삶을 현재 살아가고 있는 것입니다. 제가 한 말에 대해 어떻게 생각하시는지 궁금하네요?

상담자가 너무 많은 해석을 주도적으로 사용하면 내담자의 내적 동기는 감소하고 수동성이 촉진된다. 이 사례에서 상담자는 초반에는(상1-상7) 내담자의 감정을 반영하고 공감해주면서 해석을 자제하고 있다가, 내담자가 자신의 감정이나 생각이 충분히 분출된 다음에 조심스럽게 해석을 하고 있다.

5. 꿈 해석

프로이트는 꿈을 '무의식으로 가는 지름길'이라고 보았다. 꿈을 꾼 사람이 꿈 이후에 기억나는 내용을 발현몽(manifest dream)이라 하고, 기억이 나지 않고 무의식속에 있는 생각이나 소망들을 잠재몽(latent dream)이라 한다. 프로이트는 잠재몽을 발현몽으로 변환시키는 무의식적인 심리 작동을 꿈 작업(dream work)이라 하였다(최영민, 2010, 89). 꿈을 통해 무의식적인 소원과 욕구가 표출되기 때문에 꿈은 인간의 소원, 욕구, 사고를 찾아내는데 그 무엇보다 중요한 수단이다. 그러므로 꿈 해석을 할 때 평소의 갈등과 연결하여 해석하는 것이 좋다.

잠재몽에 영향을 주는 요소들로는 야간 감각자극(nocturnal sensory stimuli), 주간 잔재(day residues), 억압된 유아 욕동(repressed infantile drives) 등을 들 수 있다.

야간 감각 자극은 갈증, 배고픔, 통증, 배변 충동 등 다양한 수면 전후의 자극들로서 꿈의 내용에 영향을 주는 것들이다.

예를 들어, 어떤 사람이 잠을 자면서 갈증 때문에 깊은 잠을 못자게 되면, 꿈속에서 잠자리에서 일어나 부엌으로 가서 물을 한 컵 마시고 다시 침실로 돌아오는 꿈을 꿀 수 있다. 이런 꿈을 꿈으로써 갈증 때문에 깨지 않고 잠을 유지할 수 있게 된다.

주간 잔재는 전날 혹은 그날 있었던 일 때문에 마음 한구석에 찌꺼기처럼 남아있는 감정과 생각들을 말한다. 주간 잔재는 그 내용 자체로는 별로 중요하지 않은 요소지만 그것이 위장된 표현의 수단으로 사용된다. 이를 확대하여 생활 환경 혹은 인생 상황을 잠재몽 내용에 포함시키기도 한다.

꿈은 어린 시절 무의식적 소망의 위장된 만족이라는 말처럼, 프로이트는 억압된 어린 시절의 소망과 충동들이 꿈을 꾸게 하는 근본적인 요소라고 보았다. 오이디푸스 시기와 이전 시기에 시작된 욕동적이고 공격적인 억압된 소망들이 주간 잔재와 야간 감각자극들에 녹아들어 최종적인 결과물을 만들어 낸다(최영민, 2010, 90).

꿈의 해석은 무의식재료를 노출시키며, 해결되지 않은 문제에 대한 통찰을 얻게 한다. 꿈은 본래 수면 중의 정신활동이며, 수면으로 인하여 각성 시의 자아활동이 저하됨으로써 의식과정에서 무의식과정으로의 퇴행이 일어나게 된다. 사람이 잠자는 동안에는 자아방어수단은 약화되고 억압된 감정들은 사실적으로 표출되지 못하고 보다 덜 위협적인 것으로 위장되거나 상징적인 형태로 표출된다.

프로이트는 수면 상태가 억압을 느슨하게 한다고 생각하였다. 억압하는 힘이 느슨해지면 무의식적인 충동이나 소망들이 방출되거나 충족되기가 쉬워진다. 수면 중에는 동작을 통한 표현이 막혀 있기 때문에 억압된 소망과 충동은 사고나 환상을 통한 표현방법을 찾아야 한다.

주간 잔재나 야간 감각자극들은 그리 어렵지 않게 발현몽으로 표현될 수 있다. 그러나 어린 시절의 무의식적인 소망이나 충동은 복잡하다. 무의식적인 소망과 충동이 억압되는 이유는 그것들이 고통스럽거나 스스로 용납되지 않기 때문이다. 그리고 수면 중 억압이 느슨해졌다고 하나 꿈의 검열 기능은 여전히 활발하여 충동이 방출되는 것을 적극적으로 억제하고 본래 성질과 다르게 위장하도록 저항한다. 그 결과 억압된 소망과 충동들이 중립적이고 문제가 없다고 느껴지는 이미지들에 부착된다. 흔히 일상생활 중 사소하고 별로 중요하지 않은 이미지들 중에 어떤 유사성을 띤 것들로 표현된다 (최영민, 2010, 91).

꿈의 작업이란 잠재몽의 내용이 그대로 적나라하게 나타나면 고통이 크기 때문에 초자아의 검열을 받아 자아가 받아들일 수 있는 형태로 변형시켜서 발현몽으로 내보내는 것을 말한다. 상담자는 내담자로 하여금 꿈의 명시된 내용을 이야기 하게 하고, 그 꿈속에 잠재된 내용을 노출시켜 무의식재료에 대한 통찰을 얻게 하는 것이다.

응축(condensation)은 여러 충동과 소망 및 욕동들이 한 발현몽의 이미지로 나타나는 것을 의미한다. 예를 들어, 어떤 긴 수염을 기른 화가가 붓 대신 바이올린을 연주하는 꿈 속 이미지는 그 사람의 충동들이나 욕동을 나타내는 것일 수 있다.

전치(dispalcement)는 어떤 대상과 연관된 충동이나 소망을 수용될만한 다른 대상으로 전환하는 것을 뜻한다. 예를 들어, 어머니에 대한 파괴적 공격성을 가진 사람이 중립적인 대상인 항아리를 깨뜨리는 꿈을 꾸는 경우를 들 수 있다.

전치의 특수한 경우라고 할 수 있는 투사(projection)에서는 자신에게 용납되지 않는 충동을 다른 사람에게 돌릴 수 있다. 그 결과 자신에게서 동성애적 충동을 발견한 내담자의 꿈에 동성애 성향을 가진 분석가가 나타날 수 있다.

상징 표상(symbol representation)은 추상적이고 복합적인 감정들이 단순하고 집약된 감각 이미지로 상징된 것을 의미한다. 프로이트는 상징이 가진 무의식적인 의미는 상징 표상에 대한 연상을 통해서 알 수 있다고 생각하였다. 동시에 어떤 상징들은 보편적인 의미를 가진다고 믿었다. 예를 들어, 꽃은 여성의 성기를 상징하고 뱀은 페니스를 상징한다고 가정하였다.

이차 교정(secondary revision)은 꿈을 보다 논리적으로 그럴듯하게 보이게끔 만드는 과정을 말한다. 응축과 전치 그리고 상징 표상들은 일차 과정 사고에서 특징적으로 사용되는 방식들이다(최영민, 2010, 91-92). 일차 과정 사고는 비논리적이고 기이하며 부조리한 것이 특징이고 서로 연관성이 없다. 프로이트는 보다 성숙하고 이성적인 자아의 측면들이 일차적인 꿈의 내용들을 좀 더 응집된 형태로 조직화한다고 믿었는데 이것이 바로 이차 교정이다.

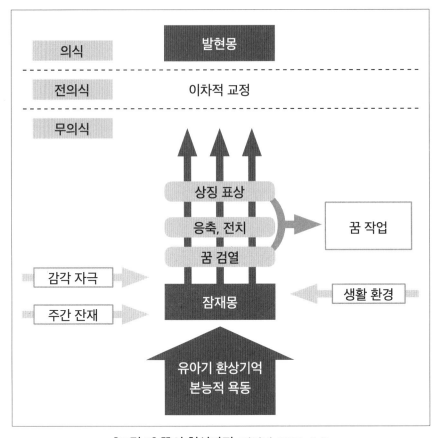

[그림 8] 꿈의 형성과정 (최영민, 2010, 94)

　그러나 꿈의 해석에 있어서는 보편적 상징에 대한 해석보다는 자유연상을 토대로 해석하는 것이 보다 정확하다고 보고 있다. 또한 내담자로 하여금 스스로의 꿈을 해석하게 하는 것도 치료의 효과가 크다(박윤수, 1994, 125-130).

　꿈의 해석은 정신분석이론에서 매우 중요하다. 프로이트에 의하면 꿈은 무의식적 동기를 이해하는데 중요한 수단이 된다. 꿈속에서는 무의식적인 사고, 욕구, 정서들이 상징적으로 나타나며 의식의 잠재적인 분노가 드러나는 것으로 정신분석가들은 꿈의 내용에 초점을 둔다.

　다음의 꿈 해석 사례가 꿈 해석을 이해하는 자료가 되기를 바란다.

6. 꿈 해석 사례

1) 내담자 정보 : 30대 초반, 여성, 대학원졸

2) 꿈 내용과 그에 따른 해석

(1) 첫 번째 꿈

● 꿈 내용

꿈에 집단상담을 하는 것처럼 둥그렇게 둘러 앉아있고 모임이 진행되고 있다. 상담자의 무릎에 하늘(가명)이 앉아 있는데 모두들 개의치 않고 열심히 토론을 하고 있음. 나는(내담자) 너무 불편하고 힘이 들지만 나만 어색해하기 때문에 내색하지 않으려 해서 더 힘이 듦. 모임을 마치고 마음이 힘들어 있을 때 민들레(모임 중에는 없었음)가 바깥에서 들어와 반가운 기색으로 반기고 난 후 내 안색을 보고 무슨 힘든 일이 있었냐고 묻자 내 마음을 알아주는 것 같아서 민들레의 목을 감싸 안고 한동안 울고 난 후 위로가 되었다.

● 꿈 해석

① **깨고 나서의 느낌 탐색** : 질투의 마음을 처리하지 못하여 힘들어 하는 것이 가장 많이 느껴짐. 질투의 감정으로 휩싸여 있지만 절대 내색해서는 안 된다는 중압감으로 촉각이 곤두서 있었기 때문에 지칠 정도로 힘들어 하는 자기 자신이 느껴진다고 하였음.

② **정황 탐색** : 그 전날에 집단상담을 해서 등장인물들이 모두 집단원들이었고 집단상담장면과 비슷한 분위기였다. 전날 집단상담 모임에서 하

늘이 상담자의 칭찬을 받을 때 내심 불편했었음. 민들레는 본인의 상황이 힘들어 거의 모임에 참석하지 않았었고 그래서 마음이 많이 쓰였었음.

③ **꿈 해석**: 실제로 누군가 상담자의 인정과 사랑, 지지를 받으면 어색하고 불편해 하는 내담자의 마음을 찾아주면서, 다른 집단원인 하늘을 칭찬하는 상담자를 보며 질투심에 휩싸여 있는 내담자의 내면을 솔직하게 인정하도록 해석해 주었다. 그리고 하늘이 굉장히 어린 아이로 꿈에 나났고 꿈을 깨고 나서 아버지 무릎에 종종 앉아 있던 내담자의 모습은 동일시였음을 해석해 주었다. 이러한 해석을 해 주자, 내담자는 실제로 상담자의 무릎에 앉아 있어야 할 사람은 자기이며, 그 자리는 내 것이라고 주장하고 싶은 마음이 있었다고 고백하였다.

(2) 두 번째 꿈

● 꿈 내용(첫 번째 꿈 이후 정확히 1주일 뒤 집단상담 후 다음날 밤)

상담자의 연구실에서 상담자와 담소를 나누고 있었다. 매우 편안하고 따뜻한 분위기. 이야기를 하면서 내가 연구실을 청소하자고 하여 상담자도 함께 이야기하며 상담자도 옆에서 거들며 청소를 같이 하고 있었다. 문이 벌컥 열리며 상담자의 가족들이 우르르 들어왔다. 사모님과 아이들, 상담자의 어머니, 그리고 하늘이 들어왔다. 그 전의 매우 친밀하고 평안했던 분위기가 갑자기 어색해졌다. 상담자는 사람들이 들어오자마자 내 팔을 툭 치며 눈치를 보라는 신호를 주었다. 상담자의 가족들이 들어오고 난 뒤 상담자와 나의 분위기는 썰렁하고 어색해졌다. 그리고 하늘이 예민하게 반응하는 듯이 느꼈다. 결정적으로 나는 하늘의 눈치를 가장 많이 보고 있었다.

● 꿈 해석

① 깨고 나서의 느낌 탐색 : 눈치 보는 내담자의 모습이 가장 많이 느껴졌다고 함.

② 정황 탐색 : 그 전날도 집단상담 모임을 하였고 연속되는 꿈이기 때문에 자신에 대해 좀 더 솔직해 질 수 있었다고 함.

③ 꿈 해석 : 이번에 꾼 꿈과 연관된 사건이 있는지 탐색하였는데, 어린 시절 아버지가 아침에 내담자를 깨우기 위해 방에 들어와서 귀찮게 한다거나 "우리 예쁜이"하며 사랑을 표현하면 항상 눈치를 주는 엄마가 생각났다고 하였다.

"자는 애를 왜 깨워요." 등… 설사 엄마가 눈치를 주지 않았다 하더라도 내담자가 지레 눈치를 본 것 같다고 하였다.

내담자는 속으로는 아빠의 사랑을 너무 갈망하면서도 실제로 아버지의 표현들을 어색해 하고 한 번도 좋게 반응한 적이 없었다. "왜 그래?" "아이구, 저리가요." 하며 피하고 쌀쌀맞게 대하면서 눈치를 보고 거부하는 행동을 취했던 것이다. 그러나 마음에서는 아버지를 진심으로 존경하고 사랑하였고 친밀감을 원하였다. 이것이 상담자에게 전이되어 상담자를 진심으로 존경하고 사랑하면서도 편안하게 다가가지 못하였고 온갖 의심을 하고 눈치를 보고 속상해 하던 모습을 볼 수 있었음을 해석해 주었다.

④ 꿈 분석 후 내담자 후기

지난번에 상담할 때는 아버지에 대한 감정이나 상담자에 대한 감정이 진심으로 사랑하는 마음이었고 어린 아이의 마음으로 이야기하여 나눌 때 전혀 거북하거나 어색함이 없었다. 그런데 이번에는 지레 눈치를 보는 나의 모습, 쌀쌀맞게 대했던 모습을 떠올리며 거북한 느낌과 문득 지저분한 느낌과 아울러 죄책감이 일어났다. 좋으면서 아닌 척 하는 것, 그리고 과다하게 눈치 보는 것, 도둑이 제 발 저리는 식으로 당시 인식하지 못하였지만 이성적인 느낌 때문이 아닌가 느껴져 부담스러웠다. 상담자에 대한 마음도 마찬가지로 존경하고 사랑하는 것이 이성적인 느낌도 있는 것 같아 죄책감이 일어났다. 결론적으로 상담자에 대한 이성적인 감정이 많이 느껴지며 어떻게 해야 하는지 많은 갈등이 일어났다.

꿈을 꾸고 난 후 1-2주 후에 아버지가 해외 출장을 다녀오시며 거의 10년 만에 내 선물을 사오셨다. 항상 아내와 자식 선물을 챙기셨지만 내가 대학 들어가던 해 부터인가 형편도 그 전보다 좀 나쁘게 되고 자식들에 대한 서운함이 많으셨던지 "이제 엄마 선물만 사오겠다." 하시며 진짜 엄마 선물만 사가지고 오셨다. 그러다가 커서는 처음으로 내 선물을 챙겨서 사오셨다.

가방에서 선물을 꺼내시며 "이건 네거다."하고 주셔서 보니 명품화장품 기획 상품 세트였다. 속으로 기획상품이라 크기도 작고 별거 아니겠다 싶어 조금 실망이 되었다. 그런데 엄마가 내 화장품을 보더니 "이거 금딱지잖아. 이거 비싼 거예요." 하시며 내게 달려드셨다. 그리고 "뭐뭐 있니?"라며 아빠가 내게 주신 선물을 조사하기 시작했다.

"아이크림하고 작은 영양크림하고 다른 건 샘플들이야. 기획 상품이라 용량도 적고 선물용으로 나온 거야. 왜 그래~" 나는 저항하듯 대꾸했다.
아빠가 옆에서 "응, 비싸긴 하더라. 20만원 쯤 준 것 같다."
아빠가 그러자 엄마가 갑자기 소리를 지르셨다. "아니 내가 아이크림이 필요했는데 나는 아이크림은 안사주고 매일 영양크림만 사가지고 와요!"
점점 엄마의 신경질적인 목소리가 더해가자 아버지는 "짭짤한 게 하나 더 있지~"하시며 목걸이를 꺼내셨다. 하지만 눈에 차지 않으시다는 듯 아직도 엄마는 계속 투덜대셨다.

한 술 더 떠 엄마는 "너는 영양크림 있니?"하고 물으신다. 아마 내 선물하고 자신의 선물을 바꾸고 싶은 모양이다.

"응… 있어. 하지만 이건 아빠가 선물하신 거잖아. 선물을 어떻게 엄마를 줘. 이건 내가 쓸래."

나는 아빠가 내게 준 선물을 챙기고 싶은 마음이 일어났다.

그러자 엄마는 갑자기 이런 저런 다른 문제들로 신경질을 부리시며 짜증을 내신다. 상황이 안 좋으니 슬그머니 옥상으로 올라가시는 아빠. 나도 엄마를 피해 옥상으로 갔다.

"니 엄마 자기 선물이 더 안 좋다고 화났다…" 시무룩하면서도 장난 섞이게 얘기하시는 아빠.

"아빠가 7월 달에 또 나가시면 사다 주신다고 했잖아요. 그때 사다 주세요."

나는 엄마에게 너무 화가 났지만 내가 다시 엄마 아이크림을 똑 같은 걸로 사주기로 혼자서 결론을 내렸다.

다음 날 아침 일찍 아버지에게 전화가 왔다.

시무룩한 목소리로 "그 아이크림인가 그거 엄마 줘라."

"아빠가 나중에 사주시면 되잖아요."

"내가 7월에 안 나갈 수도 있으니까 그렇지."

"알았어요…."

조금 후, 엄마는 좀 상냥한 목소리로 (미안해서 그런 것 같음) 자기가 아이크림이 당장 없으니 내가 쓰던 아이크림 있냐며 물어보신다. 나는 퉁명스럽게 "그건 왜요?"라며 화를 냈지만 엄마를 이기지 못하고 지금 당장 아이크림이 없으면 내 것을 가져가라고 했다.

"그건 싫다."며 거절하신다.

"아빠가 엄마 주래요."

극구 거절하시기에 "아이크림 없으면 내가 하나 사드릴게요." 했다.

속으로는 '돈이 없나 시간이 없나, 없으면 사다 쓰면 되지' 하며 분하고 신경질이 났다. 결국 주말에 백화점에 가서 똑같은 아이크림을 사서 엄마에게 주었다. 내가 미치도록 더 화가 나는 것은 이 일을 알고 있는 남편도 같은 날 장모에게 드리려고 똑같은 아이크림을 사왔기 때문이다.

(3) 세 번째 꿈

● 꿈 내용

대학에 청강을 하려고 갔다. 조교에게 이것저것 물어보고 강의실을 찾으려고 이 강의실 저 강의실을 돌아 다녔다. 들어간 강의실은 애석하게도 청강하려고 했던 강의실이 아니라 다른 과목이라서 허둥지둥 나왔다. 이 건물 저 건물을 다니고 이 강의실 저 강의실을 돌아다니며 헤매는 동안 가방을 잃어버렸다. 아뿔싸, 하는 마음으로 가방을 찾아보려고 현관에서 내 신발을 찾았다. 그러나 내 신발이 없었다. 가방을 어디에 두었는지 생각은 나지 않고, 내가 다닌 건물을 죄다 돌아다니며 찾아다녀야 한다는 막막함, 답답함으로 암담한 심정, 설상가상으로 신발이 안보여서 또한 번 좌절했다. 현관 앞에는 신발을 신고 서 있는 친구인 장미가 서 있다. 신발을 신고 있는 그녀를 매우 부러워하였다. '쟤는 신발이 있어서 좋겠다. 다른 신발들 중에 내 신발과 비슷한 신발이라도 신고 가면 되지 않을까' 하여 신으려 하자 신발 주인이 나타났다. 신발 주인은 또 다른 친구인 코스모스였다. 그나마 신발 주인이 나타나자 더 낙담하였고 신발이 있는 그 친구를 또한 부러워하였다. 주인이 나타나지 않았다면 신고 가려고 했었기 때문에 주인이 나타나자 미안한 마음도 들었다.

● 꿈 해석

① 깨고 나서의 느낌 탐색 : 학교 안에서 강의실을 찾으려고 헤매고 다니고, 게다가 가방을 잃어버려서 무척 당혹스럽고 답답한 마음을 느낌. 불안감, 막막함, 좌절감을 느낌.

② 정황 탐색 : 꿈꾸기 전날 대학에 전화를 걸어 어떤 과목을 청강했으면 좋겠냐고 조교에게 물어보았음. 꿈꾸기 전 주에 대학에 다녀왔었는데 심한 스트레스를 받고 있었음. 대학원 준비는 해야겠는데 떨어지면 어떡하나 해서 심한 압박감을 받고 있었음. 상담자와 관계를 어떻게 맺어야 하는지 가야할 길을 찾지 못하는 것 때문에 불안하였음.

③ 꿈 해석 : 그 동안의 꿈을 종합해 볼 때 내담자는 아버지의 사랑을 받고 싶은데 엄마의 눈치를 보며 나를 건강하게 표현하지 못하고 있었다. 이것은 엘렉트라 콤플렉스라고 볼 수 있다고 해석해 줌. 이 콤플렉스는 부모와의 사이에서 삼각관계를 형성하기 때문에 자신의 감정에 대해 항상 억압하고 눌려있게 되는데 특히 이성 권위자에 대한 감정을 자동 억압하게 된다고 해석함. 이렇게 해석해 주자, 내담자는 아버지하고 나만 있으면 싸울 일도 없고 문제도 없을 것이라고 생각했었다고 함. 집안에서 제일 안 싸우는 사람은 아버지와 나 사이였으며, 항상 엄마가 있으면 불편했는데 이러한 마음을 의식한 적은 없었다고 하였다.

엘렉트라 콤플렉스를 가진 사람의 특성에 대해 설명하자, 자신의 심리 구조와 너무나 똑같다고 하면서 상담자와 가깝고 친밀한 관계, 사랑받는 관계, 인정받는 관계, 기대감이 높은 관계를 유지하고 싶어서 이런 꿈을 꾸었는데, 이러한 모든 것이 부모와의 관계에서 비롯되었다는 통찰을 함. 그래서 부모 대신 상담자가 인정하거나 사랑하는 측근에게 열등감을 느끼고, 특별히 하늘을 몹시 부러워하면서 '나는 사랑받지 못하는구나. 나는 인정받지 못하는구나' 하는 열등감이 자신을 괴롭혔음을 통찰하였다.

남의 신발을 신으려 했는데 그것은 나의 신발이 아님을 알겠다고 말하는 내담자에게 이 심리 극복은 쉬운 과정이 아니지만, 내담자가 앞으로 상담을 공부하고 싶어하므로 자신을 깊이 있게 분석해나가다 보면 자신의 문제도 극복할 수 있고, 오히려 더 좋은 상담자로 발돋움할 수 있을 것이라고 격려해주었다.

[요약]

1. 해석은 정신분석의 과정에서 자유연상, 꿈, 저항, 그리고 전이를 분석할 때 사용하는 기본적인 하나의 절차로 내담자가 상담과정에서 나타나는 자료들을 소화할 수 있게 하여 무의식의 재료들을 더욱 깊이 탐색해 내도록 가속화시키는 작업이다.

2. 해석의 종류에는 꿈의 해석, 저항의 해석, 전이의 해석이 있다.

3. 해석의 주된 목적은 내담자의 정신적 갈등에 대해서 알게 된 내용을 내담자에게 전달하는 것으로 그 과정은 세 단계로 나눌 수 있다.

4. 해석은 내담자가 새로운 통찰이 일어나도록 하는 것이 좋으며, 해석 제시 방법은 크게 직접적인 진술, 가설적인 진술 그리고 질문을 통해서 전달하는 해석이 있다. 해석을 할 때는 타이밍이 중요하며, 성급한 해석은 조심해야 한다.

5. 꿈의 해석에서 상담자는 내담자로 하여금 꿈의 명시된 내용을 이야기 하게 하고, 그 꿈속에 잠재된 내용을 노출시켜 무의식재료에 대한 통찰을 얻도록 도와야 한다.

6. 꿈을 해석할 때는 깨고 나서의 느낌과 정황을 탐색하면서, 내담자의 꿈이 과거의 중요대상과 어떤 관계에 있는지 전이를 중심으로 해석하는 것이 좋은 사례이다.

12장

통찰과 훈습

PSYCHODYNAMIC
COUNSELING

1. 통찰의 의미

2. 통찰의 방법

3. 신앙과 통찰

4. 상담사례를 통한 통찰 이해

5. 훈습의 정의

6. 훈습의 과정과 방법

12

통찰과 훈습

| 학습목표 |

통찰의 의미와 통찰 방법, 그리고 훈습의 의미와 훈습 방법 등
정신역동적 상담기술을 학습한다.

1. 통찰의 의미

통찰은 사물의 관계를 꿰뚫어 보는 새로운 관점이다.[67] 통찰은 복잡한 문제를 단순하게, 어려웠던 문제를 쉽고 간단 명료하게 만들어준다. 통찰을 한마디로 표현하자면, 기존 생각과는 다른 생각을 함으로써 표면 아래 숨어있는 진실을 찾아내는 것이다(신병철, 2008, 13-14).

그런데 통찰적 정보가 들어오면 우리 뇌는 어떻게 반응할까? 우선은 놀란다. 그리고 그 놀라움을 안정시키려고 기존 정보와 새로 들어온 정보를 재해석하기 시작한다. 우리 뇌에서는 서로 떨어져 있는 정보들 사이의 빈틈을 메우기 위해 추론하는 양이 늘고 결국 여러 기억들과 정보들이 하나로 합쳐지게 된다. 이것이 잘 이루어지면 기억 체계가 더 정교해진다. 이를 도표로 나타내면 다음과 같다.

---

67) 인터넷 백과사전인 위키피디아는 통찰을 '감추어진 핵심을 직관적으로 파악하는 일'로 정의한다. 즉 '한눈에 알아보는 기술'이라고 할 수 있다. 이렇듯 통찰의 정의는 대체로 '발견, 파악, 살펴보기'로 간추릴 수 있다. 즉 '통찰이란 이전에 없던 새로운 것을 만들어내는 것이 아니라, 이미 있던 것들을 다른 관점으로 살펴보고 그 관계의 의미를 재조합해내는 일'이라고 이해할 수 있다.

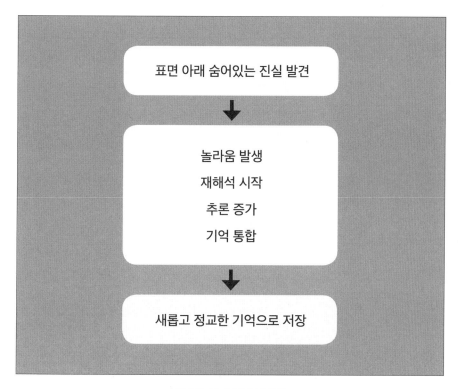

[그림 9] 통찰의 과정

상담에서의 통찰은 상담 과정 중에 이루어지는 작용으로서 내담자가 자기 자신에 대한 인식을 넓히는 것이라 할 수 있다. 즉 내 속에는 있었지만 내가 모르고 있던 어떤 부분, 혹은 알았더라도 내가 수용하지 못해서 내 것으로 인정하지 않던 부분을 이해하게 되는 것이다. 그러므로 이를 통해 자신에 대해 더 알게 되고, 이전에는 모르고 행동했던 것이 왜 그랬는지 깨닫게 되며, 이제까지 나를 끌고 가면서 힘들게 에너지를 소모하게 만들던 핵심적인 역동을 분명히 이해하게 된다.

다른 측면에서 통찰이란 자신의 대인 관계 방식을 객관적으로 보고 깨닫는 것이라고 할 수 있다. 그러므로 통찰이 이루어지면 이전과는 다른 각도에서 자신의 대인관계를 바라보게 된다. 그와 같이 자신의 대인관계 방식에 대해서 깊이 깨닫게 될 때 문제의 초점을 자기에게 두게 되는 것이다. 이때 다른 사람의 입장을 이해하고 포용하려는 마음이 일어나면서 새로운 각도에서 관계를 생각하게 된다. 이로 인하여 과거의 삶이나 오랜 갈등을 새로운 차원에서 바라보며 해결하게 된다.

어떤 중년 부인이 갑자기 손에 마비 증상이 와서 병원에 가 보니 신경의학적으로 아무런 문제가 없었다. 결국 심인성질환이었던 것이다. 부인은 자신에게 왜 이런 증상이 생기게 되었는지 그 이유를 전혀 알 수가 없었다. 상담을 통해 자신에게 분노가 있음을 알게 되었다. 그것은 시어머니가 너무 미워서 때려주고 싶은 욕구가 숨어 있는 것이었다. 그러나 시어머니를 때리는 것은 불손한 행동이며, 그런 마음이 들었다는 사실 자체가 용납할 수 없는 죄책감을 유발한다는 것을 알았다. 결국 부인은 자신의 손이 마비된 것은 시어머니를 때리고 싶은 마음과 그러면 안 된다는 마음이 서로 갈등하면서 생긴 증상이라는 것을 알게 된다. 부인은 자신의 손이 마비된 원인에 대해 깨닫게 되자 증상은 자연스럽게 사라졌다. 이처럼 자신의 문제가 왜 생겼는지 전혀 이해하지 못하다가, 상담을 통해 그 이유를 이해하게 될 때 증상이 좋아지게 됨을 알 수 있다.

어떤 사람들은 자신이 무엇 때문에 이렇게 고통을 겪는지 알고 있다고 보고하기도 한다. 그러나 내담자의 이해는 심도 깊은 뼈저린 통찰이 아니라 머리 수준으로 이해하는 표면적인 통찰일 경우가 많다. 이런 통찰 수준은 내담자의 증상해소에 별로 도움이 되지 않는다.

예를 들어, 늘 목의 통증이나 두통을 호소하는 내담자는 자신이 어렸을 때부터 책임감이 너무 강하고 예민한 점이 있기 때문에 이런 신체적인 증상을 겪는 것이라고 막연하게 이해하고 있다. 그러나 이런 얕은 수준의 이해가 자신의 증상을 호전시키지는 못하는 것이다. 그런데 어느 날 상담을 하면서 내담자는 자신이 어렸을 때 부모님이 서로 싸우시던 날을 기억해 냈고, 어머니가 자신을 남겨 두고 떠나던 장면을 떠올렸다. 내담자는 갑자기 부모님 사이의 긴장감이 자신을 늘 옭아매고 죄어 왔음을 느꼈고, 엄마가 떠날까봐 큰 소리 한 번 내지 못하며 숨죽이며 살아왔던 자신의 어린 시절이 가슴 아프게 조여들기 시작했다. 그리고 눈물이 흐르기 시작하였다. 한참 후 그는 "제가 늘 긴장하며 사는 이유가 있었군요." 이해하게 되었다. 상담 후 내담자는 천천히 마음이 편해지고 여유가 생겼으며, 좀 더 적극적으로 자기주장을 하게 되었다. 목의 통증이나 두통이 좋아졌음은 당연한 일이다. 내담자는 자신에 대한 피상적인 수준의 통찰에서 좀 더 깊은 수준의 통찰을 얻은 것이다.

통찰의 핵심은 증상의 원인을 머리로만 이해하는 것이 아니라 증상의 원인이 내담자에게 어떻게 영향을 미치게 되었는지를 머리와 가슴, 온몸으로 깨닫는 것이다. 이것을 한자로 하면 '대오각성'이라고 하기도 하며, 영어로는 'Aha-experience'라고 표현하기도 한다(김환, 이장호, 2008, 30-32).

2. 통찰의 방법

통찰의 방법에는 상담자의 설명을 통해 내담자가 통찰을 '얻는' 방법이 있고, 상담자의 질문이나 공감의 도움을 받아 내담자가 스스로 통찰을 '하게' 되는 방법이 있다(김환, 이장호, 2008, 34). 또한 지적 통찰과 정서적 통찰로 구분하기도 하는데 이것에 대해 자세히 살펴보자.

1) 상담자의 설명을 통한 통찰

대개의 경우 상담자는 전문적인 심리학적 지식을 가지고 있고, 또한 다양한 상담경험을 가지고 있으므로 내담자가 하는 이야기를 잘 들어 보면 내담자의 문제가 왜 생겼는지, 어떤 것이 문제의 원인인지를 어느 정도 이해할 수 있다. 따라서 상담자는 적정한 시기에 내담자에게 문제의 원인을 직접 설명해 줌으로 내담자가 통찰이 일어나도록 도와야 한다. 설명이나 해석은 통찰이 일어나도록 하는 좋은 방법이다.

통찰은 머리로 이해하는 것만이 아니라 가슴으로, 온몸으로 깨닫는 것이 중요하다. 그런 통찰이야말로 사람을 변화시킬 수 있다. 상담자가 통찰을 제공하기 위해서는 따뜻하고 부드럽게 핵심을 잘 설명해야 한다. 만일 비판적인 태도로 설명해 주거나 부적절한 시기에 설명을 제공한다면 내담자가 당장에는 "아! 그렇군요."하고 고개를 끄덕이며 돌아가겠지만, 내담자의 행동이나 인생을 전혀 변화시키지 못할 것이다. 적절한 타이밍에 진심 어린 설명을 전할 때 내담자는 '정말 내가 그랬구나. 그것이 문제였구나'하고 깨달으며 인생을 되돌아보게 될 것이다(김환, 이장호, 2008, 36).

2) 내담자 스스로 통찰

내담자가 상담 중에 스스로 통찰이 일어나게 되면 자아에 대한 인식이 넓어져서 자신의 문제를 더 깊이 자각하고 행동의 변화까지도 일어나곤 한다.

예를 들어 인정욕구가 많은 내담자가 상담을 통해 자신의 욕구에 대한 통찰이 일어나면 자신의 그 욕구를 알고 극복하는 노력을 스스로 하게 되는 것을 종종 볼 수 있다. 상담자의 노력에 의해서 얻은 통찰보다는 상담 과정 중에 내담자가 스스로 깨닫게 된 경우, 더 많은 변화가 일어나는 것을 알 수 있다. 그러므로 상담자는 내담자가 스스로 통찰을 하도록 소극적인 자세로 반응해주는 역할이 필요함을 알고 있어야 한다. 만약 상담자가 자신이 내담자에게 통찰을 주고 싶어서 급급해하는 자신을 잘 다루지 못한다면 이는 초보적 수준의 상담자인 것이다. 흔히 초보 상담자들은 이 점을 잘 이해하지 못하고 조급하게 혹은 억지로 내담자에게 통찰을 얻게 해 주려고 하다 보니 해석을 너무 서둘러 하는 경향이 있다(이만홍, 황지연, 2007, 283).

상담자는 내담자가 스스로 통찰을 하지 않을 때 쉽게 충고나 제안을 해 주고 싶은 유혹을 갖게 된다. 충고를 해주고 제안을 한다는 것이 해가 없어 보일지라도 주의하지 않으면 역효과를 낼 수 있다. 상담자는 자신이 하는 충고가 안전하다고 합리적으로 확신이 들지 않으면 충고를 하지 않는 것이 더 낫다. 오히려 시간이 오래 걸리고 치료 효과가 더딘 것처럼 보일지라도 인내를 갖고 내담자가 스스로 통찰할 수 있도록 도와야 한다(유근준, 2008, 157).

아래에 상담자와 내담자가 자신을 통찰해 가도록 돕는 상담사례를 제시하고자 한다.

내1: 엄마가 너무 차가워요.

상1: 구체적으로 어떤 점이 차가운지, 예를 든다면...

내2: 어려서부터 저를 따뜻하게 해준 스킨십이 없어요.(감정이 울컥)

상2: 늘 엄마의 따뜻한 스킨십에 목말랐네요.

내3: 아빠는 너무나 좋은 아빠인데 엄마는 제가 볼 때 95% 나쁜 엄마였거든요. 그래도 5%로 남겨둔 것은 엄마가 나에게 신경써주실 때는 굉장히 신경을 써주세요. 그래서 제가 95로 나쁜 엄마라고 했는데...... .

상3: 엄마가 차가운 면이 많고 아빠는 좋은 면이 많다고 생각하셨는데, 시원님께서 아빠를 좋아하고 엄마를 싫어한 것은 아주 어릴 때부터 그런 건가요?

내4: 아주 어릴 때는 엄마를 싫어하지 않았어요. 아빠가 돌아가시고 그 뒤에 방황하시면서 그 때부터 완전히 싫어하게 되었죠. 엄마의 방황으로 저를 심리적으로 버렸을 때 제가 완전히 마음을 닫았죠.

상4: 엄마가 나를 심리적으로 버렸다는 것이 무슨 말인지요?

내5: 아빠에게 원래 부인인 큰엄마가 있었어요. 그러니까 우리 엄마는 본처가 아니에요. 그런데 제가 일곱살 때 엄마가 나를 버리고 큰 엄마에게 줘버렸어요. 전 엄마 없이 컸어요. 사실 그렇게 하면 안 돼죠. 어찌 엄마가 자식을 버릴 수가 있나요? (엄마가 자신을 아버지와 본처에게 준 과정을 상세히 설명하면서, 어쩌면 엄마가 희생한 것일 수도 있다는 말도 함)

상5: 엄마는 왜 시원님을 다른 사람에게 주었나요? 시원님말대로 자기 자식인데 왜 그랬을까요? 정말 인정머리 없는 엄마였나요? 아님, 아까 시원님이 말한 대로 자식을 위해서 자신을 희생한건가요? 아까 내가 채워주지 못한 것을 큰엄마가 채워줄 줄 알았다라고 어머니가 얘기하셨다고 그랬는데...

내6: (흑흑) 느낌이 와요. 저는 특히 큰엄마가 나한테 해준 것을 아니까 더욱 더 느껴져요. 저는 큰엄마 밑에서 호강하며 자랐어요. 안 그랬으면 전 엄마하고 거지처럼 살았을 거예요. 아빠도 없이 고아처럼 살았을 거예요.

상6: 시원님이 어린 시절에는 엄마가 밉고, 용납할 수 없는 게 이해가 되는게, 어린 애는 엄마가 없으니, 엄마가 나를 버렸다고 생각할 수 밖에 없었겠죠. 그런데 시원님의 엄마는 자신이 아이를 키울 여력이 없으니, 시원님을 큰엄마에게 맡긴 거죠. 그 속에 피 눈물이 나는 자신의 고통이 있었을 거예요. 만일 그분이 못된 분이라면 시원님을 고생시키며, 피해의식을 가지며 살았을지도 모르는데...... .

내7: 전혀 그렇게 하지 않으셨죠.(흑흑)

상7: 전혀 그러지 않았단 말이죠? (네) 그러니까 자기 애가 사랑을 받기 위해서 자신을 다 양보하고 살았겠구나, 그런 생각이 드네요.

내8: (흑흑) 지금도 희생하고 계시니까. 그런데 저는 그것을 희생한다고 생각을 안했거든요. 하-(한숨) 엄마에 대한 따뜻한 마음이 올라오고요. 지금도 제가 가족들에게 헌신적이잖아요. 헌신적이지만 제가 이기적인 마음이 올라올 때마다 내가 엄마를 닮아서 그래 하면서(울먹임) 그렇게 하면서 제 헌신도 인정 못하고 자신을 부정적으로 보게 되는 거예요. 내가 이기적이고 엄마의 이기적인 것을 닮아서 그렇다. 저를 항상 학대하고 또 그래서 가족들에게 또 미안하고 그랬는데 엄마를 이해하게 되니까 기쁜 마음이 있네요.

상8: 저도 함께 기쁘고 감동이 되네요. 그리고 시원님의 희생이 엄마를 닮아서 그렇구나 이해가 되구요. 평소에 시원님이 왜 그렇게 다른 사람에게 희생을 하면서도 자기를 이기적이라고 말할까 이해가 안되었는데 이제 이해가 되면서 반가운 마음이 있어요. 심정이 어떻습니까?

내9: 정말 시원한 것 같아요. 정리가 딱 되니까. 엄마가 인내하시고 희생하신 것을 지금도 위로해 드리기 보다는 안 좋게 생각해서 참 미안한 마음이 들어요.

상담자는 어머니가 자식을 키우지 않고 다른 사람(큰 엄마)에게 준 것이 합리적인 것은 아니었지만 어머니 입장에서 볼 때에는 그것이 자녀를 위한 최선의 사랑이었음을 알려준다. 이러한 설명은 내담자가 자신의 입장에서 벗어나 엄마를 이해할 수 있도록 도와주는 것이다. 이러한 설명을 통해 내담자 스스로 자신의 어머니가 자신을 사랑해서 희생했다는 통찰이 일어나서 새로운 국면을 맞이하게 되었다. 이처럼 스스로 통찰이 일어나도록 하는 것이 바람직한 통찰 방법이다.

3) 지적 통찰과 정서적 통찰

통찰이 일어날 때, 지적 통찰이 일어나기도 하고 정서적 통찰이 일어나기도 한다. 지적 통찰이란 자신에 대하여 지적이고 논리적인 깨달음을 얻게 되는 것으로서 시간이 지나면 잊혀지는 통찰이다. 그래서 피상적인 통찰일 수밖에 없다. 반면에 정서적 통찰은 정서적인 반응을 수반하면서 깊이 있는 깨달음이 일어난다. 정서적 통찰이 일어나면 자신의 지난 날이 현재의 사건과 연결이 되어져 내 속에서 깊은 신음과 웃음이 터져 나온다. 그래서 상담에서 중요시하며 추구하게 되는 통찰은 정서적인 통찰이다. 이러한 통찰이 없이는 진정한 치유가 일어나지 않는다. 그러므로 자신의 문제에 대해서 한 번 깨닫는 것만으로 문제가 다 치유되었다고 할 수 없는 것이다. 몇 번이나 다시 반복적으로 같은 문제에 맞닥뜨리면서 마침내 그 문제에 얽힌 자신의 감정을 깊이 느끼게 되어 그 동안 알고 있던 사실에 대한 정서적인 이해가 체험될 때에야 비로소 치료가 이루어진다(이만홍, 황지연, 2007, 274-275).

정서적 통찰이 생기면 감정 반응이 따라오게 되는데 그렇게 되면 그것은 확실히 믿을 수 있다. 눈물이 쏟아지기도 하고 웃음이 터져나오기도 한다(이무석, 2003, 283). 내담자들이 정서적 통찰이 생기면 이런 말들을 한다.

"선생님이 무슨 말씀을 하는지 이제야 알겠어요."

"전에도 이 점에 대해 여러 번 말씀하셨는데, 이제 분명히 알겠네요."

"아, 그래서 내가 그렇게 힘들었던 거군요. 어찌 보면 그렇게 힘들지 않아도 되는 것을...... ."

이러한 반응이 바로 정서적 통찰반응이며, 이것은 언어에 감정이 따라 붙는 경험이다. 정서적 통찰이 되면 많은 변화들이 따라온다.

정서적 통찰이 일어나면서 자신의 대상관계에 대한 통찰이 더해질 때 깊은 수준의 변화가 가능하다. 내담자가 자신의 대상관계가 무엇인지 알고 자기에 대하여 이해하고 통찰이 일어났을 때 상담이 효과적이었다는 예는 많다(유근준, 2008, 174). 그러므로 상담자는 지적이면서도 정서적인 통찰과 함께 자신의 내면에 대한 심리구조에 대한 통찰이 일어나도록 돕는 것이 효과적임을 알고 상담을 하는 것이 바람직하다.

4) 통찰을 돕는 상담자의 자세

내담자가 통찰을 하도록 돕기 위해서는 상담자의 공감적 태도와 해석 실력이 무엇보다 중요하지만 실제적인 방법으로는 다음의 것을 추천하고자 한다.

① 자연스럽게 하라. 내담자가 감정을 표현하도록 억지로 하지 말라. 스스로 바라보고 있는 것을 못 보는 장애물만 제거하라.

② 쉬운 말, 내담자가 사용한 쉬운 말을 써라. 지적인 용어나 전문용어를 사용하지 말라.

③ 내담자가 한 말을 공감하고 시인해 주라.

④ 상담목표가 너무 거창할 때는 그가 무엇을 중요하게 생각하고 당장 해결받고 싶은 것이 무엇인지 확인하고 그것부터 해결하면서 통찰하도록 하라.

⑤ 확실하지 않으면 설명하지 마라.

⑥ 상담자가 피드백 한 내용이 잘 전달되었는지 궁금할 때는 내담자의 느낌이 어떤가 물어보고 그때 표현에 감정이 실려 있는가 보라. 감정적 통찰이 일어났을 때 변화가 일어난다.

⑦ 내담자가 피드백 한 내용을 수용하지 못할 때 놀라지 말라. 나중에 다시 수용할 수도 있다. 또한 내담자가 통찰을 수용하지 않으면 토론하지 말고 끝내라. 서로 감정이 상할 수 있다. 내담자가 화를 내거나, 거절하면 그 자리에서 그만두라.

⑧ 내담자보다 앞서 가지 말고 따라가라. 내담자의 머릿속에 떠오를 때까지 기다려라. 빨리 지적해주면 시간절약이 되는 것 같지만 아니다.

3. 신앙과 통찰

상담의 과정에서 심리적인 문제와 영적인 문제가 따로 분리되지 않은 채 서로 연결되어 있고 영향을 주는 것을 알 수 있다. 내담자가 자신에 대한 통찰이 일어날 때 이것은 신앙에 대해서, 하나님에 대해서 새로운 통찰로 이어지는 경우가 많다.

신앙인은 하나님과 연결된 존재기에, 자신에 대해 새로운 인식이 생기면 하나님이 어떤 존재신지에 대해서도 새롭게 인식이 되고, 하나님 앞에서 자신이 어떤 존재인가 하는 것에 대해서도 새로운 통찰이 일어난다.

통찰을 통해 내담자는 자신과 하나님 사이의 관계를 새로운 각도에서 바라보게 된다. 그 전에는 내 욕구를 충족시키는 범위 내에서의 하나님, 내가 좌지우지하고 싶었던 하나님이었다면 이제는 왕이 왕으로, 종이 종으로 돌아가 관계 정립이 새롭게 된다. 즉 자신의 역동에 대한 통찰 이전에는 자신의 문제 있는 대인관계 방식으로 맺던 하나님과의 관계가 통찰의 과정을 거치면서 현실적이며 현존하는 하나님과의 관계로 재정립되는 것이다(이만홍, 황지연, 2007, 290).

영적인 통찰을 이루었을 때 인간은 진정한 자유를 얻게 된다. 자신의 콤플렉스나 핵심역동과 같은 문제가 실마리를 찾지 못했을 때 긴장하게 되고 힘들었는데, 영적 통찰이 일어나면 하나님의 깊은 은혜와 사랑을 깨닫는 자녀가 되는 것이다(예: 다윗의 경우와 바울의 경우). 과거의 문제들이 실마리가 풀리면서 통찰이 생기게 되면 그 안에 작동하던 방어기제도 자유로워지게 된다. 이렇게 되면 자유로움을 느끼게 되는데, 이때 신앙이 있는 내담자는 하나님과의 관계도 회복되는 경우를 자주 보곤 한다.

　그래서 기독교인에게 진정한 통찰은 깊이 회개하는 것과 함께 한다. 즉 내가 온전히 순종해야 하며 예배해야 할 절대자를 향해서 전심전력으로 나의 모든 것을 헌신해야 하는데도 내 안에 존재하며 나를 혼란스럽게 하던 쓸데없는 의존과 인정을 위한 관심들을 하나하나 청소해 나가는 과정이라고 볼 수 있다. 다시 말해서, 하나님의 형상대로 빚어진 원래의 모습 속에 있던 진정한 사랑을 향한 갈망이 여러 가지 방어의 휘장으로 둘러쳐질 수밖에 없었던 것을 다시 원래 상태로 돌이키는 것이라고 할 수 있다(이만홍, 황지연, 2007, 317).

4. 상담사례를 통한 통찰 이해

　"남자들이 저를 바라보는 것이 기분 나빠요. 마치 무언가를 요구하는 듯한 그 눈이 징그럽고 소름 끼쳐요."

　예쁘고 깔끔한 외모를 가진 한 여성의 말이다. 그녀는 대부분의 남자들이 자신을 바라보는 눈빛이 불쾌하고 기분이 나쁘다고 했다. 그러면서도 마음 한 구석에는 어딘가 있을 멋진 남자친구를 만나고 싶다는 마음이 동시에 들어 힘이 든다고 했다. 자신의 마음이 앞뒤가 맞지 않는 것 같아 자신이 더 부끄럽고 창피하다는 것이다.

　그녀는 여성의 아름다움에 대해 부정적 사고를 가진 아버지 밑에서 자랐다. 아버지는 여성의 아름다움이 항상 문제가 된다는 식이었다. 그래서 여성 비하적이었으나 자신의 딸에게는 비인격적 행동이나 말, 분위기를 보이지 않았다. 그녀는 말없이 자기를 아끼는 아버지를 사랑하기에 아버지의 가치관을 무의식적으로 수용하게 되었다. 그래서 자기를 아름답게 보이지 않게 하기 위해 노력했고, 남자처럼 행동하며 자신의 여성적 아름다움에 대해 혐오했다. 그래서 어린 시절부터 자신을 여자로 보는 남자들을 불편해 했고, 커서는 관심을 보이는 남성이 있으면 그것이 그렇게 싫었다고 한다. 친구들도 내숭 좀 그만 떨라고 말했지만 자기를 이성으로 보는 남성에 대해서는 당황스럽고 불편했다.

혹 남성과 관련되는 불쾌한 기억을 그녀가 가지고 있는 것은 아닌가 하는 의아한 마음이 들어 그녀에게 물었다. 그녀는 확실한 기억은 아니지만 일곱 살 쯤 시골 친척 집에 놀러 갔을 때 사촌 오빠 친구가 자신을 자꾸 만지는데 어린 마음에도 그 접촉이 싫고 눈빛이 싫었다. 그리고 자꾸 안아주고 목마도 태워 줬는데 그녀는 그것이 싫고 당황스러워 어찌할 바를 몰랐다고 한다. 다른 친척 어른들이나 사촌 오빠가 곁에 있었지만 오히려 그 상황을 재미있게 바라보고 있었다는 것이다. 나중에 울음을 터뜨린 후에야 그 오빠의 손에서 벗어날 수 있었다고 하였다. 그녀는 자신의 인격과 존재가 무너지는 성적 희롱을 공개적으로 당한 기분이었다. 그리고 자신의 맘을 몰라주는 친척들에 대한 분노와 함께, 예쁘게 생겨서 재미있게 해준다는 아버지의 말이 더욱 확인되어 여성됨을 더욱 혐오하게 되었다. 하지만 한편으로는 여성의 본성상 예쁘게 보이고 싶었으니… 이 얼마나 갈등이 컸을지….

나는 그녀의 일곱 살 어린 시절로 돌아가 그때의 아픔과 두려움, 무서움과 수치스러운 마음들을 만나고 위로하였다. 그리고 그녀가 자신의 인지왜곡과 비합리적인 사고를 깨닫도록 도와주었다. 바로 이 점이 그녀의 고통의 핵심이었다. 그녀는 아버지의 그릇된 남성관과 여성관을 점점 알아가면서 놀라워했다. 그리고 자신이 그 아버지를 사랑함으로 아버지의 가치관을 받아들이게 되어 자신의 여성됨에 대해 부정적이었음을 가슴아파하였다. 시간이 지나면서 점점 자신의 여성됨을 받아들이고 아버지와 자신을 분화해갔다.
그러던 어느 날 무거운 짐을 내려놓으면서 자신이 얼마나 아름답고 사랑받을 만한 존재인가를 스스로 고백하였다. 자신을 부정하고 미워하고 자책하던 그녀가, 수치스러움에 숨어 있던 그녀가 이제 자신을 사랑하기로 마음먹은 것이다. 그리고 그녀가 여성으로서 느끼는 본능적인 감정과 남자에 대한 마음은 이중성이 아니라 당연하고 자연스러운 것임을 알아갔다(심수명, 2008c, 44-47).

위의 사례에서도 나타나듯이 내담자는 상담을 통해 자신이 몰랐던 부분에 대해서 통찰해나가게 되는데 다음은 내담자가 상담에서 깨달을 수 있는 여러 가지 통찰 내용의 예이다.

- 자신의 과거가 현재에 영향을 미치고 있다는 점
- 무의식적인 욕구가 행동에 영향을 미치고 있다는 점
- 서로 관련이 없어 보였던 행동이나 감정이 실제로는 서로 연관되어 있다는 점
- 생각하는 방식이 나의 행동에 영향을 미친다는 점
- 자신의 생각이 부정적이고 극단적이었다는 점
- 그토록 두렵고 무서워했던 것이 실제로는 아무것도 아니었다는 점
- 문제의 뿌리는 나에게 있었다는 점
- 내 문제라고 생각했던 것이 실제로는 내 책임이 아니었다는 점
- 자신이 참으로 외롭고 불행한 인생을 살고 있었다는 점, 그러면서도 그것을 지금까지 인정하지 않고 외면하고 살고 있었다는 점

내담자가 깨달을 수 있는 내용은 이 외에도 많다. 깨달음의 내용은 내담자 문제의 속성이나 내담자의 성격에 따라 다를 수 있다. 또 깨달음을 유도하는 상담자의 학문적 배경(이론적 지향)에 따라 다를 수 있다(김환, 이장호, 2008, 32-33).

5. 훈습의 정의

훈습(working-through)은 내담자가 자신의 핵심적 갈등을 통찰한 것을 상담자가 이를 반복해서 해석하고 설명해주는 과정이다. 훈습은 정신역동상담에서 가장 오랜 시간이 걸리고 중요한 과정이다. 내담자는 갈등의 본질에 대한 한두 번의 통찰경험으로 변화가 이루어지지 않는다. 전이와 저항의 분석은 여러 번에 걸쳐 여러 가지 방식으로 지속되어야 하는데, 이러한 통찰이 계속적으로 반복되고 정교화 되며 확대되는 과정이 바로 훈습이다.

훈습의 개념은 프로이트가 그의 논문 '기억, 반복 그리고 훈습'에서 처음으로 논의하였다.[68] 이 논문에서 그는 분석 훈련 중인 초보자는 저항을 해석하면 그 저항이 중지될 것이라고 믿는 경향이 있다고 지적하였다. 젊은 상담자는 그가 내담자의 저항을 지적했는데도 아무런 변화가 없으며, 오히려 저항이 더 강해지곤 한다며 호소하였다. 프로이트는 이런 상황에 대해 언급하면서 인내심과 지속적인 노력을 강조하였다. 그는 다음과 같이 썼다.

"저항에 이름을 붙인다고 해서 그것이 즉각적으로 중단되는 것은 아니다. 우리는 내담자에게 이제 그가 알게 된 저항을 더 깊이 알고 훈습할 수 있도록 시간을 주어야 한다. 기다리는 것, 피할 수도 서두를 수도 없는 그 과정을 겪게 하는 것 외에는 상담자가 할 수 있는 일이 없다. 저항의 훈습은 실제로 분석 대상에게는 고된 작업이며, 상담자에게는 인내심의 시험대가 될 것이다. 그렇지만 저항의 훈습은 내담자에게 커다란 변화를 가져오는 작업의 한 부분이다. 성공적인 해석 작업이란 감정 정화를 가져오는 하나의 작업이 아니라 내담자에게 동일한 갈등과 그것에 반응하는 그의 통상적인 방식을 반복하여 보여 주되, 새로운 각도와 새로운 연결 방식으로 그렇게 하는 장기적인 훈습과정이다. 따라서 상담자

68) 1914년에 발표된 논문이다.

는 문제가 다양한 방식으로 드러나는 것을 주의 깊게 탐색하도록 내담자를 도와
야 한다(Bauer, 2007, 207-208)."

6. 훈습의 과정과 방법

프로이트는 훈습에서의 어려움이 무의식적이고 원초적인 소망을 포기하
는 것에 대한 저항과 관련된다고 생각하였다. 프로이트에 따르면 내담자는
아동기 소망이 충족될 수 있는 기회를 갖기 위해 무의식적으로 아동기의 관
계를 반복하는 방식으로 행동한다는 것이다. 프로이트는 내담자가 어린 시절
에 대한 통찰이 일어나면 욕구 충족이 방해될 것이라고 무의식적으로 지각하
기 때문에 통찰에 대해 저항한다고 생각하였다. 그러므로 행동의 변화는 원
래 아동기의 대상에게 원하였던 것을 현재의 대상을 통해 얻으려는 내담자
의 시도를 위협한다. 훈습 과정은 험난한 과정이다.

아동기 소망의 포기에 대한 저항이 훈습을 힘들게 하듯이 치료에서 얻은
변화를 자신의 일상생활에 일반화하는 것은 더 어렵다. 타인과 관계하는 익
숙한 방식을 포기한다는 것은 새로운 방식이 발달할 때까지는 불안을 유발
하기 때문이다(Bauer, 2007, 213-214).

훈습 과정은 저항을 분석하는 과정이다. 그러므로 상담자는 인내심을 가
지고 반복적으로 되풀이되고, 끊임없이 변형되고, 뒤섞이고 혼란을 거듭하는
내담자의 저항을 분석해야 한다. 저항이나 방어가 내담자 스스로 만들어 낸
것이므로 내담자가 그것들에 대해 책임을 져야 한다는 점을 인식하게 하는
것도 저항에 대한 훈습 과정의 중요한 부분이다. 그러므로 훈습 과정에서 가
장 중요한 요소는 내담자가 자신이 삶의 주체로서 자신의 삶을 만들어 간다

는 것을 느끼고 있느냐는 것이다(Gabbard, 2007. 240).

훈습의 과정에서는 심리내적인 이해와 대인관계 학습을 촉진하기 위한 방법으로 전이 자료의 해석에 초점을 맞춘다. 내담자는 상담자와의 관계에서 어린 시절의 관계와 현재의 전이 외적인 관계들이 어떻게 반영되고 있는지를 인식하는 훈습 과정이 필요하다. 내담자는 반복적으로 훈습하는 과정에서 자신의 방어와 동기가 무엇인가를 의식하게 된다. 특히 주된 저항이나 방어는 한 번의 해석이나 한 번의 면접으로 해결되지 않으며 역동적 변화는 여러 주, 여러 달의 훈습 과정을 거쳐 나타날 수 있다(오윤선, 2009, 391).

그러므로 상담자는 내담자가 삶에서 변화가 일어나도록 지속적면서도 반복적이고 핵심적으로 도와주어야 한다. 그러나 통찰과 이해가 증가한다고 해서 의미 있는 성격 변화와 성장이 저절로 이루어지는 것은 아니다. 여기에는 충실한 훈습의 과정이 필요하다.

반복적으로 문제가 되는 관계에 대한 체계적인 전이 관계 패턴을 보여주는 삼각형 패턴을 이해하는 것은 중요하다. 이것은 과거의 관계와 현재의 전이 외적인 관계, 그리고 전이 관계가 상담 현장에서 어떻게 나타나고 있는지를 이해하는 것이다. 상담자는 내담자의 다양한 경험 가운데 반복되고 있는 이러한 관계 패턴을 규명해야 한다. 내담자의 독특한 대상관계를 직면시키고 명료화해 가는 과정에서, 상담자는 내담자가 과거의 불행한 경험과 안 좋았던 대상을 떨쳐 버리지 못하고 그것에 집착하는 것을 내담자와 함께 탐색해 나간다.

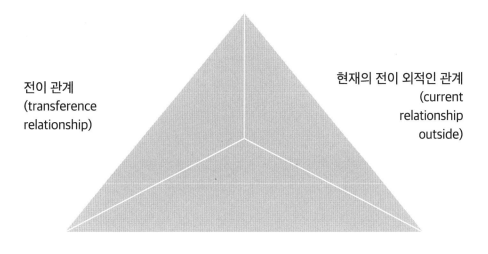

전이 관계
(transference
relationship)

현재의 전이 외적인 관계
(current
relationship
outside)

과거의 관계
(past relationship)

[그림 10] 전이관계의 훈습 과정 (Gabbard, 2000)

예를 들어, 여성 내담자가 불성실하고 정직하지 않은 나쁜 남성들과 반복적으로 교제를 하고 결국 가슴 아프게 헤어지는 경우, 그 이유는 무엇일지에 대해 상담 과정 중에 여러 가지 설명을 제시할 수 있다.

이 여성은 어릴 적부터 "남자를 절대 믿지 마라! 결국에는 엄마만큼 언제나 네 편이 되어 줄 수 있는 사람은 없다."라고 세뇌교육을 시킨 엄마와의 애착을 가지고 있을 수 있다(과거의 관계). 하지만 아무 대상이 없는 것보다는 '나쁜 대상'이라도 있는 쪽이 더 나을 수 있기에, '나쁜 대상'에 대해 애착을 형성하는 것을 예상할 수 있다(현재의 전이 외적인 관계).

어린 시절 형성된 '역시 엄마 외에는 믿을 사람이 없다.'는 역동을 가지고 있지만 한편으로는 '나쁜 남자'를 '좋은 남자'로 바꿀 수 있다는 환상을 가지고, 불가능한 일을 계속 시도할 수도 있다(현재의 전이 외적인 관계). 내담자는 상담실 밖에서 자기패배적 관계를 반복하면서 상담자와의 관계도 부적절하게 이어갈 수 있다(전이 관계). 그녀는 적절한 남자를 만나지 못해서 생긴 문제라고 주장하면서, 상담자가 나쁜 경험에서 자신을 구해 주는 이상화된 완벽한 사람이 되어 주기를 기대할 수 있다. 이러한 판타지에 대해 상담자는 내담자가 궁극적으로 자신의 삶을 구할 수 있는 사람은 번쩍이는 갑옷을 입은 백마 탄 왕자가 아니라 '그녀 자신'뿐이라는 것을 인식할 때까지 반복적으로 직면시키고 해석해 주어야 한다(Gabbard, 2007, 240-242).

결국 훈습 과정에는 전이의 분석, 저항의 분석, 방어와 동기에 대한 분석 등 그 동안의 상담과정에서 알게 되었고 통찰한 모든 것에 대해 연습해가는 과정이다. 훈습과정은 통찰한 모든 것에 대해 새로운 방식으로 살기 위해 어떻게 적용해야 하는지의 전 과정이라고 할 수 있다.

상담자와 관계를 맺는 방식, 이런 관계 양식을 가져오는 원인과 그 방식의 결과에 대한 인식이 생김에 따라 내담자는 다른 방식으로 행동할 기회를 얻는다. 치료적 상호작용을 사용하여 좀 더 만족스럽고 새로운 행동 방식을 연습할 수 있게 된다. 새로운 행동을 연습한 후에는 이 경험에 대한 탐색이 뒤따른다. 이를 통해 새로운 행동 전후의 느낌을 살펴볼 수 있을 것이다.

예컨대, 위험을 무릅쓰고 이전과 달리 행동하기 전에 어떤 두려움을 느꼈을까? 이 두려움은 상담자에 대한 기대와 관련해서 탐색될 수 있다. 또한 연습을 하는 도중과 직후에 내담자의 반응이 명료하게 조명될 수 있을 것이다. 이런 반응은 종종 두려운 결과에 대한 불안, 끝났다는 안도감, 그리고 처음 맛보는 성취감이 뒤섞인 것이다. 반복해서 연습하고 또 그 연습 내용을 살펴보고 소화함으로써 자기 통제감이 생긴다(Bauer, 2007, 211-212).

시간이 지남에 따라 내담자는 상담자가 내담자의 마음을 말로 기술해 가면서 그림을 그려주듯이 내담자도 자신의 마음을 1인칭 관점에서 3인칭 관점으로 이야기할 수 있게 된다. 상담자가 내담자가 가지고 있는 이미지와 내적 경험을 재구성해 가는 과정을 반복함에 따라, 내담자는 점차 스스로를 다르게 보기 시작하고 내담자가 타인에 대한 자신의 지각이 단지 표상일 뿐이라는 사실을 인식하기 시작한다.

내담자가 감정에 치우쳐 충동적으로 행동할 때, 상담자는 내담자가 아무 이유 없이 그렇게 행동을 하는 것이 아니라 내담자의 어떤 정서 상태가 충동적 행동을 촉진시켰다는 것을 내담자가 깨닫게 함으로써 자신의 상태에 대하여 이미지화 할 수 있도록 돕는다(Gabbard, 2007, 245-247).

[요약]

1. 통찰은 표면 아래 숨어있는 진실을 찾아내줌으로서 복잡한 문제를 단순하고도 쉽고 간단하게 해주어 내담자가 자기 자신에 대한 인식을 넓히는 것이라 할 수 있다. 깊은 수준의 통찰을 얻기 위해 내담자는 증상의 원인이 나에게 어떻게 영향을 미치게 되었는지를 머리와 가슴, 온몸으로 깨달아야 한다.

2. 통찰의 과정과 방법에는 상담자가 해주는 통찰, 내담자 스스로 통찰, 그리고 지적 통찰과 정서적 통찰로 구분하기도 하는데 초보 상담자들은 상담자의 통찰을 내담자 스스로 하는 통찰보다 더 중요하게 생각하는 우를 범하곤 한다.

3. 신앙인은 자신에 대해 새로운 인식이 생기면 하나님이 어떤 존재이신지에 대해서도 새롭게 인식이 되고, 하나님 앞에서 자신이 어떤 존재인가 하는 것에 대해서도 새로운 통찰이 일어난다.

4. 훈습은 핵심적 갈등을 내담자가 반복해서 이야기하고, 상담자가 이를 반복해서 해석하는 과정이다. 한 두 번의 통찰경험으로 변화가 이루어지지 않으므로 통찰이 계속적으로 반복되도록 하고 정교화되며 확대시키는 과정이 바로 훈습이다.

5. 훈습 과정에는 전이의 분석, 저항의 분석, 방어와 동기에 대한 분석 등 그동안의 상담과정에서 알게 되었고 통찰한 모든 것에 대해 연습해가는 과정이다. 훈습과정은 통찰한 모든 것에 대해 새로운 방식으로 살기 위해 어떻게 적용해야 하는지의 전 과정이라고 할 수 있다.

13장

정신역동 상담자의 역할과 자세

PSYCHODYNAMIC
COUNSELING

1. 통합적 인간 이해

2. 정신역동 상담자의 역할

3. 정신역동상담자에게 필요한 자세

4. 주의해야 할 문제들

정신역동 상담자의 역할과 자세

| 학습목표 |

정신역동이론에 근거한 전문상담자가 되기 위한 준비 과정이 무엇인지 알아보고
상담자의 역할과 자세에 대하여 살펴본다.

1. 통합적 인간 이해

성경을 중심으로 한 통합적 상담을 하려면 먼저 인간에 대해서 통합적으로
볼 수 있는 안목을 가져야 한다. 이를 위해 특별히 기독상담자는 성경에 대한
인간 이해가 필요하다. 이것을 기독교 상담적 인간 이해라고 한다.

그것은 인간의 죄성에 대한 이해가 선행되어야 하는 것이다. 죄인인 인간
은 본능적인 욕망이 좌절되면 자동적으로 상처를 받는다. 원래 욕망이란 자
연스럽고 중립적인 것으로서 이것이 죄의 영향을 받지 않는다면 문제될 것은
없다. 그러나 타락한 인간의 죄성은 그 존재 자체에 영향을 주기 때문에 욕망
을 제어하지 않고 그대로 다 풀어 놓으면 인격보다는 욕망이 인간을 지배하
게 된다. 욕망 그 자체는 문제가 아니다. 다만 죄성으로 인해 욕망이 쉽게 이
기적으로 전락하는 것이 타락한 인간의 현실이다.[69]

지킬박사와 하이드의 이야기에서 결국 선한 지킬박사보다는 악한 하이드

---

69) 인간은 순진 무구함과 폭력 중 하나를 선택하는 것이 아니다. 인간은 폭력의 종류를 선택하
는 것이다. 우리가 신체를 가지고 있는 한 폭력은 숙명이다(Merleau Ponty, 2004).

가 그 인격을 지배하는 것처럼 인간의 내면은 실로 절망이다. 루이스 스머즈 (Lewis B Smedes)는 『용서의 기술』에서 아돌프 아이히만(Adolf Eichmann)의 예를 들고 있다. 그는 2차 대전 당시 나치의 유대인 대량학살을 입안한 수석 담당관이었다. 그가 저지른 인간 학대는 너무나 끔찍하고 엄청나서 몸서리가 쳐질 정도이다. 이스라엘 법정에서 그는 인간성을 말살한 죄로 예루살렘에서 교수형을 당했다. 유대인 소설가 한나 아렌트(Hannah Arendt)는 아이히만의 재판을 취재하기 위해 예루살렘에 갔다. 그녀는 이 남자를 지켜보고 그와 대화했으며 조사하고 연구하여 마침내 그것을 토대로 『예루살렘의 아이히만: 악의 평범성에 대한 보고서(한길사)』라는 책을 썼다.

아이히만의 극악무도함에 대해 그는 왜 평범한 악이라고 표현했을까? 아렌트는 아이히만의 행동이 전적으로 사악한 것임에는 틀림없지만 그가 다른 사람들보다 더 악해서 그런 것이 아님을 말하고 싶었던 것이다. 즉 그는 인간성을 초월한 괴물이 아니라 나치라는 기계구조의 도구로서 어리석고 따분하며 시시한 보통사람에 지나지 않음을 말하려 했다. 결국 그가 남들보다 특별히 악해서 그런 행동을 한 것이 아니라 인간이라면 누구라도 그렇게 될 가능성이 있다는 것이다.[70] 이것이 내재하는 악을 가진 인간의 실존이다. 그러기에 영원한 하나님의 보혈이 필요한 것이다.

욕망이 자신을 지배하려 할 때 욕망을 수용하고 인정하면서 그것을 십자가 앞에 내려놓고 하나님의 뜻에 순종하는 믿음이 요구된다. 이것은 결코 쉬운 일은 아니다. 자기를 지배하려는 욕망을 이기려면 자기 내면에 있는 악을

---

70) 이 점은 인간 속에 내재하는 그림자 즉 악의 요소 때문인 것이다. 여기에서 더 나아가 페르조나와 인간의 그림자의 관계를 살펴보면, 이 둘의 관계는 대립적이고 상보적이다. 페르조나가 밝아질수록, 그림자는 점점 더 어두워진다. 어떤 사람이 영광스럽고 놀랄 만한 사회적 역할과 그 자신을 동일시하면 할수록, 그림자의 역할은 점점 더 줄어든다. 그림자가 무시되면, 그 사람의 진정한 개성은 점점 어두워지고 부정적인 것이 된다. 다른 한편으로, 그림자에 지나치게 관심을 쏟고 부차적인 것에 관심을 쏟은 나머지 "내 모습이 어떻게 보일까, 내가 매력이 없고 보기 흉하면 어쩌나"하게 되면, 페르조나는 더욱 부정적이고 방어적이고 불행해진다.

만날 수 있는 힘이 있어야 한다. 그러나 사람들은 자신의 악을 인정하는 것이
두렵기 때문에 자신의 감정과 욕망을 억압하거나 자기로부터 도피하곤 한다.

　자기의 악을 회피하려는 순간, 사랑의 마음이 아닌 율법적인 마음이 그를
지배하게 된다. 바로 그 순간 바리새인과 같은 율법주의자처럼 의로운 자가
되어 다른 사람의 죄를 찾게 된다. 여기에 무서운 정죄와 심판이 있다. 인간
은 죄인이기에 남을 판단할 권리가 없다. 그러나 내면에서 자동적으로 판단
하는 악한 자동 시스템(투사)으로 인해 다른 사람의 허물과 연약함, 상처와 죄
를 민감하게 알아차리고는 남을 정죄하게 된다.

　인간의 악은 본성적인 것이다. 참된 상담은 인간의 내면에 본능적인 죄성
과 상처가 혼합하여 작동하고 있음을 인정한 후 스스로 해결할 수 없음을 깨
닫고 겸손히 하나님께 엎드려 자신의 무능과 악, 상처를 구분하여 다스리는
것이다. 그리고 하나님의 위로와 긍휼, 상담과 돌이키심의 은혜(회개)가 임하
기를 믿음으로 사모하는 것이다. 그 순간 하나님이 있는 그대로 나를 용서하
시며 수용하시는 축복을 체험하게 된다. 특히 가슴깊이 부어주시는 하나님의
은혜와 뜨겁게 만나주시는 사랑으로 하나님의 위로 가운데 자기인생을 돌이
키는 변화를 시도할 수 있는 힘을 얻게 된다. 이것이 가장 중요하면서도 깊
은 수준의 상담이다.

2. 정신역동 상담자의 역할

일반적으로 정신역동상담을 통해 추구하는 최고의 목표는 '자아의 성숙을 이루는 것'이라고 할 수 있다. 즉 내담자의 문제를 해결한다는 것은 내담자가 당면한 문제를 해결하는 의미도 있다. 그러나 더 큰 목표는 그 문제를 다루어 나가는 내담자의 자아를 좀 더 성숙한 상태로 성장할 수 있게 도와주어 현재 당면한 문제뿐만 아니라 계속해서 다가오는 삶의 문제들을 스스로 해결할 수 있도록 돕는 것이다.

프로이트는 '정신건강은 일하고 사랑할 수 있는 능력'이라고 실용적으로 정의했다. 다시 말해서, 우리의 인격이 건강한 발달을 이룰수록 현실 생활에 적절한 적응을 하게 되고 부모에게 의존해 있던 것에서 벗어나 자신의 삶을 스스로 책임지고 살아갈 수 있는 개인이 되는 것이다. 이때 어린아이처럼 일방적으로 사랑받기만을 요구하던 자기중심적인 감정에서 벗어나 남에게 사랑을 줄 수 있고 진정한 관심을 가지며 공감할 수 있는 능력을 갖추는 것이다 (이만홍, 황지연, 2007, 251-253).

저자는 정신역동 상담자의 역할에 대해서 구체적으로 아래와 같이 제시하고자 한다.

첫째, 상담자는 내담자가 스스로 자신의 문제를 해결하고 찾아가도록 길을 안내하고 곁에서 도와준다. 즉 내담자를 끌고 가는 것이 아니라 상담자가 내담자와 함께 길을 가는 것이다. 내담자가 점점 주도성을 발휘하면 할수록 상담자는 수동적이 되면서 돌을 어떻게 치우면 되는지 알려준다. 그리고 그 과정에서 통찰을 일으키도록 돕는다. 상담자가 끌고 가려 하면 짐이 되고 부담이 되고 어찌할 바를 모르게 되며 내담자에게 치료적 도움을 줄 수가 없다. 상담자는 무엇을 주는 것이 아니다. 그를 사랑하는 마음으로 함께 할 때, 내담자도 상담자를 보며 하나님께 나아가는 힘을 얻게 된다.

둘째, 내담자가 상담자를 통해 과거의 인간관계를 치료함으로 새로운 관계를 시작하도록 용기와 힘을 준다. 그리고 새롭게 획득한 경험이나 관계를 다른 사람과의 관계에서도 적용해보도록 격려한다. 이로 인해, 새로운 인간관계의 경험을 얻고 자신감을 가지도록 한다.

셋째, 참여 관찰자로서 있어준다. 상담자의 자아는 경험 자아와 관찰 자아가 있는데 이것을 상담자가 적절히 활용하는 것을 보면서 자신의 자아를 키워나가도록 돕는다.

넷째, 조종해서는 안 된다. 조종은 하나님의 위치에서 내담자의 인격을 노예삼으려는 것이다. 이 얼마나 악한 행동인가? 인격적인 리더십은 상담자가 건강하게 사는 것을 보여주고 말하고 권할 뿐, 선택과 결정은 내담자 스스로 하도록 하는 것이다. 특별히 기독상담자는 꼭 내담자를 치유한다는 것에만 집착하지 말고 그 사람의 약함을 통해서 하나님이 어떻게 도우시는지 바라는 마음으로 상담해야 한다.

인간의 문제를 대할 때마다 좌절하고 실망하기보다 그 안에서 하나님의 사랑하심을 새롭게 깨달을 수 있다면 그것이야말로 인간이 약할 그때에 주님의 강함이 드러나는 증거가 될 수 있을 것이다. 문제가 치유되던, 치유되지 않던, 전적으로 하나님의 주권에 속한 것이다.

3. 정신역동 상담자에게 필요한 자세

정신분석적, 또는 정신역동적 상담을 하는 상담자에게 특별히 요구되는 자세가 무엇인지 살펴보고자 한다.

1) 깊은 자기이해

상담자는 내담자를 위해 존재하는 사람이며 상담에 있어 가장 중요한 요소로서 작용한다. 내담자를 효과적으로 돕기 위해서 상담자는 많은 준비가 필요한데, 모든 정신역동적 상담에 있어서 가장 중요한 것은 상담자의 자기 이해다. 타인의 경험을 깊이 있고 유용한 방식으로 이해하기 위해서 자기 자신을 잘 아는 것이 임상가의 핵심적 과제 중 하나다. 상담자는 자기 자신의 무의식을 아는 것을 두려워하지 않아야 한다. 그래야만 내담자의 무의식을 여는 것도 두려워하지 않는다(Fromm, 2000, 131-132).

사람의 내면에는 악한 것과 신성한 것, 모든 것이 있다. 내 안의 온갖 비이성적인 면을 향해 끊임없이 나를 열어 볼 수 있어야만 내담자의 좋은 것과 나쁜 것에 대해서도 열려 있게 된다.

얄롬은 '새로운 세대의 상담자와 그들의 내담자에게 보내는 공개적 편지'라는 형식으로 쓴 책에서 '상담자의 가장 중요한 도구는 상담자 자신'이라는 점을 언급하면서 다음과 같이 요약하고 있다(이 내용은 정신역동 상담자 뿐 아니라 모든 상담자에게 필요한 부분이라 생각된다).

상담자는 자신의 어두운 면을 잘 알고 있어야 하며 모든 인간의 소망과 충동을 공감할 수 있어야 한다. 개인적인 치료경험은 수련생 상담자들이 내담자의 위치에서 치료적 과정의 여러 가지 측면, 즉 상담자를 이상화하는 경향, 의존하고 싶은 바람, 따뜻한 마음으로 주의 깊게 들어주는 경청자에 대한 감사한 마음, 상담자에게 주어지는 권력 등을 경험할 수 있게 해준다. 특히 초보 상담자들은 자신의 신경증적 문제를 극복하도록 노력해야 한다. 다른 사람의 피드백을 수용할 수 있어야 하고, 자신의 맹점을 자각해야 하며, 다른 사람이 그들을 보듯이 자신을 볼 수 있어야 한다. 또한 다른 사람들에게 자신이 어떤 영향을 미치고 있는지를 인식해야 하며 정확한 피드백을 주는 방법을 배워야 한다. 마지막으로 상담자는 심리적으로 많은 것을 요구하는 전문적 활동인 '상담'에 내재하는 수많은 직업적 난관에 대처하기 위해서 자각능력과 내면적 강인함을 발달시켜야 한다(Yalom, 2002, 94-95).

상담자는 자신의 어두운 면을 잘 알고 있어야 한다는 말이 얼마나 가슴을 울리는 말인지 모른다. 상담이란 내담자의 무의식적인 심리를 드러나게 하여 자신을 이해하게 함으로써 갈등을 해결하는 것이라 할 수 있다. 상담자가 되기 위해 이론을 공부하고 실제적인 상담을 실습하는 가운데 제일 먼저 부딪히게 되는 문제는 상담의 이론적인 문제나 기법적인 것보다 상담자의 내적인 문제인 경우가 많다. 왜냐하면 상담을 공부하는 동안에는 주로 초점이 내담자에게 맞춰져 있지만, 막상 실제 상담 상황에 들어가면 그것은 하나의 대인관계로서 그동안 공부한 이론이나 기법들이 상담자라는 한 사람의 인격을 통해서 발휘되기 때문이다.

그러므로 아무리 열심히 상담이론을 이해하고 기법을 익혔다 해도 상담자 자신이 자신의 무의식 역동이나 대인관계에서 갖는 감정들에 대한 이해가 부족하다면 상담의 진행 과정은 깊이있는 통찰로 이어지기 어렵다. 그러므로 상담자는 무엇보다 자신의 내면에 대하여 오랜 기간의 분석 과정과 함께 깊은 통찰이 필요하다.
또한 상담을 통해서 내담자의 자아가 성숙하도록 돕기 위해서는 상담자의 인격 성숙이 그 무엇보다 중요하다. 그러므로 상담자는 상담자가 되는 과정이나, 상담자가 된 이후에라도, 계속해서 자신의 인격 성숙과 정신건강을 위해 노력을 기울여야 한다.

2) 실수를 두려워하지 않음

대다수의 초보상담자들은 자신이 노련한 상담자들처럼 상담자의 역할을 잘 할 수 있을지에 대해 회의를 느끼며 고통스러워한다. 그러나 수련경험이나 치료경험이 치료효과와 어느 정도의 상관관계가 있는지에 대한 경험적 연구결과들은 상담자의 숙련도와 효과성이 항상 일치하지만은 않다는 보고가 있다. 대부분의 노련한 상담자들은 시간이 흐름에 따라 자신이 점점 더 숙달되고 유능해진다고 여기고 있지만, 초보상담자의 열정과 헌신은 경험부족에서 오는 결함들을 보완할 수 있다.

사실 실수(또는 내담자가 실수라고 여기는 것)는 아무리 숙련된 상담자라 하더라도 불가피한 것이다. 인간은 대부분의 중요한 문제에 대해서 갈등적 감정을 지니기 때문에 상담자가 내담자의 바람과 욕구를 조금이라도 좌절시키지 않는 반응을 할 수는 없는 일이다. 설혹 실수를 범하더라도 내담자를 이해하려는 진지한 노력을 보여 주는 것이 충분히 치료적인 효과가 있다(Levenson, 1982, 5).

정신역동상담에는 '올바른' 방식이 존재한다고 여전히 주장하는 교육자들이 있다. 그러나 실증적인 연구 결과나 상담자의 다양성을 고려한다면, 내담자가 자신에 대해 좀 더 정직해지고, 자기파괴적 행동을 덜 하고, 더 주체의식을 지니도록 유도하는 복잡한 과정을 촉진하는 데 효과가 있는 다양한 방법이 존재한다고 볼 수 있다(McWillams, 2007, 79).

3) 정서적 중립성 유지하기

정신역동상담은 심층 무의식을 다루는 상담이기 때문에 상담 과정 중에 내담자와의 상호작용에서 전이와 역전이 현상이 일어날 수 밖에 없다. 이때 상담자가 중립성을 지켜야 하는데, 중립성이란 내담자의 갈등에 대해 상담자가 판단하지 않는 태도를 말한다. 즉 상담자가 자신의 가치관이나 종교관 혹은 자신이 선호하는 것으로 내담자를 판단하지 않는 가치관의 중립성을 의미한다. 상담자가 중립성을 지키는 이유는 내담자가 상담자의 반응에 관심을 갖지 않고 자신의 무의식적인 주제에 집중할 수 있게 하려는 것이다(최영민, 2010, 107).

전이 관계가 일어났을 때 상담자는 왜곡된 전이 관계에 휘말리지 않도록 자기를 통찰하고 있어야 하며 중립적이고 비판단적이며 비지시적인 태도로 상담을 진행해야 한다. 중립성은 내담자에 대한 정서적 무반응을 의미하는 것이 아니며 상담자의 공감적이고 진실하며 따뜻한 태도를 배제하는 것도 아니다. 오히려 전이 속에서 내담자의 공격성이 드러나 자연스럽게 상담자의 공격적 반응을 불러일으키는 상황에서도 따뜻함과 공감을 유지할 수 있을 때 중립성이 가장 잘 표현된다(Bauer, 2007, 137).

상담자의 중립적인 태도는 첫째, 적절한 좌절을 통해 전이 소망의 자각 및 통합을 촉진하고, 둘째, 상담자가 신경증적으로 휘말리게 되는 것을 막고, 셋째, 상담에서 내담자의 자율성과 안전감을 보장하는 데 그 목적이 있다. 상담자의 중립성, 즉 객관성을 유지하고 지나치게 영향을 주거나 통제하지 않으면서 동시에 내담자에게 지나치게 영향을 받거나 통제당하지 않는 상담자의 노력은 내담자가 상담에서 안전감을 느끼고 자율성을 갖게 하는 데 큰 도움이 된다(Bauer, 2007, 134).

4) 일관성과 민감성

상담자는 중립성을 지켜야 하지만 그렇다고 전이 반응에 대해 상담자가 적극적인 태도를 취하지 말라는 것은 아니다. 상담자는 중립적인 태도와 함께 상담 과정에서 자신과 내담자 사이에 일어나는 일에 대해 지속적으로 질문하고 주의를 촉구하며, 설명하고 피드백을 준다.

이때 말로 하는 지지나 정확한 해석보다는 내담자가 신뢰할 수 있도록 상담자가 일관성 있는 태도를 지켜주는 것이 중요하다. 정신분석의 가장 기본적인 수단인 자유연상은 신뢰, 수용, 공감을 기초로 한 상담자와 내담자간의 개인적이고 특별한 인간관계 안에서 이루어지는 것이므로 내담자는 자신을 기꺼이 상담자에게 위탁할 수 있어야 한다.

또한 내담자로 하여금 상담자에게 자신의 억압된 감정을 왜곡하거나 방어 기제를 사용하지 않고서도 모든 것을 진술할 수 있도록 하는 것이 중요하다. 이 과정에서 상담자는 내담자로 하여금 자신 속에 있는 것들을 상담자에게 투사할 수 있도록 상담자 자신을 상담의 도구로 이용하도록 해 주어야 한다. 내담자가 통찰력을 얻도록 하려면 불안과 불신을 최소화하여 생각 속에 떠오르는 것들을 있는 그대로 솔직히 개방하는 가운데 무의식의 재료들을 발견해야 한다. 이를 위하여 일관되게 안정된 분위기와 친밀한 상담관계의 수립이 선결조건인 것이다.

정신분석 요법의 핵심이라고 할 수 있는 전이도 내담자가 미처 처리하지 못했던 과거의 강렬한 갈등을 상담자와의 특별한 관계 속에서 재구성하는 것이므로 상담자는 내담자를 조심스럽게 관찰하고, 상담자에게 향하는 내담자의 감정들에 민감하게 대처해야 한다.

5) 적절한 좌절 제공하기

상담자가 내담자의 전이 소망을 충족시켜주지 않은 채 중립성을 계속 유지하면 내담자는 좌절감을 느낀다. 이럴 때 종종 내담자는 상담자에게 자신의 신경증적 욕구를 충족시켜 주도록 더 강한 압박을 준다. 내담자는 상담자에게서 원하는 것을 얻기 위해, 자신에게 익숙한 신경증적이고 유아적인 방식으로 반응한다. 이때 전이를 충족하려는 내담자의 욕구와 행동화가 좌절되면, 내담자의 욕구가 더 선명하게 부각되고, 이 욕구를 충족시키기 위해 전형적으로 사용하는 방법이 드러나게 된다.

사람들은 적절한 긴장, 요구, 좌절의 조건에서 성장한다. 지나친 긴장은 해로울 정도의 불안, 분노, 무기력을 가져와 성장을 방해한다. 블랑크에 따르면, 양육자의 주요기능은 "중요한 시기에 좌절을 조절하는 것이다. 즉 좌절을 제거하는 것이 아니라 필요할 때 겪게 하는 것이다. 왜냐하면 적절한 좌절이 성격 구조(와 자아)를 구축하기 때문이다."고 하였다.

좋은 양육이란, 지나치지는 않으나 자아의 발달을 돕는 데 충분할 정도의 좌절을 주는 것이다. 충분히 좋은 어머니는 아이의 모든 욕구를 충족시켜 주지 않는다. 대신 아이가 좌절을 다룰 수 있고 스스로 기능을 할 수 있는 능력을 조금 더 키울 수 있도록 도와준다. 마찬가지로 충분히 좋은 상담자도 내담자를 위해 이와 같은 조건을 제공한다. 만족을 주기보다는 반영해 주고, 재연하기보다는 견뎌 준다(Bauer, 2007, 128-129).

치료적 작업을 가능하게 하는 수준으로 좌절을 유지하는 일에는 불안이 따르게 마련이다. 이를 회피하려 하면 역전이 동기가 작동하게 되고 이때 상담자는 역전이를 줄이기 위해 노력해야 한다.

6) 휘말리지 않기

내담자는 자신의 내적 대상관계의 세계와 합치하는 역할을 할 수 있는 사람을 선택하고 타인에게서 특정 행동을 촉발함으로써 자신의 신경증적 대인관계 양식을 유지한다. 만약 내담자가 대인관계의 갈등을 반복하여 경험하고 있다면, 이 갈등이 결국 상담관계에서 드러날 것이다. 이때 내담자는 자신

의 내면화된 자기 관점 및 대상 관점과 일치하는 행동을 상담자에게서 이끌
어 내려고 할 것이다.

예를 들면 어떤 내담자는 죄책감을 가진 아이와 벌주는 부모의 시나리오
를 재창조한다. 상황에 따라 내담자는 죄책감을 가진 아이나 벌주는 부모의
역할을 재연한다. 투사적 동일시에 따라 압력을 받은 상담자는 다른 한쪽의
역할을 재연하도록 유도된다. 투사적 동일시에서 내담자는 자신의 한 측면을
타인에게 투사하고, 타인이 그 투사된 것과 일치하게 행동하도록 유도한다.
내담자는 자신의 독특한 대인관계 양식에 관한 한 달인이자 전문가이다. 내
담자가 느끼기에 자신의 심리적 생존이 바로 여기에 달려있는 것이다.

그래서 상담자는 내담자가 가진 자기, 타인, 세상에 대한 기존의 관점을 입
증해 주는 방식으로 행동하게끔 유도된다. 상담자가 상보적 역할을 하도록
끌려 들어가는 것을 피할 수는 없지만, 문제는 지금 무슨 일이 일어나고 있
는지 알고 거기서 빠져나올 수 있는가 하는 것이다. 상담자가 끌려 들어가는
것 자체는 잘못이 아니지만 거기 머물러 있는 것은 잘못이다. 상담자는 내담
자의 내적 대상 세계에 참여할 뿐만 아니라 한걸음 뒤로 물러서서 그 구조
를 조명할 수 있어야 한다. 상담자가 중립성, 객관성 그리고 정서적 절제의
정신을 잘 지키면 자아에 유익하게 퇴행하여 내담자의 체험을 공유하는 한
편, 성숙한 이차 과정적 기능을 발휘하여 그 체험의 의미를 알게 된다(Bauer,
2007, 130-133).

상담자와 내담자 사이에 투사적 동일시가 일어날 때 상담자는 무의식적
충돌체계가 내담자의 가족이나 상담 장면에서 어떻게 생겨나며, 이것이 한
개인에게 어떻게 무의식적이며 병적인 행동을 계속하게 하였는지에 대하여
설명해 주도록 한다.

그런 다음 상담자는 치료가 진행되고 있는 지금-여기에서의 병적 충돌양
상을 지적하고 이것을 그의 생활방식과 연결하는 입장에 서게 함으로써 내
담자의 현재 상태가 과거의 대상관계와의 관계 양식이 지속되고 있음을 깨
닫도록 돕는다.

이때 통찰이 일어나는 내담자들은 변화가 일어나게 된다. 따라서 상담자
는 내담자가 과거의 대인관계 양식을 자동적으로 반복하는 것을 그치고 지
금-여기에서 새로운 관계양식을 맺도록 함으로 의식적이고 합리적인 관계
를 할 수 있도록 도와주는 것이 그 무엇보다 중요한 과제라 할 수 있다(유근
준, 2008, 164-165).

7) 지나친 확신 금지

상담자가 자신의 관찰에 대해 신뢰와 자신감을 전달하는 것은 중요하지만,
자기 의견에 대한 확신에 찬 태도는 지금-여기에서의 작업을 효과적으로 수
행하는 일을 복잡하게 만든다. 상담자가 전지전능한 역할을 수행하려고 하면
탐색적 협력을 손상시키는 상황이 초래된다. 전지전능한 상담자는 탁월한 존
재(즉 부모상)의 돌봄을 바라는 용기를 잃은 내담자의 소망과 은밀하게 결탁된
다. 이는 대부분 유해한 여러 가지 결과를 가져온다.

예를 들어 상담자가 예언자와 구세주의 역할을 수행한다면 내담자의 총체
적 동일시를 통해 갈등 해소를 촉진할 수는 있겠지만, 내담자 자신의 심리 구
조의 통합과 새로운 심리 구조의 점진적인 구축은 방해를 받게 된다.[71] 상담자
의 완전한 부모 역할은 내담자의 수동성을 조장하고 중요한 자아 기능의 행

---

71) 상담자가 권위 있는 지도자 노릇을 할수록 내담자는 약하고 공허하고 분열된 자아를 보이
도록 강화를 받는다. 모든 것을 알고, 완전한 통제력을 가지며, 자신의 관찰에 확신을 가지는 상
담자는 내담자가 자신을 약하고 혼란스럽고 무능한 사람으로 내보이도록 조장하며, 마치 부모
가 의존적인 아이에게 제공하는 것과 같은 지지와 돌봄을 상담자에게 받으려는 소망을 갖도록
한다. 진실이 무엇인지 내담자에게 말해주고 내담자의 삶을 이해하는 일에 내담자 대신 책임을
떠맡으려는 상담자의 행동에는 내담자를 유아로 취급하는 태도가 담겨있다. 이런 태도는 현재
의 자율적인 기능에 포함되기 마련인 불안을 피하기 위해 수동적이고 의존적인 위치로 퇴행하
고 싶어 하는 강한 내적 충동을 가진 내담자에게 특히 유혹적이다.

사를 막는다. 이는 스스로 노력하는 만큼 성취한다는 사실을 가르쳐야 하는 상담적 과제를 폐기하는 것이며, 내담자의 자기 신뢰, 즉 자신의 능력에 대한 믿음을 손상시키는 것이다(Bauer, 2007, 172-174).

8) 내담자의 관점 받아들이기

내담자와 상담자 사이에 생기는 일에 대해 내담자가 가진 생각은 현실의 왜곡이 아닌 일종의 가설로 보아야 한다. 그리고 이런 가설에 이르게 된 이유를 탐색해야 한다.

상담자 또한 현실에 대해 하나의 가설을 가지고 있을 뿐이다. 무엇이 전이이고 무엇이 현실인지, 내담자가 정말 말하고자 하는 것이 무엇인지에 대해 상담자가 경직된 확신을 갖는다면 내담자의 저항을 불러온다(Bauer, 2007, 175). 내담자는 상담 상황에서 관찰할 수 있는 좁은 범위의 단서를 바탕으로 나름대로 최선의 합리성을 발휘한다. 내담자의 반응은 그 자신의 경험과 지각의 관점에서 '말이 되는' 것들이다. 우리가 내담자의 조망을 가진다면 내담자의 견해는 항상 일리가 있는 것이다.

상담자가 내담자의 견해 자체를 긍정하거나 부정하는 것이 아니라 내담자가 가진 정보에 근거하여 그의 태도가 충분히 일리가 있음을 볼 수 있을 때 내담자는 자신의 경험을 더 많이 표현하고 설명할 수 있는 방법을 얻게 된다. 두 사람 사이에서 무엇이 내담자의 반응을 유발하였는지 찾고 내담자가 상황을 보는 관점에서는 그런 반응이 근거가 있음을 알아줌으로써 지금-여기에서의 전이 분석 작업을 위한 발판을 놓는다. 이러한 작업에서 내담자와 상담자 어느 쪽도 진실을 독점하지 않는다는 것을 깨달아야 한다. 내담자와 상담자는 두 사람 모두에게 납득되는 이해를 얻기 위해 서로 협력해야 한다(Bauer, 2007, 176).

내담자와 상담자가 그들이 만드는 관계의 토대를 이해하기 위해 노력할 때 이전보다 더 생산적이고 성숙한 상호작용을 가능하게 하는 새로운 변화를 연습할 기회를 얻는다. 상담자와 내담자는 정직하고 진실하며 과거의 과도한 짐이 없는 관계를 만들기 위해 노력한다.

이러한 작업이 전달하는 메시지는 갈등이 없는 관계란 없다는 것과 상담자는 열린 마음과 의지를 가지고 기꺼이 대인관계 갈등의 해결을 시도할 것이라는 점이다. 이러한 태도는 관찰자에서 참여 관찰자로 그 입장이 바뀜을 의미한다. 즉 치료적 만남이라는 것을 상담자가 객관적으로 규정한다고 보는 입장에서, 두 참여자가 함께 자신들의 관계를 경험하고 이해함으로써 그 만남을 규정하는 입장으로 관점이 변화됨을 말한다(Bauer, 2007, 177).

9) 성급한 투사 해석 주의

내담자는 내사된 다양한 자기 표상과 대상 표상을, 그리고 자신의 것으로 인정하기 어려운 감정과 태도를 상담자에게 투사한다. 그리고 이제 상담자의 것으로 보이는 이러한 속성에 대한 내담자의 지각이 상담자에 대한 반응과 상호작용에 결정적인 영향을 미친다.

그러나 내담자가 이런 투사를 거두도록 강제로 개입할 수는 없다. 상담자는 성급하게 내담자의 투사를 해석하고 상담자 자신에 대한 다양한 감정의 진정한 근원이 무엇인지 설명하려고 시도할 수도 있다. 그러나 상담자의 이런 자세는 거의 틀림없이 방어를 불러온다. 그 결과 내담자가 자신을 관찰하는 능력은 더욱 손상된다(Bauer, 2007, 181-182).

코헛은 내담자의 투사 사용을 심리내적 갈등에 대한 내성을 기르는 첫 단계로 보았다. 그는 상담자들에게 투사를 성급하게 해석하지 말라고 경고하였다. 내담자는 투사를 통하여 갈등이 많고 수용이 불가능해 보이던 측면을 언어화하기 시작한다. 코헛은 상담 초기에는 갈등을 투사의 형태로 표현하도록 허용하는 것이 심리적 변화의 시발점이 된다고 보았다. 그는 내담자의 지각을 거부하는 것을 피해 가는 가장 유용한 기법으로 내담자가 이야기한 것을 되돌려주기, 즉 일종의 반영 절차를 말하였다.

상담자는 자신의 마음속에 생기는 감정을 부정하거나 행동화하거나 다른 방법을 사용해 자신과 분리하려 하지 말고 함께 머물러 주어야 한다는 것이다. 상담자는 내담자의 감정을 살피면서 진지하고 방어적이지 않은 탐색을 시도해야 한다. 이때 주의해야 할 점은 질문이나 의견은 내담자의 자아가 아닌 상담자 자신의 자아로 향하는 것에 한정해야 한다는 점이다(Bauer, 2007, 186).

상담자의 과제는 내담자가 상담자에 대해 느끼는 것을 표현하도록 돕고, 그런 지각이 어떻게 만들어졌으며, 무엇에 근거하고 있는지, 그래서 그것이 상담자에 대한 후속 반응에 어떤 영향을 주었는지 등을 표현하도록 돕는 것이다. 상담자는 내담자의 투사를 거부하지 않고 그 투사를 함께 논의하고 숙고하여 보다 명료하게 이해하려고 노력해야 한다. 이런 자세는 수용할 수 없는 감정의 독성을 제거하는 일이며, 궁극적으로 내담자가 그 감정을 방어하기보다는 통합하게끔 돕는다.

성급한 투사 해석은 내담자의 나쁜 것이 자아로 너무 빨리 귀환하도록 하여 결국 자존감의 손상을 가져온다. 상담자는 지각의 정확성에 도전하기보다는 함께 계속 논의하는 자체를 중시해야 한다. 또한 방어적인 태도를 취하면서 내담자의 부정적인 감정과 판단이 틀렸다고 말하지 않아야 한다. 이렇게 열린 접근을 할 때, 내담자의 투사에 상담자가 상처받지 않았으며 보복하고 벌주기보다는 오히려 내담자를 이해하는 데 관심이 더 많다는 점을 꾸준하게 확인시켜 주기 때문에 내담자가 가진 불안을 감소시킨다(Bauer, 2007, 186-188).

10) 수퍼비전 받기

수퍼비전은 경험이 풍부하고 숙련된 상담자가 초보 또는 미숙한 상담자에게 상담을 잘 하도록 도와주는 작업이다(Bartlett, 1983, 9-18). 심리적으로 안전감과 편안감을 느끼는 가운데 수퍼바이저의 도움을 받게 되면 자신과 내담자의 심리 내면에 대해 더 깊은 이해가 일어나게 된다. 이러한 경험은 훌륭한 상담자가 되는 과정에 꼭 필요한 요소이다. 그리고 기독교 상담에서의 수퍼비전의 궁극적인 목적은 내담자의 인격적 성장과 영적인 성장과 발달을 촉진시키는 것이어야 한다(심수명, 2008b, 190-191).

상담하면서 받는 수퍼비전은 상담을 하는 과정에서 다양한 도움을 받기 때문에 수퍼비전을 받는 것은 초보상담자에게도 긍정적인 효과를 높여줄 수 있다. 상담자를 양성하는 기관마다 수련생에게 수퍼바이저의 선택권을 허용하는 정도가 상당히 다르다. 기관의 특징에 따라 다를 수 있으나 관리자가 강제로 교수진을 배정하는 곳도 있지만, 수련생들이 선택권을 허용하는 곳도 상당히 있다. 이러한 중요한 문제에 있어서 저자는 수련생들에게 안전감을 느낄 수 있는 수퍼바이저를 선택하라고 조언하고 싶다.

4. 주의해야 할 문제들

1) 주관성과 객관성 사이에서

상담자는 한 사람의 심리적 세계에 관해 검증 가능한 추론을 이끌어내기 위해서 절제된 주관성과 정서적 교감을 활용할 수 있다. 주관성과 정서적 교감의 중요성에 대한 예를 들면, 생후 1년 동안 신생아와 엄마가 의사소통하는 것을 생각해볼 수 있다(McWilams, 2007, 63).[72] 이들은 비언어적 의사소통을 통

---

72) 생후 1년 동안 신생아와 부모는 그들의 좌반구를 통한 교감을 하게 되는데, 이러한 교감은 신생아가 적절한 신경발달과 더불어 안정된 애착형성, 심리적 인내력, 정서적 조절능력을 발달시키는 데에 필수적인 것이다.

해 의사소통을 하고 있다. 이러한 의사소통 과정이 일종의 주관성과 정서적 교감 소통형태라고 할 수 있다.

주관성의 위험성이 있기는 하지만 객관성 역시 많은 단점을 가지고 있다. 객관성을 추구하는 연구자는 구체적으로 정의할 수 없고, 실험적으로 조작할 수 없는 것을 무시하는 경향성이 있다. 그들은 실증적인 연구를 위해서 서로 얽혀 있는 복잡한 주제를 파편처럼 쪼개어 연구하는 경향이 있다. 그들은 방법론적으로 엄격하지만 내용적인 면에서 알맹이가 없는 연구를 하는 경우도 있다.

정신역동 상담자들은 내담자가 자신의 가장 고민스러운 비밀을 공개할 수 있도록 안전한 분위기를 조성하는 것이 중요하다는 것을 알고 있다. 내담자는 자신의 가장 두렵고 혐오스러우며 수치스러운 개인적 경험-내면적 체험이든 과거의 인생경험이든-을 상담자가 잘 이해한다고 느낄수록 상담 과정에서 이러한 경험을 노출하게 된다. 내담자가 결코 발설할 수 없는 것이라고 여기는 경험에 대해서 그것이 어떤 것이라도 상담자는 수용할 수 있다는 점을 내담자에게 전달하기 위해서, 직접 '그러한 경험을 겪어 보는' 것이 바람직하다. 하지만 사람이 어떻게 모든 경험을 다 해볼 수 있겠는가? 다만 상담자가 내담자를 공감하는 따뜻하고 수용적인 과정 속에서 상담자는 간접적으로 내담자의 세계를 경험하고 그의 말에 교감하는 것이다.

2) 권력과 사랑

정신역동상담의 위험성은 상담자가 상당한 정서적 권력을 지니는 위치에 있다는 것이다. 권력은 도덕적으로 중립적인 것이어서 선하거나 악한 목적 모두를 위해서 사용될 수 있다. 이러한 권력으로 인해서 상담자가 무심결에 나타낸 일상적인 배려가 결정적인 치료적 효과를 이끌어 낼 수도 있는 반면, 상담자의 사소한 실수는 전면적인 파국을 초래할 수도 있다. 상담자가 자신이 지닌 권력의 정도를 잘 인식하는 것은 내담자에게 최대한 도움을 주면서 피해를 최소화하는데 있어서 매우 중요한 것이다.

또한 정신역동상담에서는 상담자와 내담자 사이에 애정이 생겨나게 된다. 상담자가 상담을 해나가는 정서적 권력을 부여해 주는 것이 바로 사랑이며, 내담자가 상담을 지속해 나갈 수 있는 용기를 주는 것 역시 사랑이라고 믿는다. 이것이 유일한 치료적 요인은 아니지만, 사랑은 다른 치료적 활동이 효과를 나타낼 수 있게 해 주는 치료적 요인이다(McWillams, 2007, 214).

어떤 종류의 상담이든 권력의 대부분은 상담자라는 '위치'에 있게 됨으로써 생겨난다. 상담이라는 특수한 상황에서 상담자에게 권력이 주어지는 또 다른 요인은, 상담자는 자신에 관한 공개를 거의하지 않는 반면 내담자는 사적인 정보를 공개할 수밖에 없다는 사실에 있다. 이러한 불균형적 관계는 모든 종류의 치료에 있어서 마찬가지다.

정신역동상담에 있어서 이러한 권력의 불균형은 더욱 커지게 되는데, 그 이유는 상담자가 내담자에게 꿈, 공상, 성생활, 이밖에 매우 사적인 생활에 관해 묻기 때문이다. 매우 자신만만하고 수치심을 느끼지 않는 내담자들조차도 정신역동상담의 불균형성을 느끼게 되며, 대부분의 사람들이 이러한 상황으로 인해서 상당한 좌절감을 겪게 되는 것은 당연하다. 내담자들은 이러한 권력의 불균형을 시정하기 위해서 다양한 방식으로 노력한다.

예를 들어 상담자의 사소한 성격적 특징을 알아내어 이러한 점을 이야기하거나, 상담자가 쓴 글을 읽거나 인터넷에서 정보를 찾아내거나, 사적인 질문을 던지거나, 유혹적인 행동을 하거나, 내담자 자신도 상담자에게 무언가를 해줄 수 있다는 메시지를 전달하기 위해서 선물을 주거나 조언을 하려 한다(McWillams, 2007, 215-216).

때로는 오해받는 것을 견딜 수 없어하는 상담자는 자신의 선의를 분명하게 보여주려는 노력을 한층 더 강화하게 된다. 상담자는 자신이 박해자로 여겨지고 있지만 사실은 보살핌을 주는 사람이라는 것을 보여 주려는 절실한 마음에서, 밤늦게 그 내담자를 만나기도 하고, 포옹을 해 주기도 하며, 내담자의 집을 방문하기도 하고, 사적인 이야기를 나누기도 한다.

그러나 이러한 노력은 내담자를 더욱 악화시켜서 급기야 내담자는 상담자가 그동안 정상적인 상담에서 벗어났던 모든 비행의 증거를 제시할 수도 있다.

이타적인 행동은 자신을 위한 행동과 서로 연결되어 있다. 심지어 희생적인 사랑, 즉 자신의 원함을 희생하면서 행복한 마음으로 아이에게 젖을 물리는 어머니의 모습도 한쪽만 희생을 당하는 일방적인 관계라고 할 수 없다. 아이를 돌보는 어머니는 수유행위 속에서 공생적이고 상호적인 방식으로 혜택을 얻게 된다. 상담 장면에서도 이 원리는 적용이 된다. 상담자는 항상 주는 자이고 내담자는 항상 받는 자가 아니라 서로 간의 관계에서 상호 수혜가 이루어지고 있는 것으로 보는 것이 더 타당할 것이다.

3) 기술 사용

근래에 와서 정신분석상담이나 정신역동상담을 하는 상담자들 중에 정통적인 정신분석 기법이나 기술을 사용하는 사람들이 얼마나 있을까하는 의문이 든다. 정통 정신분석기법을 실시하려면 최소한 10년 또는 그 이상의 분석을 받아야 하는데 이 과정을 소화하는 기관이나 상담자가 얼마나 되는지 알 수 없다. 그리고 고전적 정신분석 기법인 자유연상, 전이와 저항의 해결, 깊은 무의식의 분석과 통찰, 훈습과정 실시 등을 제대로 실시하는 상담가들도 그리 많지 않아 보인다.

부치(Bucci)는 최근에 '정신분석적 상담은 전이의 맥락에서 통찰을 유도하는 해석에 초점을 맞추면서 표준적인 기법을 잘 따르는 상담'이라고 정의하였다(Bucci, 2002, 217). 그러나 정신분석적 상담방법에 대한 정형화된 이미지를 가지고, 정신분석 입장의 바탕이 되는 핵심을 배제한 채 모든 형식적 규칙들만 중요시하는 상담자들은 위험하기 짝이 없다. 마찬가지로 정신분석상담에 있어서 가장 해악을 끼치는 사람들은 스스로가 정신분석상담을 받아본 경험도 거의 없이 수퍼바이저의 위치에 오른 나이 지긋한 사람들이다.

허버트 슐레징거(Herbert Schlesinger)는 1950년대에 자신이 경험한 정신분석 수련에 대해 다음과 같이 기술하고 있다.

아마 대부분의 정신분석가들은 내가 그러했듯이 이해하기 어려운 정신분석기법들을 배웠을 것이다. 그것은 일관성 있게 조직된 지식체계라기보다는 해야 할 것과 해서는 안 되는 것들로 이루어진 규칙체계였다. 그러한 규칙을 한 개라도 어기면 분석을 망칠 것이라는 두려움이 가슴속으로 밀려왔다.

충분한 수련을 받은 숙련된 분석가들은 '기법적 규칙'이 의미하는 것보다 훨씬 더 따뜻하고 자연스러우며 융통성 있는 태도를 지녔으며 다른 사람에게도 그러하기를 권장해 왔다. 프로이트 역시 그러했다. 결국 기법 사용보다는 내담자의 독특한 문제를 다루면서 내담자 한 사람에 대한 깊은 관심과 사랑을 가지고 공감적이고 직감적으로 상담하는 것이 더 적절한 경우가 더 많다.

다행히도 최근의 추세는 상담은 규칙에 맞추어 하기보다 내담자에 맞추어 해야 한다는 견해가 많이 일고 있다(McWillams, 2007, 33).

4) 자기 관리

대다수의 상담자들이 적당한 수면, 휴식, 여가 그리고 '재충전을 위한 시간'에 대한 욕구를 희생하면서 과도하게 상담을 하고 있다. 상담자들은 충분한 수면을 취하는 것이 중요하다. 또한 상담을 너무 많은 시간 하지 않는 것 그리고 자기만의 시간을 확보하는 것이 중요하다. 주말이나 저녁의 자유 시간을 소중하게 여기는 상담자라면, 내담자의 편의를 위해서 이러한 시간이 침해당하지 않도록 해야 한다. 만약 이러한 시간이 침해당하게 되면, 상담자는 자기 자신이나 내담자에 대해서 원망하는 감정이 들게 될 것이다. 또한 적절한 휴가 기간, 즉 항상 내담자의 감정에 맞춰 주어야 하는 긴장감으로부터 벗어날 수 있는 시간을 며칠 또는 몇 주간 갖는 것은 상담자의 정신건강을 위해서 필수적인 것이다.

상담자들은 단기적으로는 물론 장기적으로도 자신의 건강을 잘 보살펴야 한다. 이것이 중요한 이유는 정신분석적 지향을 지닌 상담자들 중에 자신의 심리적 건강 상태가 괜찮다면 신체적 건강도 좋은 것이라고 잘못 생각하는 사람들이 있기 때문이다. 그러나 정신건강이 좋으면 신체건강도 좋은 것이라고 동일시하는 사람들은 일종의 전능자 환상을 갖고 있는 실수를 범하고 있는 것이며 인간이 지니는 현실적인 나약성을 무시하는 것이다(McWillams, 2007, 403).

상담은 앉아서 하는 일이기 때문에 상담자들은 시간을 내어 운동을 해야 한다. 러닝머신이나 어떤 정해진 규칙에 따라서 해야 하는 운동이 잘 맞지 않는 사람들은 걷기, 뛰기, 자전거 타기, 수영, 등산 등의 운동을 하는 것이 중요하다.

5) 상담자의 욕구 분석

상담자가 내담자에 대하여 가지는 의식적 욕구는 누구나 받아들일 수 있는 욕구다. 예를 들어 내담자가 잘 되기를 원하는 것은 표면적으로는 큰 문제가 없다. 문제는 무의식적 욕구를 인식할 수 있어야 하며 인식한 것에 대하여 조절할 수 있는 능력이 요구된다. 이를 위해 상담자는 무의식적 욕구에는 어떤 것이 있는지 알아 둘 필요가 있으며, 상담자는 수시로 이러한 욕구에 빠질 수 있음을 자각하면서 주의해야 한다.

① 열등감: 나의 부족함이나 상처를 씻기 위해 남을 도움으로 보상을 얻음.
② 호기심: 그의 심리역동을 들여다보려고 함.
③ 외로움: 인간관계를 잘 못하는 경우 상담관계로 위로받으려 함.
④ 지배욕: 자신이 원하는 대로 다른 사람을 지배하고자 함.
⑤ 우월감 확인: 마음속의 열등감을 없애기 위해 내담자를 도움으로 우월감을 느끼고자 함.
⑥ 돌봄 받으려는 욕구: 이것은 양육하고자 하는 욕구와 맞물려있음.
⑦ 유능성에 대한 인정욕: 문제를 잘 해결해주고 심리를 잘 이해해줌으로서 실력을 인정받으려 함
⑧ 권력(파워)욕: 항상 성공적인 결과를 얻어내려는 마음과 태도를 갖는 것

상담사역을 오랫동안 해 오면서 안타까운 것은 내담자들이 자신의 문제가 해결되면 신앙을 소홀히 여기며 세상으로 가까이 가는 것이다. 그리고 반대로 상담을 했는데도 문제가 해결되지 않자, 하나님께 더 의지함으로 영적으로 더 성장하고, 개인의 문제도 신앙 안에서 수용하는 것도 보았다. 그러므로 상담을 하다가 원하는 결과가 오지 않더라도 그 상황 가운데에서 주님을 만나며, 주님의 사랑하심 안에 거할 수 있다면 더할 나위 없는 축복일 것이다.

그러므로 기독상담자는 자신의 능력을 의지하는 자가 아니라 하나님의 능력을 의지하는 자라야 한다. 기독상담자는 상담을 할 때 영적으로 깨어있어

야 한다. 이런 사람은 자신의 부족을 깨닫고 하나님의 강하심을 열망하며 매 순간 기도하는 마음으로 상담에 임하며, 상담의 결과까지도 온전히 하나님께 내어맡긴다. 이런 태도가 바로 기독상담자에게 필요한 자세다.

[요약]

1. 온전한 상담을 위해서는 인간에 대한 통합적 이해가 필요한데 기독교상담에서는 인간의 본성을 악하게 보고 악의 해결이 가장 중요한 선결 과제로 본다. 또한 내담자의 당면 문제를 해결하도록 도우면서도 내담자가 하나님 중심의 삶을 살도록 하는 것이 궁극적인 목적이다.

2. 정신역동 상담자의 역할은 내담자가 성숙한 자아를 갖도록 돕는 것인데, 이때 상담자가 직접 길을 인도하거나 제시하여 문제를 해결하기 보다는 내담자 스스로 자신의 심리를 해결하고 찾아가도록 도와주는 것이 필요하다. 또한 상담자와의 건강한 관계경험을 통하여 새로운 인간관계를 시작할 수 있도록 하는 등 여러 역할이 필요하다.

3. 전문상담자가 되기 위하여 많은 준비가 필요하며 그중 가장 핵심은 자기 자신을 아는 것이며, 이 외에도 실수를 두려워하지 않기, 정서적 중립성 유지, 일관성과 민감성, 적절한 좌절 제공, 휘말리지 않기, 지나친 확신 금지, 내담자의 관점 받아들이기, 성급한 투사 해석 주의, 그리고 수퍼비전 받기 등이 있다.

4. 상담자로서 주의해야 할 문제로는 주관성과 객관성 사이에서의 조화, 권력과 사랑을 지혜있게 사용하기, 기술 사용, 자기 관리, 상담자의 욕구 분석 등이 있다.

14장

상담의 종결

PSYCHODYNAMIC
COUNSELING

1. 종결의 의미

2. 종결에서의 내담자 심리

3. 종결의 과제

4. 종결의 방법

5. 추후 상담

14

상담의 종결

| 학습목표 |

상담의 마무리와 종결은 언제, 어떤 방법으로 할 것인가를 숙지한다.

1. 종결의 의미

정신역동상담에서는 전이가 해결되면 종결단계가 시작된다. 종결단계의 목표는 상담자에 대한 내담자의 무의식적인 애착을 해결하는 것이다. 상담이 후기로 넘어오면 전이로 인해 내담자의 문제가 확실히 드러나고 핵심역동이 분명해져서 상담자가 치료적인 개입을 하게 된다. 그중에 특히 중요한 것은 내담자의 핵심역동에 대한 명료화와 해석이다. 즉 무의식적으로 반복하던 내담자의 핵심역동을 명료화시키고 해석함으로써 구체적으로 드러내며 의식화하도록 도와준다. 이를 통해서 내담자가 자신의 문제를 통찰하게 된다. 그렇게 자신의 문제의 중심에 있던 역동을 깨닫고 그것을 변화시키기 위해 훈습함으로써 새로운 행동을 시도하게 되고 그것이 어느 정도 익숙해지면 상담을 종결한다.

상담자는 상담의 종결 시점에 대해서 갈등이 완전히 사라졌을 때가 아니라는 점을 알고 있어야 한다. 왜냐하면 긴장과 갈등, 문제는 삶의 과정 중에 어디에나 있는 것이고, 삶 자체가 갈등의 연속이기 때문이다. 따라서 상담의 종결 시점은 갈등이나 문제가 완전히 제거되는 시점이 아니라 그것들을 발견하고 처리하고 해결할 수 있는 능력이 생긴 때이다. 즉 인생은 끊임없는 갈등의 연속이기에 어떤 의미에서 상담의 종결이란 있을 수 없고, 내담자가 심각한 갈등이나 문제를 보다 쉬운 것으로 바꾸거나, 해결하면서 살 수 있으면 되는 것이다(이무석, 2003, 298). 상담 이후에 상담 이전 보다 현실 생활에서 좀 더 기능적으로 살 수 있는 능력이 생겼다면 종결은 가능한 시점이 다가오고 있는 것이다.

상담은 내담자가 처음에 가져왔던 문제가 해결되고 장래의 생활에서 그와 비슷한 문제가 발생하더라도 처리할 자신이 생겼을 때 자연스럽게 종결되어야 한다. 대개 상담에서는 상담 초기부터 종결 시기에 대해 내담자와 충분히 혹은 어느 정도 미리 언급해 두는 것이 좋다. 상담의 종결은 상담의 목표와 관련하여 미리 생각해 두어야 하고, 목표가 달성되면 상담이 종결되리라는 것을 서로 합의해 두는 것이 현명하다(김환, 이장호, 2008, 273-274).

종결 단계에서는 상담을 통해서 성취한 것들을 상담의 목표에 비추어서 평가하게 된다. 만약에 성취되지 못한 목표가 있다면 왜 그렇게 되었는지 논의한다. 종료 시에는 상담자 자신이 상담의 전체과정을 요약할 수도 있고, 내담자로 하여금 요약하도록 요구할 수도 있다. 만약에 내담자가 상담관계를 계속해서 유지하기를 소망하거나 또는 상담이 아직 덜 끝났다는 미완성감 같은 것을 가지고 있으면 다른 기관이나 상담자에게 의뢰하는 방법도 있고, 추후 상담의 가능성을 남겨둠으로써 상담의 종료를 보다 원만하게 할 수도 있다.

이상적인 상담에서 종결은 하나의 사건이라기보다 상담 전 과정에 걸쳐 계속되는 과정이라고 볼 수 있다. 따라서 상담자는 상담 초기부터 종결에 대해 이야기할 필요가 있고 정기적으로 상담자와 내담자가 시간적 제약을 가짐을 알아야 한다.

종결에 대한 내담자의 준비 정도는 내담자의 초기 문제나 증상이 감소 또는 제거되었을 경우, 내담자가 처음 단계에서 상담이 필요했던 문제와 패턴을 이해하는데 충분할 정도의 통찰을 한 경우, 내담자의 상황을 고려해서 내담자의 대처기술이 충분한 경우, 내담자가 계획하거나 생산적으로 일할 능력이 증진된 경우다(Heaton, 2006, 264).

2. 종결에서의 내담자 심리

종결단계에서 나타나는 한 가지 현상은 내담자의 증상이 갑자기 악화되는 것이다. 이는 내담자가 무의식적으로 아직 상담을 마칠 준비가 되어있지 않아서 상담을 계속하고 싶다는 것을 나타낼 수도 있고, 또 다른 현상은 이전 단계에서 이루어진 해석을 확인시켜 주거나 정교화 시켜 주는 억압되었던 기억들이 나타나는 것이다. 이는 자신에게 새로운 삶을 가능하게 해 준 상담자에 대한 감사의 표시라는 의미를 가질 수 있다(오윤선, 2009, 391).

상담을 끝낸다는 것은 내담자에게 중요하고 의미있었던 대상을 상실하는 경험이므로, 상담의 종결을 준비하는 동안 내담자들은 여러 가지 방법으로 종결에 따르는 좌절과 고통, 슬픔이나 부정적 전이를 피하려고 노력한다(이무석, 2003, 295). 그래서 여러 가지 반응들이 나타난다. 종결시점이 되면 내담자는 다음의 둘 중 한가지의 반응이나 표현을 보인다.

첫째, 자기 신뢰의 느낌, 통합된 느낌, 진취적인 느낌을 가지며 미래에 대해 낙관적인 경험을 가질 것을 기대하는 표현을 한다.

둘째, 상담은 내담자에 대한 관심집중 시간이었기에 상담자와의 관계를 쉽게 포기하지 않으려고 하며, 그 밑 마음에는 상실감이 내재되어 있다. 경우에 따라서는 상담자가 종결을 제안할 때 '버림받았다', '거부되었다'고 느끼기까지 한다.

그러므로 내담자가 거부 반응을 분명히 말로 표현하지 않더라도 이러한 감정을 충분히 가질 수 있다는 전제하에서 솔직하게 이야기하는 것이 중요하다. 상담을 종결하자는 제안에 대한 내담자의 의견이나 반응을 듣기 위해선 충분한 시간이 필요하다(김환, 이장호, 2008, 276-277).

종결과정이 다가오면 내담자는 치료 효과에 따라 다른 반응을 보인다. 치유가 잘 되었을 때는 상담의 종결이 기쁘고 만족스럽겠지만 치유가 시원치 않거나 전혀 일어나지 않은 경우에는 실망과 불만을 드러낼 것이다. 상담이 좋았던 경우라 할지라도 상담이 끝난 후 증세가 재발하지 않을까 하는 현실적 염려와 "치료효과가 계속 될 수 있을까?" 하는 불안이 들기도 한다. 상담이 만족스럽지 않은 경우, 내담자는 아직도 자신에게 문제가 남아 있다는 것이 실망스러울 것이며, 이것을 극복하지 못하고 있는 자신의 한계를 인정해야 하는 것에 대한 실망이나 우울반응을 보이기도 한다(이무석, 2003, 293).

상담 종결 시에 상담자가 중요한 인물이었던 내담자는 상담자를 상실하게 되는 슬픔이 클 수도 있다. 특히 치료가 효과적이었던 경우, 이 반응은 더 심하다. 상담자에게 감사하는 마음이 크고, 도움 받았던 경험이 큰 경우에 상담자를 다시 못 볼 수도 있다는 섭섭함에 압도당하기도 한다. 이런 경우에 내담자는 "선생님을 만난 것은 제 인생에서 가장 소중한 경험이었어요.", "선생님 때문에 저와 저의 온 가족이 새롭게 되었어요." 등의 말을 한다.

전이가 강렬하게 일어났던 경우일수록 종결반응의 신경증적 요소가 강하게 나타난다. 이런 내담자들의 경우 치료가 종결되어 상담자와 헤어지는 것은 어린 시절 부모에게 애착되어 있다가 떨어질 때처럼, 신경증적 전이 소망을 이룰 수 없게 되는 것이다. 이러한 전이 좌절은 아동기 충동에 대한 충족을 계속 누리고자 하는 소망의 좌절이며, 전이대상(상담자)과의 관계를 지속하는 수단으로서 신경증 증세를 계속 갖고 있으려는 소망의 좌절이다. 그래서 이에 대한 반응으로서 부정적 전이가 일어나기도 한다(이무석, 2003, 294).

예를 들어 "선생님은 상담 그만두어도 하나도 섭섭하지 않으시죠?", 또는 "그동안 나한테 잘해준 것은 상담자라서 그런 것이지, 인간적으로는 저한테 관심도 없으신거죠?"라며 상담자에게 상처를 주기도 한다.

3. 종결의 과제

1) 종결에 대해 내담자와 협의하기

종결 시점이 다가오면 상담자와 내담자 모두 한편으로는 성취감과 함께 시원한 마음이 들기도 하지만 마무리를 어떻게 해야 하는 마음에 서로가 긴장할 수 밖에 없다. 이 시점에서 초심상담자는 종결의 화제를 꺼내기가 매우 어렵고, 내담자가 거부 반응을 일으킬까 봐 불안해질 수도 있다. 그러므로 종결 제안에 대한 내담자의 생각과 느낌을 철저히 탐색하고 종결 여부를 협의하는 것이 중요하다. 상담관계에 따라서 내담자의 반응은 여러 가지로 다양하겠지만, 많은 내담자가 상담의 종결을 실패로 받아들이는 경향이 있다.

오쿤은 일반적으로 상담관계의 종결이 다음과 같은 네 가지 방식 중 어느 한 가지 방식으로 이루어진다고 하였다.

첫째, 상담자와 내담자가 설정한 모든 목표가 달성됐다고 느낄 때 종결이 이루어진다. 이 종결 방식은 내담자가 의미 있는 관계의 상실 때문에 슬픔을 느끼지만 긍정적인 종결방식이다.

둘째, 상담목표가 아직 달성되지 않았지만 상담자가 종결을 주도하여 이루어진다. 이 방식은 학교에서 학기가 끝날 때 혹은 직원이 자주 바뀌는 기관에서 나타난다. 내담자는 흔히 분노감과 거절된 기분을 느낀다. 이상적으로 상담자는 종결되기 전에 의뢰하는 것이 바람직하다.

셋째, 조력과정의 제3자가 종결을 요구하여 결정된다. 가족이나 주변의 여러 변수들이 작용한다.

넷째, 내담자가 상담목표 달성 이전에 서둘러 상담관계를 종결시키는 방식이다. 이 경우에 내담자는 위협적 상황으로부터 도피하는 것일 수 있다. 그리고 상담자는 무력감과 부적절한 감정을 느낄 수 있다(노안영, 송현종, 2006, 208-209).

어떤 방식으로 종결이 이루어지더라도 상담자는 내담자와 협의하면서, 내담자의 마음을 살피고 실패감이 들지 않도록 애정어린 마음을 가지고 심혈을 기울여 상담을 마치도록 한다.

2) 종결시점 판단하기

종결시점에 대해서는 여러 이유가 있겠지만 크게 다음 3가지로 정리할 수 있다. 상담자는 다음의 경우를 염두에 두면서 종결시점을 지혜롭게 결정해야 한다.

① 상담자의 능력 부족 : 상담자가 내담자를 위한 전문가적 능력이 부족하다고 판단 될 때

② 생산적이지 못한 내담자 : 상담이 진척이 되지 않을 경우 왜 상담이 진척이 안 되는지 그것 자체를 이슈로 하여 다루어 보고 내담자의 입장을 생각해서 다른 상담자에게 의뢰하는 것을 고려한다.

③ 부분적 성공을 이루었지만 상담을 계속 할 수 없을 경우 : 내담자의 상실감이나 분노가 너무 큰 경우, 새로운 환경에 적응하는 수단으로 다른 상담자에게 의뢰할 것을 고려한다.

종결의 시기는 상담자가 종결을 해야겠다고 마음속으로 결정하는 경우이며, 내담자가 상담을 끝내자고 제의를 하는 경우, 상담자와 내담자가 동시에 합의를 해서 끝내자고 하는 경우인데 마지막 경우가 가장 바람직하다고 할 수 있다(이만홍, 황지연, 2007, 296).

4. 종결의 방법

상담자-내담자 관계는 내담자의 마음 속에 상담자가 대상으로서의 이미지로 들어와서 한동안 타인처럼 있다가, 지속되는 서로의 만남의 경험을 통해서 점점 내담자의 인생 속으로 녹아 들어가게 된다. 그래서 자기 인생의 경험과 상담자의 인격이 함께 어우러져 성숙의 작업을 밟게 된다. 어떤 대상과의 관계 경험은, 특히 그 인간관계가 꾸준하게 맺어짐에 따라 상대방의 인격이 내 마음속에 들어와서 내 자아의 일부분을 이루게 된다. 이것은 상담자-내담자 관계의 문제만이 아니고 모든 인간관계가 다 그렇다. 부모와 자녀 사이, 특히 부부, 사랑하는 연인들, 친구들 사이, 목사님과 좋은 신도 사이 등의 모든 인간관계에서 관계를 맺는다는 것은 어떤 대상이 내 속으로 들어와서 내 경험의 일부를 이루게 된다는 것이다.

그러므로 그 관계가 깊고 진할수록 그것이 나의 일부로서의 자리를 많이 차지하며, 그와 헤어진다는 것은 어떤 대상과 헤어지는 것인 동시에 나의 일부와 헤어지는 것을 의미한다. 이렇게 헤어지는 과정을 애도과정 또는 애도반응이라고 한다. 관계가 깊었던 사람, 친했던 사람, 사랑했던 사람, 부부 사이에 한 대상이 죽어서 내 인간관계에서 떨어져 나간다는 것 혹은 상실한다는 것은 단지 나의 바깥에 떨어져 있던 사람과 헤어지는 것만의 문제가 아니고, 더 중요한 것은 내 일부가 되었던 사람과 헤어진다는 의미다. '헤어짐'이 심리학적으로는 이렇게 복잡한 의미를 갖고 있다. 그래서 사랑하는 사람과 헤어졌을 때 굉장히 슬픈 마음을 갖는 것은 단순히 사랑했던 상대방을 다시 볼 수 없어서 슬픈 것이라기보다 내 마음속의 나의 일부를 잃어버린다는 개념 때문에 슬픈 것이다(이만홍, 황지연, 2007, 312).

지지상담을 하다가 상담을 마칠 때는 긍정적인 분위기로 마치는 것이 중

요하다. 상담을 마치는 기분이 찜찜하거나 부정적이 되지 않도록 노력해야
한다. 이것이 통찰상담과의 큰 차이점이다. 지지상담은 긍정적이고 적극적으
로 내담자의 분리를 지지해 주는 좋은 분위기에서 마쳐야 한다. 또한 지지상
담 종결 시 상담자는 내담자에게 상담관계가 완전히 끝나는 것은 아니라는
여지를 남겨 두는 것이 좋다(이만홍, 황지연, 2007, 299).

통찰상담에서의 종결은 지지상담과는 전혀 다르다. 통찰상담에서는 종결
단계에 들어선 때에도 그때까지의 상담의 기조를 그대로 유지해야 한다. 원
칙적으로 상담을 끝내기로 한 시점까지 상담의 간격을 조절하지 않고 그 동
안 해 오던 대로 1주에 한 번씩 끝까지 일정하게 유지한다. 물론 종결의 과정
을 가지기는 하지만 기간 자체를 지지상담에서처럼 늘리지 않는다는 말이다.
또한 지지상담에서처럼 잘해 나갈 것이라는 식의 지지를 하기는 하지만 지
나친 격려는 피하도록 한다(이만홍, 황지연, 2007, 300).

상담을 종결할 때는 항상 부드럽게 종결하는 것이 중요하며, 어떻게 하면
내담자와 상담성과를 파괴하지 않고 상담관계를 종결 할 수 있는지 살펴보
면 다음과 같다(Heaton, 2006, 265-266).
① 상담자가 종결을 하기 전에 미리 종결할 것에 대해 고려를 하면서 종결
과정 자체를 민감성을 가지고 점진적으로 수행한다.
② 상담관계가 4~6회 정도 남았을 때 상담자는 상담이 끝내야 될 시기가
오고 있음을 인식하고 내담자에게 전달해야 한다.
③ 예정된 종결을 내담자가 부인함으로 일시적 위기가 오는 경우: 종결을
인정하지 않는 것은 회복과정의 한부분이며 점차 사라질 것이며 회기가 계
속되면 내담자는 자신의 공허함이 풍부한 자원으로 채워지고 있어서 상담을
끝낼 수 있다고 결정하게 된다.
④ 내담자가 종결할 준비가 되어 있어도 6주, 3개월, 6개월 후 추후 약속

을 함으로 그들이 원할 때 상담을 할 수 있는 안전장치가 있음을 알려 준다.

⑤ 회기 수와 기대되는 상담효과를 이야기함으로써 상담 초기부터 종결에 대해 논의한다.

⑥ 상황 전환을 위해 충분한 시간을 갖고 의뢰에 적절한 계획을 세우며, 조기 종결 시 특히 버려진 것 같은 감정이 있을 때는 그것에 대해 논의해야 한다. 여러 이유로 상담목표를 성취하지 못한 상태에서 조기 종결해야 하는 경우가 많다.

⑦ 내담자가 종결하려는 소망이 없을 때는 결과적으로 내담자의 소망을 존중하는 것이 대체로 좋다. 내담자의 견해를 들어야 한다.

⑧ 작별인사를 적응적으로 하는 기회를 활용한다. 감정을 표현하고 그동안의 진전을 검토하며 적응적인 대처방식을 확인하고 내담자가 독립적으로 자신의 문제를 다룰 수 있는 능력이 있다고 확인시켜 준다. 그리고 종결은 진전의 하나이고, 혼자 서는 것이 진정으로 가치있는 것임을 알려준다.

⑨ 경제적인 이유로 상담을 중단해야 하는 내담자에게 그들이 적은 비용 또는 무료 상담을 받을 수 있는 곳을 알려준다. 상담과정의 요약 내용을 보내거나 전화 자문을 통해 상담을 의뢰하기 위해 필요한 상담기록 및 정보공개 동의서를 받아 놓아야 한다.

⑩ 종결에 대한 상담자의 기대를 명확히 한다. 어떤 상담자는 종결을 완전한 끝이라고 보는 반면, 다른 상담자는 내담자에게 필요하다면 더 할 수도 있음을 말해 주기도 한다. 종결이 어떤 방식으로 이루어져야 하는지에 대해서 상담자가 추천하는 방식을 내담자가 명확히 이해하도록 한다(김환, 이장호, 2008, 293).

5. 추후 상담

　종결은 갑자기 이루어져서는 안 되며, 특히 내담자와 장기간의 상담관계를 유지해 온 경우는 더욱 그렇다. 흔히 상담의 종결에 대한 의견이 나온 뒤 2~3회 추가적인 면접을 갖는 것이 유익하다. 이것은 내담자가 혼자서 문제를 해결하거나 생활 장면에서 자신이 뜻한 바를 책임 있게 실천할 수 있는지를 검토하는 예비적인 기간이 필요하기 때문이다. 마지막 면접에서는 종합적이고도 구체적인 행동경험들을 이야기하되, 지금까지 이루어진 노력의 내용이나 성과에 대해 충분히 토론하고 요약하는 것이 중요하다. 또한 내담자와 상담자가 기대했던 내용의 차이점을 의도적으로 찾아내며 토의하는 것도 중요하다(김환, 이장호, 2008, 278-279).

　추후 상담은 상담이 종결된 후 일정한 시간이 흐른 뒤에 내담자를 다시 만나서 변화가 얼마나 유지되고 있는지를 점검하고 경과를 파악하는 활동이다. 종결한 후 한 달 혹은 3개월, 6개월 후에 다시 한 번 만나자는 이야기를 할 수 있고, 상담관계가 종결된 일정 기간 후에 할 수도 있다(김환, 이장호, 2008, 279).
　보조 회기를 갖는 것은 바람직하다. 보조 회기의 목적은 새로운 기술을 가르치기 위해서가 아니라 터득한 기술을 적용하는데 따르는 어려움을 극복하도록 내담자를 조력하는 것이다. 또한 종결 후에 상담자가 내담자와 전화, 서신, 전자 우편 등을 통해 후속만남을 계획하는 것도 때로 필요하다(노안영, 송현종, 2006, 210-211).

　상담자는 추후 상담에 대해서는 내담자가 원할 때 요청하는 것임을 분명히 이야기해주는 것이 필요하다. 다시 상담하는 경우, 일회성 상담일 수도 있고, 중기 상담, 또는 장기 상담이 될 수도 있는데, 이러한 모든 결정은 내담자의 선택에 달려있다고 말해주는 것이 내담자에게 도움이 된다. 상담 과정은 본의 아니게 상담자에게 주도권이 있었는데 "이제 당신이 결정하십시오."라고 말해주는 것은 내담자에게 현실 적응 능력(판단 능력과 분별 능력 등)이 생겼음을 의미하는 것이다. 또한 내담자가 자기 확신과 자기 신뢰를 가지도록 돕는 방법이기도 하다. 어떤 경우에라도, 종결시점에 가서는 상담을 계속하던, 종결을 하던, 내담자의 의견이 가장 중요하다는 점을 인식시켜주는 것이 필요하다.

[요약]

1. 정신역동상담에서는 전이가 해결되면 종결단계가 시작되는 것인데, 내담
자가 처음에 가져왔던 문제가 해결되고 장래의 생활에서 그와 비슷한 문제
가 발생하더라도 처리할 자신이 생겼을 때 자연스럽게 종결한다.

2. 상담을 끝낸다는 것은 내담자에게 중요하고 의미있었던 대상을 상실하는
경험이므로, 상담의 종결을 준비하는 동안 내담자들은 종결에 따르는 좌
절과 고통, 슬픔이나 부정적 전이를 피하려고 노력하며, 이때 여러 가지 반
응들이 나타난다.

3. 종결의 과제는 종결에 대해 내담자와 협의하여 종결시점을 판단하는 것
이다.

4. 종결의 방법은 지지상담과 통찰 상담에 따라 다르므로 효과적인 종결이
되도록 상담자는 그 방법을 심사숙고하고 있어야 한다.

5. 상담자는 종결 후 추후상담을 활용할 수 있다. 추후상담이라는 것은 상담
이 종결된 후 일정한 시간이 흐른 뒤에 내담자를 다시 만나서 변화가 얼마
나 유지되고 있는지를 점검하고 경과를 파악하는 활동이다. 내담자가 원할
때는 추후상담을 요청할 수 있다고 이야기해주는 것이 필요하다.

부록 (실습)

PSYCHODYNAMIC
COUNSELING

부록(실습) 목차 I·N·D·E·X

▦ 1장 실습

　　1. 자신의 심리 역동 찾기 ··· 342

　　2. 자유연상 연습 ··· 343

▦ 2장 실습

　　1. 어린 시절 살았던 집 그리기 ··· 344

　　2. 그림에 대한 통찰 나누기 ··· 346

▦ 3장 실습

　　1. 상담사례 분석 ··· 348

▦ 4장 실습

　　1. 가족 식사 시간을 통한 역동 탐색 ··· 352

　　2. 익숙한 장소를 통한 역동 탐색 ··· 354

▦ 5장 실습

　　1. 성격발달 단계에 따른 생애 탐색 ··· 357

　　2. 영적 발달사 탐색 ··· 358

▦ 6장 실습

　　1. 어린 시절 탐색 ··· 360

▦ 7장 실습

　　1. 나의 비밀장소 찾기 ··· 364

　　2. 불쾌한 장소 찾기 ··· 367

▦ 8장 실습

　　1. 나의 방어기제 찾기 ··· 369

▦ 9장 실습

　　1. 전이 감정 ··· 370

　　2. 전이를 통한 부모와의 관계 탐색 ··· 372

▦ 10장 실습

　　1. 나와 연관된 사람과의 감정 찾아보기 ··· 374

▦ 11장 실습

　　1. 꿈 해석 연습 ··· 376

　　2. 실제 모습 해석 연습 ··· 377

▦ 12장 실습

　　1. 내가 좋아하는 곳과 이유 찾기 ··· 379

▦ 13장 실습

　　1. 상담자의 자세 ··· 380

▦ 14장 실습

　　1. 상담 실패 사례 분석 ··· 381

1장 실습

1. 자신의 심리 역동 찾기

당신의 경험과 성격을 원초아, 자아, 초자아의 개념과 관련시켜 생각해 보자. 당신의 구조는 어떻다고 볼 수 있는가?

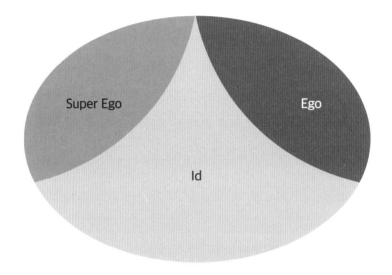

2. 자유연상 연습

① 아무도 없는 당신만의 공간에서 20분간 자유롭게 연상을 하고 그것을 녹음해보자. 논리적 일관성, 사회적 규범, 의미 등은 모두 무시하고 마음에 떠오르는 것은 무엇이든지 말해보자. 주의해야 할 점은 당신의 생각들을 통제하거나 분석하거나, 판단하려 하지 말고, 떠오르는 그대로 표현하도록 해야 한다는 점이다. 20분간 자유연상의 녹음이 끝나면 녹음시간동안 느낀 점과 나타난 저항에 관해 적어보자.

② 며칠이 지난 후 녹음한 것을 다시 들어보고, 어떤 느낌이 드는지 이야기해보자. 어떤 새로운 연상이나 느낌들이 떠오르는가?

2장 실습

1. 어린 시절 살았던 집 그리기

종이 위에 10세 이전에 살았던 집 중에서 가장 기억에 남는 집을 그려보자. 그리기를 마치면 눈을 감고, 그 집안의 냄새, 소리, 보이는 것들을 다시 느껴보자.

예)

- 아버지의 병(기관지 천식)으로 가라앉은 분위기

- 영적 광야, 시련기이므로 경제적, 정서적, 관계적으로 빈곤

- 먹고 살기 위해 분주한 어머니

- 사랑에 목마른 나(7, 8세)

- 언덕 위에 30m 돌을 쌓아 집을 지었으므로 비가 많이 오면 위험한 집

  (불안, 염려, 허무)

[나의 경우]

2. 그림에 대한 통찰 나누기

살았던 집을 그리고 그에 대한 탐색을 마쳤으면, 당신이 만나고 싶은 사랑하는 사람을 찾아 그 집으로 초대해 보자. 그리고 당신의 느낌과 연상들을 가능한 한 편안한 마음으로, 그 사람과 이야기해 보자.

예) 아버지를 그 집으로 초대

아버지, 참 외롭고 고독하시죠? 몸은 아파서 자유롭지 못하시니 얼마나 힘드시고 마음이 불안하시겠습니까? 지금 제일 중요한 것이 건강인데 기관지 천식이란 지병으로 고통을 받으시니 힘드시지요? 이럴 때 경제적인 넉넉함이라도 있었으면 좋으련만... 사업은 실패하셔서 자신감도 상실되시고, 더더욱 하나님의 사람으로 다듬어 가시는 시련과 연단 가운데 있으니 얼마나 답답하시겠습니까? 그 누구도 아버지를 도울 사람이 없고 가족조차도 모두 힘이 없으니 얼마나 낙담되시겠습니까? 더구나 둘째 아들 수명이 녀석이 늘 갈망을 품고 다가오니 그렇지 않아도 미운 놈이고 또 아버지 자신도 어려운데 더 마음에 짐이 되니 힘드시지요?
이렇게 아버지의 인생을 생각하니 참 마음이 아프군요. 외로운 삶을 사셨고, 고독하게 살아오셨군요. 그리고 너무나 과중한 짐을 지고 힘에 겨워 몸부림 치셨군요......
아버지, 그 힘든 마음을 몰랐어요. 그 무거운 어깨를 미처 생각하지 못했어요. 참으로 죄송합니다. 이제는 잘 성장하여 아버지를 도울 수 있는 아버지의 아들인 제가 있잖아요. 제가 능력있는 아들이잖아요. 아버지의 건강을 돌봐 드릴게요. 아버지의 아들로서 돌봐 드릴게요. 아버지의 위로가 되어 드릴게요.
자식으로 인해 덕을 보는 아버지가 되도록, 자식으로 인해 행복을 맛보는 아버지가 되도록 제가 도와드릴게요. 아버지 사랑해요. 하나님이 저를 사랑하신 것처럼 말이에요.

[나의 경우]

3장 실습

1. 상담사례 분석

다음 상담 사례를 통해 내담자를 분석해보자.

자신의 행동을 마음에 들어 하지 않는 30대 후반 남성의 이야기다.

이 남성은 상대방과 어떤 문제로 갈등하다가 상대방이 강하게 나오면 자신이 옳더라도 순간 정신이 아득해지면서 자신이 잘못했다고 물러선다. 그렇게 상황을 모면하지만 시간이 지나고 나면 억울하고 분한 마음을 가진 채 며칠씩 그 상황이 생각나면서 견딜 수 없는 분노가 치밀어 오르는 것이다.

그는 문제를 들춰내서 잠깐이라도 사람들과 불편한 관계를 만드는 것이 너무 힘들기 때문에 다른 사람들도 자신이 그랬던 것처럼 문제가 생겨도 대충 넘어가 주었으면 하고 바라는 마음이 컸다. 그러나 사람들은 자기 마음과 다르게 사사건건 시시비비를 가리니 이럴 때마다 '나는 그냥 넘어가 주었는데 너는 왜 그래...'하면서 섭섭한 마음이 든다는 것이다.

그는 알코올중독자인 아버지 때문에 어린 시절부터 심리적으로 위축된 채 성장해 왔다. 이 가정은 문제 있는 아버지에게 온 가족의 관심이 집중되는 전형적인 역기능 가정의 모습을 가지고 있었다. 감정은 철저히 억압되었으며, 집안의 이야기는 비밀에 붙여져야 했고, 약한 아버지 때문에 어머니는 가장의 책임을 지고 남성과 같은 모습으로 살아왔으며, 자녀들은 고생하는 어머니에게 기쁨을 주고자 큰 아들은 전형적인 모범생 역할, 막내는 재롱을 부리는 익살꾼, 내담자는 자신을 억압하며 말이 없는 아이로 살아왔다.

이 과정에서 그는 아버지의 알코올 문제를 아무에게도 말하지 않고 철저히 숨기고 억압하며 살았다. 어머니는 생활력이 강하고 지혜가 많았지만 자녀들을 강하게 통제하면서 자신의 불안을 숨기며 사셨다. 경제적으로 부유하지 못했기에 내담자는 중고등학교를 마칠 수 없을까봐 늘 불안했고, 스스로 삶을 개척하기 위해 공업고등학교에 가서 장학금을 받으며 홀로 살길을 찾았다. 자신의 인생을 스스로 개척하며 지금까지 힘겹게 살아오면서 그는 누구와도 자신의 삶이나 감정을 나누지 않았고 철저히 외부와 단절된 채로 살았다.

그는 부모에게 적절한 관심과 따뜻한 양육을 받지 못했기에 늘 따뜻한 사랑을 갈구했다. 그리고 알코올 중독자인 아버지로 말미암아 자신뿐 아니라 집안 전체에 대하여 수치심을 가지고 있었다. 뿐만 아니라 어머니는 아버지에 대한 불만과 불안심리를 자녀들에 대한 강한 통제와 조종으로 나타냈다. 그래서 내담자는 어머니에 대한 반발심과 분노도 많았다.

그는 자신의 감정이나 원함이 무엇인지 모른 채 살아왔고 모든 일을 가능한 비밀로 하는 것이 좋다는 신념을 가지고 살아왔기에 자신의 진짜 감정을 찾는데 오랜 시간이 필요했다.

감정과 만나는 것이 어느 정도 이루어지자 자신의 핵심 문제에 깊이 접촉할 수 있게 되었다. 그는 '가정에 문제가 있는 것은 전부 나 때문이야, 내가 잘못해서 이런 일이 생기는 거야.'라는 그릇된 생각을 가지고 있어서 갈등이 생길 때마다 자신을 괴롭히고 있었다. 그리고 항상 불안 속에서 살아왔기에 자신이 통제할 수 없는 일이 생기면, 극도의 긴장감과 무기력감을 자동적으로 느끼는 자신을 알게 되었다.

위 상담 사례에 등장한 내담자의 성격적 특성은 어떠하며, 그의 심리 역동은 어떠할 지 분석해 보자.

① 내담자의 성격 특성

② 심리역동(핵심감정과 핵심 역동)

③ 기타 평가

4장 실습

1. 가족 식사 시간을 통한 역동 탐색

당신의 어린 시절 가족들의 식사 시간을 생각해 보자. 어떤 분위기였는가? 그때 당신이 느끼고, 지각했던 것들을 적어보고, 그것들이 당신에게 어떤 영향을 미쳤는지 생각해 보자.

예)

식사 분위기	아버지와 함께 밥을 먹어본 기억이 거의 없고, 있다면 소외된 채 식사 자리에 앉아있는 자신감 없는 모습. 식사시간이 힘들고, 아버지가 보는 눈이 무섭고, 가치 없게 보시는 것 같아서 그 자리에 있기가 어렵다. 음식에 대해서도 자기주장을 할 수 없는 낮은 자존감의 모습으로 앉아있다.
내게 미친 영향	먹는 것이 얼마나 즐거운가? 사랑하는 사람과 함께 먹고 마시는 것은 원초적인 즐거움의 극치다. 그러나 나는 사람들과 함께 식사하는 것을 중요하게 생각하지 않는다. 그 이유는 식사시간은 견디기 힘들고 참아내기 어렵다는 무의식의 신념이 있기 때문이다. 나는 낮은 자존감, 비참한 삶의 현실, 매순간 힘든 관계와 감정적 어려움 때문에 그저 죽고 싶은 마음만 간절했다. 따라서 내 안에 부정적 정서, 허무주의가 나를 지배해온 것이다.

[나의 경우]

식사 분위기	
내게 미친 영향	

2. 익숙한 장소를 통한 역동 탐색

① 가족들에게 익숙한 공간, 분위기는 어떤 것이었는가?

	익숙한 공간	익숙한 분위기
예)	모두 다 가정 밖에서 시간을 보냄	가정 분위기는 서로에게 관심을 갖지 않는 외면과 고독
나의 경우		

② 집에서 경험한 것 중 가장 중요한 것은 무엇이며 그것이 중요한 이유는 무엇인가? 당신은 그 경험에서 무엇을 배웠으며, 그것이 당신의 성격발달에 어떤 영향을 미쳤다고 생각하는가?

예)

경험한 것	삶의 무력감, 실패와 운명의 굴레에 매여 있는 허무, 해도 해도 안 됨, 광야시련기, 삶의 길이 보이지 않음
중요한 이유	너무 작은 아이요, 힘이 없는 아이이기 때문에 나의 운명에 매인 삶의 틀을 바꿀 수 없음
배운 것	허무주의, 가련함(아버지의 병든 상태, 늘 집에만 있음), 버려짐, 인간차별을 받아들임
성격 발달에 미친 영향	부정적 성향, 자기비하, 연민이 가득함, 염세주의적 가치관으로 나와 세상을 온통 없애고 싶은 분노의 마음

[나의 경우]

경험한 것	
중요한 이유	
배운 것	
성격 발달에 미친 영향	

5장 실습

1. 성격발달 단계에 따른 생애 탐색

에릭슨의 성격발달 단계 중 청년기까지의 삶에서 가장 기억이 나는 사건(긍정이든, 부정이든)을 적어보고 자신의 성격에 대한 통찰이 무엇인지 생각해 보자.

단계	기억나는 사건	느낌
영아		
유아		
유치		
아동		
청소년		
청년		

2. 영적 발달사 탐색

다음의 도표에 자신의 영적 발달사(하나님에 대한 친밀도)를 그려보고, 그 의미를 서로 토의해 보자. 하나님에 대한 친밀도는 어떠한가?

예)

영적 발달사

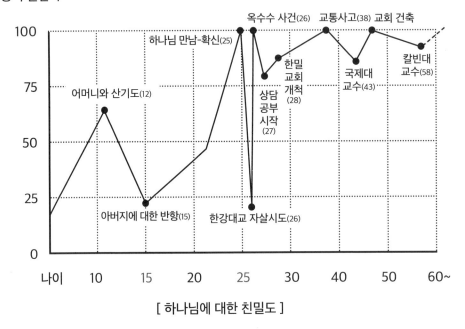

[하나님에 대한 친밀도]

[나의 경우 (영적 발달사)]

영적 발달사

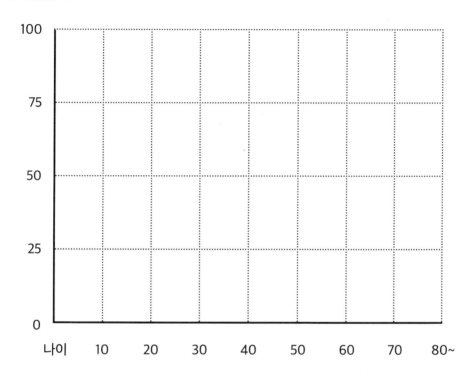

● 그림을 설명하면서 나누어 보자.

6장 실습

1. 어린 시절 탐색

다음의 연습들을 통해 어린 시절의 정서적 경험과 사실들을 기억하고 재조직해 봄으로써 현재의 자신에 대한 이해를 해 보도록 하자.

우선 자세를 편안히 하고, 잠시 눈을 감은 다음 초등학교 이전에 기억나는 일들을 2가지 이상 떠올려 보고, 그 때 일에 대한 그 당시 자신의 감정과 느낌을 글로 옮겨보자.

예)

사건	아버지가 동생에게 용돈을 주고 내게는 안 주기 때문에 동생을 시켜서 아버지께 "과자 사먹게 돈 달라고 해."라고 시켰다. 그런데 동생이 "작은 형이 아빠한테 과자 사달라고 하래."라고 아버지에게 이야기 하는 것이 아닌가! 숨어서 듣고 있던 나는 급히 도망쳤다.
느낌	혼날 것이 무섭고, 비리가 드러나서 창피하고 수치스러움. 동생이 야속하고 내가 직접 아버지에게 말할 수 없는 현실이 서럽고 억울하고 원통함. 그래서 도망가는 나 자신이 한없이 불쌍함.

[나의 경우]

사건 1	
느낌 1	
사건 2	
느낌 2	
사건 3	
느낌 3	

위의 기억들 중에 현재 자신의 성격과 연관된 것은 무엇인가? 다른 사람들과의 관계는 어떠했는지, 환경을 어떻게 지각했는지, 새로운 상황에서는 어떻게 대처했는지, 당신 자신에 대한 느낌은 어떠했는지를 생각해보라. 그리고 당신의 경험, 연상, 이에 대한 해석들을 적어보자.

예)

사건	동생에게 용돈 받도록 조종했는데 실패함
해석	나의 내밀한 욕구 충족을 은밀히 시도했는데 좌절함
성격 형성	부정적인 면	● 자신 속에 있는 조종의 욕구를 포기하기 싫어하면서 어쩔 수 없이 내려놓음. 왜냐하면 또다시 실패하고 싶지 않기 때문이다. ● 타인들의 숨어있는 부정적 욕구나 억압에 대해서 재빠르게 보며 비평적인 눈으로 바라봄. ● 다른 사람이 부정적인 느낌으로 다가오면 그 접근 자체에 대해 혐오하며 힘들어함(내 안에 있는 것을 보지 못하기 때문에 타인을 통해서 확인함). ● 어떤 일을 시작할 때 내 중심적이거나 나의 유익을 위한 것이 아니면 하지 않으려 함. 그러나 내 유익을 억압하고 외면하기 때문에 자기유익을 위해 노력하는 사람들이 잘 보이고 비평하고 못마땅하게 생각함.
	긍정적인 면	● 어떤 일을 깊이 생각하여 진행하므로 치밀성이 높고 실패가 적으며 성공률이 높음. 이런 유형의 사람을 좋아함. ● 사람들과 뒷거래를 하지 않음. 모든 것에 대해 투명하게 대하는 사람을 좋아함. ● 분명하고 자신감 있고 좋은 결과가 나오는 것을 선호함. ● 결단을 잘 하는 사람을 선호함.

[나의 경우]

사건		
해석		
성격형성	부정적인면	
	긍정적인면	

7장 실습

1. 나의 비밀장소 찾기

당신의 비밀 장소는 어디였으며 거기서 당신은 무엇을 했었는가? 그것은 당신에게 중요한 것이었는가?

예 1)

안방	의미	● 아버지의 사랑은 내게 인간으로서 삶을 회복하며 내 인생이 가치있는 존재가 되는 것이었다.
	가치	● 아버지가 있는 공간인 안방에서 아버지를 쳐다보며 기다리는 것은 힘든 것이 아니라 가치있는 일이다.
	부정적 감정	● 사랑을 구걸하는 처절한 심정. 자존감, 존재가치가 다 무너짐 ● 주지도 않고, 줄 마음도 없는 사람에게 끝없이 기다리면서 버려지고 외면되어지는 허무한 감정
	고통	● 아버지가 안방에서 나를 쫓아낸 순간, 아 또 버려지고 외면당하는구나! 마음속에 쓴 마음, 거절, 깨어지는 고통, 배신, 분노, 죽이고 싶은 마음, 쓰고 독한 기운이 울컥울컥 치민다.

예 2)

뒷뜰	의미	● 저금통을 묻어둔 곳 → 나의 보물을 숨겨두었기에 좋아했으며, 나 혼자만의 비밀을 간직하였기에 그때는 기뻐했다.
	가치	● 나만의 비밀을 갖는 것은 내가 한 인간임을 선언하는 것이요, 내 존재가치를 찾는 것이다. ● 삶의 깊이를 가진 사람으로 성장하게 된 것은 감사하다.
	부정적 감정	● 가정이 어려운데 내가 몇 십 원이라도 나 혼자만 쓰려고 가지고 있는 것이 가족들에게 미안하고 죄스러웠다. ● 나 자신만의 소유인 돈, 시간, 감정을 인정받지 못했기에 나의 돈이 발각되면 '도덕적인 비난을 받고 더 버려지지 않을까?'라는 거절감을 두려워 함. 그런 두려움이 지금도 영향을 주어 나 자신을 위해 무엇을 하려면 순간 '잘못된 것이 아닌가?'라는 불필요한 죄책감과 염려가 일어난다.
	고통	● 가정이 무조건적으로 나를 수용하고 쉼을 주는 나의 안식처가 되지 못함. 집안에 나의 공간을 두지 못한 것이 아쉬움. 나의 욕구와 갈망을 충족시켜주기 위해 나의 제한선 안에서 마음껏 허락하고 추구할 수 없는 것이 아쉬웠다. ● 자신만의 즐거움과 죄를 숨겨두려는 욕구와 싸우게 된 것은 축복이면서 동시에 고통이다.

[나의 경우]

장소 : .	의미	
	가치	
	부정적 감정	
	고통	

2. 불쾌한 장소 찾기

당신이 불쾌하고, 불편해 하던 곳은 어느 곳인가? 그 이유는 무엇인가?

예)

	내 용
장소	토끼장
사건	아버지는 토끼장을 만들어 놓고 나에게 토끼를 키우라고 명령, 나는 하고 싶지 않았다.
느낌	아버지는 나보다 토끼를 더 좋아하고... 나는 지치고 곤고한 아이요, 정서적으로 탈진한 사람, 그런 내가 어찌 짐승을 돌볼 수 있겠는가? 그러므로 "토끼가 죽었으면..."이라고 저주의 말을 함. 어느 날 토끼가 죽음. 너무 놀라서 내 마음을 감추게 됨.
부정적 의미	① 내가 누군가를 미워하면 즉각 효력을 발생함. 부정적인 우쭐. 미움의 감정을 계속 키움. ② 토끼를 죽게 만들었다는 깊은 죄의식 때문에 미움의 마음을 더 억압하게 됨.
긍정적 의미	가능한 한 누군가를 미워하지 않으려고 노력함

[나의 경우]

	내용
장소	
사건	
느낌	
의미	긍정적) 부정적)

8장 실습

1. 나의 방어기제 찾기

8장에 나오는 방어기제의 종류를 보면서 나에게 해당하는 방어기제는 어떤 것인지 체크해 보고 예를 들어 설명해 보자. 그리고 미숙한 방어기제를 버리기 위해 어떤 노력이 필요할지 생각해보자.

1) 나에게 해당하는 원시적 방어기제

2) 나에게 해당하는 신경증적 방어기제

3) 나에게 해당하는 성숙한 방어기제

9장 실습

1. 전이 감정

당신의 권위자에게 전이의 감정을 느끼고 해결하지 못한 사건이 있는가? 전이가 결정적 요인으로 작용했을 만한 자신의 감정, 반응들을 기술해보자.

예)

◎ 사건 : 수퍼바이저가 나에게 실수한 일이 있는데 절대로 용서가 되지 않는다. 그가 자신의 잘못을 뉘우치며 고백하고 용서를 구하지 않는 한 다시는 보지 않고 그를 철저히 외면하고 싶다.

◎ 나의 감정 : 화가 나고 철저히 응징하고 싶다.

◎ 나의 반응 : 온 세상 사람에게 "그 사람은 ~~ 이렇다."고 말하고 싶다.

[나의 경우]

* 기억나는 사건:

* 나의 감정:

* 나의 반응:

2. 전이를 통한 부모와의 관계 탐색

전이가 당신 부모와의 관계에서 파생된 억압된 욕구나 감정의 표현일 가능성을 생각해보자. 부모 중의 한 사람과의 사이에서 형성되었을 감정적 연결에 대해 기술해보자.

예)

1) 과거의 사건

나는 수퍼바이저(상담자, 목사)에게 최선을 다했다(심리적인 측면에서 아버지 같이 생각하고 충성과 효의 개념으로 열심히 노력함). 그래서 상담자는 나를 인정하고 보람을 느끼게 해 주어야 한다고 생각했다(최고의 인생). 그것이 오지 않으면 억울하고 분노가 일어나며 죽이고 싶고 응징하고 싶은 마음까지 들었다. 그런데 그 수퍼바이저는 자신의 잘못을 인정하지 않고, 오히려 나를 오해하여 무시하고 비난하는 실수를 범했으니 어찌 용서가 되겠는가? 이것은 아버지가 내게 자신의 잘못을 사과하지 않은 것과 연관이 있었다. 그러나 아버지는 아버지이기 때문에 내가 예수님의 사랑을 묵상하고 적용하면서 용서하는 적극성을 발휘하였다. 왜냐하면 나는 하나님의 사랑을 입었고 하나님은 내게 용서를 해 주셨기 때문이다.

하지만 수퍼바이저는 용서가 안 되고 용서하고 싶지도 않다. 나는 아버지를 대신해서 수퍼바이저에게 굴복을 요구하고 있는 것이다.

2) 전이 감정 통찰 후

다시 만나면 웃으며 자연스럽게 대할 것 같다. 조금 쑥스럽고 자연스럽지 못해 당황스러울 수 있겠지만 그것은 혹시나 전이의 잔재가 남아있어서 그렇지 않을까하는 불안 때문일 것이다. 그러나 한편으론 넉넉한 마음이 느껴져 편안해진다.

[나의 경우]

1) 과거의 사건

2) 전이 감정 통찰 후

10장 실습

1. 나와 연관된 사람과의 감정 찾아보기

당신이 알게 된 사람들 중에서 설명할 수 없이 아주 강한 감정을 가졌던 사람들을 생각해보자. 이런 감정들은 극히 긍정적(특별한 애착)이거나, 극히 부정적인 것(분노, 혐오), 혹은 둘 다 일수도 있다. 그 사람과 관계가 지속된 기간, 성격 등의 객관적 사실들을 회상해서 적어보자(너무 화가 나면 상대방의 이름을 거명하며 구체적으로 분노를 표시하면서 자기치료를 해나갈 수 있다).

예)

타인에게 이런 모습을 보면	생기는 긍정적 감정
똑똑함, 순수, 진실, 정직, 집중력, 성실, 자기 일에 최선의 노력, 부지런함, 깨끗한 피부, 귀여움, 말이 통함, 따뜻함, 깨끗함, 수줍음, 사람을 믿어줌	너무 좋다. 함께하고 싶다. 사랑스럽다. 도와주고 싶다, 등.
타인에게 이런 모습을 보면	**생기는 부정적 감정**
앙칼짐, 불신, 분노, 부정적 관심, 비굴, 비열, 비합리적, 성질냄, 조종, 이중적, 위선, 속임, 증오, 사람을 괴롭힘	너무 싫다. 멀리하고 싶다. (가까이하기 싫다) 돕고 싶지 않다. 고치게 하고 책망하고 싶다. 분노가 일어난다, 등.

[나의 경우]

타인에게 이런 모습을 보면(긍정)	생기는 긍정적 감정

타인에게 이런 모습을 보면(부정)	생기는 부정적 감정

11장 실습

1. 꿈 해석 연습

  가장 최근에 꾼 꿈을 떠올려 보고, 꿈을 꾸기 전의 맥락을 생각해 보면서 꿈속에 들어 있는 자신의 무의식적인 동기, 욕구, 정서가 어떤 것인지 생각해 보자.

< 꿈 내용 및 무의식 탐색 >

  ◎ 꿈 내용

  ◎ 무의식 탐색

2. 실제 모습 해석 연습

당신이 실제 삶에서 불안과 죄책감 등의 부정적 감정을 느꼈던 때를 떠올려 보고 그에 대한 해석을 적어보자.

예)

증상	강의 중이나 상담 중 때때로 어린아이 같은 모습을 드러낼 때가 있다.
부정적 해석	어른으로서, 교수, 목사, 수퍼바이저로서 권위가 있어야 하는데 어린아이의 모습을 드러내었으니 미숙함이나 자기중심성이 나타남
긍정적 해석	● 자신도 모르게 퇴행하는 어린아이는 위험하지만 퇴행하는 것을 알고 있다면 타인에게 순수한 나를 보이는 것이므로 편안하고 자연스런 관계가 이루어질 것이다. ● 상대방의 건강한 어버이 자아를 사용하게 함으로 그에게도 기쁨을 줌. 그의 어버이 마음을 풀어줌으로서 사랑의 관계가 발전됨. ● 자유로운 아이가 계발되면서 내가 치료되고 행복해짐.

[나의 경우]

증상	
부정적 해석	
긍정적 해석	

12장 실습

1. 내가 좋아하는 곳과 이유 찾기

집안에서 당신이 가장 좋아하는 곳은 어느 곳인가? 그 이유는 무엇인가?

예)

장소	이유
뒷뜰	아버지의 약통껍질인 용각산 빈 깡통에 나의 용돈을 모아서 땅을 파고 감추어 둠
안방	혹 사랑 줄까봐 기다림(기다림이 힘듦)

[나의 경우]

장소	이유

13장 실습

1. 상담자의 자세

1) 상담자로서 내담자를 실망시키거나 낙담을 준 경험은 없는가?

2) 자신이 상담자가 되려는 동기에 대해 분석해 보라.

3) 상담자로서 자신의 장·단점을 분석해 보라.

14장 실습

1. 상담 실패 사례 분석

1) 상담의 실패 사례를 들어 분석, 토의한다.

2) 상담 중단 시 어떤 모습이 있을 수 있으며, 그때 상담자가 취할 태도를 토의한다.

참고문헌

- 김환, 이장호 공저. 「상담면접의 기초: 마음을 변화시키는 대화」. 서울: 학지사. 2008.
- 김형태. 「21세기를 위한 상담심리학」. 서울: 동문사. 2003.
- 노안영, 송현종 공저. 「상담실습자를 위한 상담의 원리와 기술」. 서울: 학지사. 2006.
- 박노권. "에릭슨의 사회심리발달 8단계 이론의 분석." 「신학과 현장」. 제8권. 187-226. 1998.
- 박병탁. "정통정신분석치료와 자기심리학에서의 공감." 「정신치료」. 4(1). 15-25. 1990.
- 박윤수. 「상담과 심리치료」. 서울: 도서출판 경성기획. 1994.
- 배정규. "정신분석치료에서의 공감과 인간중심치료에서의 공감." 「사회과학연구」. 1(1). 323-335. 대구대학교 사회과학연구소. 1995.
- 서울정신분석상담연구소. 정신분석심포지엄-인간 진실에 이르는 길. 서울 정신분석상담연구소 개원 10주년 기념. 2005.
- 신병철. 「통찰의 기술」. 서울: 지형. 2008.
- 심수명. 「감수성훈련 워크북」. 서울: 다세움. 2009.
- 심수명. 「상담목회」. 서울: 다세움. 2008a.
- 심수명. "상담자 발달수준에 따른 수퍼비전의 통합 모델에 관한 연구." 「국제신학」. 제10권. 187-233. 2008b.
- 심수명. 「그래도 삶은 소중합니다」. 서울: 다세움. 2008c.
- 심수명. 「인격치료」. 서울: 학지사. 2006.
- 오성춘. 「목회상담학」. 서울: 한국장로교출판사. 1993.
- 오윤선. 「인간의 심리학적 이해」. 서울: 예영비앤피. 2009.
- 유근준. "대상관계의 변화 과정에 관한 질적연구-근거이론을 중심으로." 숙명여자대학교 대학원 박사학위논문. 2008.
- 이동식. "한국인의 정신치료에 관한 연구." 「최신의학」. 제13권 9호. 77-101. 1970.
- 이만홍, 황지연 공저. 「역동심리치료와 영적탐구」. 서울: 학지사. 2007.

- 이무석. 「성격- 아는 만큼 자유로워진다」. 서울: 두란노. 2016.
- 이무석. 「30년 만의 휴식」. 서울: 비전과 리더십. 2006.
- 이무석. 「정신분석에로의 초대」. 서울: 도서출판 이유. 2003.
- 이장호, 정남운, 조성호 공저. 「상담심리학의 기초」. 서울: 학지사. 2006.
- 이창재. 「정신분석과 철학」. 서울: 학지사. 2005.
- 임경수. 「인간발달이해와 기독교 상담」. 서울: 학지사. 2004.
- 최영민. 「대상관계이론을 중심으로 쉽게 쓴 정신분석 이론」. 서울: 학지사. 2010.
- 허찬희. "정신치료에 있어서 공감." 「신경정신의학」. 제30권. 11-20. 1991.
- Bauer, G. P. (1995). *The Analysis of the Transference in the Here and Now.* 정남운 역. 「지금-여기에서의 전이분석」. 서울: 학지사. 2007.
- Bartlett, W. "A Multidimensional Framework for the Analysis of Super vision of Counseling." Counselling Psychologist 11. 9-17. 1983.
- Bellack, L. & Goldsmith, L. A. (eds). *The Broad Scope of Ego Function Assessment.* NY: John Wiley & Sons. 1984.
- Berger, P. *A Rumor of Angel.* NY: Doublelady Anchor Books. 1970.
- Bienenfeld, D. (2006). *Psychodynamic Theory for Clinicians.* 유성경, 이은진, 서은경 공역. 「상담 및 임상실무자를 위한 정신역동이론」. 서울: 학지사. 2009.
- Bradshaw. J. (1990). *Home Coming: Reclaiming and Championing Your Inner Child.* 오제은 역. 「상처받은 내면아이 치유」. 서울: 학지사. 2004.
- Brenner, C. (1976). *Psychoanalytic Technique and Psychic Conflict.* 황익근 역. 「정신분석기법과 정신적 갈등」. 서울: 하나의학사. 1993.
- Browning, D. S. *Religious Thought and the Modern Psychologies.* Minneapolis: Augsburg Fortress. 2004.
- Cabaniss, D. (2011). *Psychodynamic Psychotherapy: A clinical manual.* 박용천, 오대영 공역. 「정신역동적 정신치료-임상 매뉴얼」. 서울: 학지사. 2015.
- Campbell, R. J. *Psychiatric Dictionary.* NY: Oxford University Press. 1981.
- Capps, D. *Life Cycle Theory and Pastoral Care.* Philadelphia: Fortress Press. 1983.
- Capps, D. (1983). *Life Cycle Theory and Pastoral Care.* 문희경 역. 「인간발달과 목회적 돌봄」. 서울: 이레서원. 2001.

- Corsini, R. J. (1981). *Current Psychotherapies*. 김정희 역.「현대 심리치료」. 서울: 학지사. 2004.
- Dewald, P. A. *The Theory and Practice of Individual Psychotherapy*. 김기석 역.「정신치료의 이론과 실제」. 서울: 고려대학교 출판부. 1978.
- Dewald, P. A. *Psychotherapy: A Dynamic Approach(2nd ed)*. NY: Basic Books. 1971.
- Evans, R. I. *Dialogue with Erik Erickson*. NY: Praeger Publisher's. 1981.
- Erikson, E. H. *The Life Cycle Completed*. NY & London: Norton. 1994.
- Erikson, E. H. *Childhood and Society*. NY: W. W. Norton & Company. 1985.
- Erikson, E. H. *Toys and Reasons: Stages in the Ritualization of Experience*. NY: Norton. 1977.
- Erikson, E. H. *Insight and Responsibility*. NY: W. W. Norton & Company. 1964.
- Fenichel, O. *The Collected Papers of Otto Fenichel*. Vol 1, Vol 2. NY : W. W. Norton & Company. 1953.
- Freud, S. (1939). *Sigmund Freud Gesammelte Werke*. 이윤기 역.「지그문트 프로이드 전집 15(13): 종교의 기원」. 서울: 열린책들. 1997.
- Freud, S. (1938). *Sigmund Freud Gesammelte Werke*. 박성수, 한승완 역.「지그문트 프로이드 전집 15(15): 정신분석학개요」. 서울: 열린책들. 2004.
- Freud, S. "Inhibitions, Symptoms and Anxiety." The Standard Edition of the Complete Psychological Works of Sigmund Freud, Volume XX. 1925-1926.
- Freud, S. (1920). *Sigmund Freud Gesammelte Werke*. 박찬부 역.「지그문트 프로이드 전집 15(14): 쾌락원칙을 넘어서」. 서울: 열린책들. 1997.
- Freud, S. "Fragment of an Analysis of a Case Hysteria." In The Standard Edition of the Complete Psychological Works of Sigmund Freud. 7-122. London: Hogarth Press. 1905.
- Freud, S. (1905). *Sigmund Freud Gesammelte Werke*. 김정일 역.「지그문트 프로이드 전집 15(7): 성욕에 관한 세 편의 에세이」. 서울: 열린책들. 1997.
- Fromm, E. (1998). *Art of Listening*. 호연심리센타 역.「정신분석과 듣기예술」. 서울: 범우사. 2000.

- Gabbard, G, O. (2004). *Long-term Psychodynamic Psychotherapy: a Basic Text.* 노경선, 김창기 공역. 「장기 역동정신치료의 이해」. 서울: 학지사. 2007.

- Gabbard, G, O. "Overview and Commentary." The Psychoanalytic Quarterly 70. 287-96. Wiley Library. 2001.

- Gabbard, G, O. *Psychodynamic Psychiatry in Clinical Practice(3rd ed).* Washington. D. C.: American Psychiatric Press. 2000.

- Gabbard, G, O. *Psychodynamic Psychiatry in Clinical Practice.* Washington, D. C.: American Psychiatric Press. 1994.

- Hall, C. & Lindzey. G. *Theories of Personality(2nd ed).* NY: Wiley. 1970.

- Heaton, J. A. (1998). *A Practical Guide for Current Mental Health Practice.* 김창대 역. 「상담 및 심리치료의 기본기법」. 서울: 학지사. 2006.

- Kohut, H. "The Psychoanalyst in the Community of Scholars." In P. H. Ornstein(ed.). The Search for Self: Selected Writings of H. Kohut. NY: International Universities Press. 1978.

- Korchin. S. J. & Sands, S, H. "Principles Common to All Psychotherapies." In C. E. Walker(ed). The Handbook of Clinical Psychology. Illinois: Dow Jones-Irwin. 1983.

- Levenson, E. A. "Follow the fox: An Inquiry into the Vicissitudes of Psychoanalytic Supervision." Contemporary Psychoanalysis. 18(1). 1-15. 1982.

- McWilliams, N. (2004). *Psychoanalytic Psychotherapy A Practitioner's Guide.* 권석만, 이한주, 이순희 공역. 「정신분석적 심리치료」. 서울: 학지사. 2007.

- Marcia, J. *The Empirical Study of Ego Identity.* in H. A. Boston, T. L. G. Grotevant & D. J. De Levita(Eds.), Identity and Development. CA: Sage. 1994.

- Menninger, K. A. *Theory of Psychoanalytic Technique.* NY: Basic Books. 1958.

- Merleau-Ponty, M. (1969). *Humanism and Terror: the Communist Problem.* 박현모 외 역. 「휴머니즘과 폭력」. 서울: 문학과 지성사. 2004.

- Sandler, J. & Dare, C. & Holder, A. *The Patient and the Analyst: The Basis of the Psychoanalytic Process.* Madison: International Universities Press. 1973.

- Sharf, R. S. *Theories of Psychotherapy and Counseling(3rd ed).* CA: Brooks/

Cole-Thomson Learning. 2004.

● Strachey, J. "The Nature of the Therapeutic Action of Psychoanalysis." International Journal of Psycho-Analysis. 275-367. 1934.

● Tarachow, S. *An Introduction to Psychotherapy.* NY: International Universities Press. 1963.

● Thompson, C. (1957). *Psychoanalysis: Evolution and Development.* 이형영, 이귀행 공역. 「정신분석의 발달」 서울: 하나의학사. 1996.

● Yalom, I. D. *The Gift of Therapy: An Open Legger to a New Generation of Therapists and Their Patients.* NY: Harper Collins, 2002.

저자소개

심 수 명 (Ph.D., D.Min.)

한밀교회를 개척하여 상담목회를 적용하고 있는 저자는 상담 전문가이며 신학과 심리학, 상담과 목회현장을 아우르는 학자이며 목회자입니다. 저자는 치유와 훈련, 목회를 마음에 품고 한 영혼의 전인적인 돌봄, 부부관계 회복, 비전있는 자녀교육, 건강한 교회 세움, 상담전문가 양성 등에 헌신해 왔습니다. 그 노력의 일환으로 제자훈련 시리즈, 목회를 위한 교재, 상담 훈련용 교재들을 출판해 왔습니다.

"기독교 상담적 관점에서 본 정신역동상담"이 문화체육관광부 우수학술도서로 선정되고, [목회와 신학]에서 한국교회 명강사(상담분야)로 선정되는 등 한국교회와 사회에 영향력을 끼쳐 왔습니다.

상담자격은 한국 목회상담협회 감독, 한국 복음주의 기독교상담학회 감독상담사, 한국 기독교 상담 및 심리치료학회 수련감독, 한국인격심리치료협회 수련감독, 한국 가족상담 협회 수련감독으로 활동 중입니다.

여성부 정책자문위원으로 활동했으며, 오랫동안 국제신대 상담학 교수로 사역했습니다. 현재 칼빈대 상담학 교수, 다세움상담대학원 이사장, (사)한국인격심리치료협회 이사장으로 일하고 있습니다.

● 대표저서
상담목회(도서출판 다세움), 인격치료(학지사), 한국적 이마고 부부치료(도서출판 다세움), 그래도 삶은 소중합니다(도서출판 다세움), 정신역동상담(도서출판 다세움)외 다수.

● 이메일
soomyung2@naver.com
soomyung3@daum.net

● 기관주소
한밀교회 www.hanmil.or.kr
(사)한국인격심리치료협회 www.kppa.ac
칼빈대학교대학원 www.calvin.ac.kr

기독교 상담적 관점에서 본

정신역동상담

발행 : 유근준

저자 : 심수명

기획 및 교정 : 유근준

디자인 : 최정민(hispencil)

초판 : 2010.10.15

개정증보판 : 2018.7.7

발행처 : 도서출판 다세움

서울시 강서구 수명로2길88

T. 02.2601.7422-4

F. 02.2601.7419

총판 : 비전북

경기도 고양시 일산구 장항동 568-17

T. 031.907.3927

F. 0313905.3927

정가 : 20,000원

ISBN 978-89-92750-40-0 03180